Oldenbourg Schulkochbuch

Verfaßt von

Hildegard Adler, Bayreuth
Ulrike Klüppel, Gechingen
Maria-Anna Kupka, Eichenau
Elisabeth Stratmann, Bielefeld
Heide Tremmel-Sack, Rimpar

Oldenbourg

2 Inhaltsverzeichnis
6 Schön gedeckte Tische
8 Küchengeräte

9 Kochen und Genießen – Nutzen der Zeittafel

Aller Anfang ist leicht
10 Maße und Gewichte
12 Küchenlatein und Fachchinesisch
14 Von Ananas bis Zwiebel: die perfekte Vorbereitung
24 Koche gesund! Auf die richtige Gartechnik kommt's an
30 Grundrezepte – ohne sie geht nichts

Geschenke aus der Küche
38 Melonen-Chutney · Trauben-Bananen-Chutney · Rot-gelbes Paprikarelish (60)
38 Schokoladen-Knusperchen · Dattelkonfekt · Aprikosen-Mandel-Konfekt · Nußtrüffel (60)
40 Champignons mit Oliven · Zitronenmelisse-Lavendel-Essig · Rosmarinöl mit Knoblauch (60)
40 Sauerkirsch-Mandel-Konfitüre · Erdbeer-Ananas-Konfitüre · Quittengelee mit Vanille (60)
42 Glücksschwein · Süße Buntstifte (90)
42 Apfelmus · Kompott aus verschiedenen Früchten · Erdbeerkonfekt (90)
44 Schinkentaschen · Quarktaschen · Nußschnecken (90)
44 Zucchinipastete mit Tomatenpüree · Geflügelterrine (90)
46 Spaghettisalat · Thunfischsalat · Brokkoli-Blumenkohl-Salat · Salami-Käse-Salat · Knoblauch- und Kräuterbaguette (135)

Genießen auf der schlanken Welle
48 Kartoffel-Spinat-Gratin · Spiegeleier · Apfel-Himbeer-Joghurt (60)
48 Champignonsalat mit Lauchzwiebeln · Putertopf mit Vollkornnudeln · Buttermilch-Beeren-Shake (60)
50 Hamburger »Schlanke Linie« · Gurkensalat in Joghurtsoße (60)
50 Eierragout mit Porree und Reis · Apfelmus mit Nußsahne (60)
52 Pellkartoffeln mit Quarkvariationen (90)
52 Mexikanischer Reistopf · Beerensorbet (90)
54 Frische Tomatensuppe · Kohlrabi-Taler in Sesamhülle · Sellerie-Paprika-Rohkost (90)
54 Curryfisch mit Salzkartoffeln · Wintervitaminsalat (90)
56 Überbackener Fenchel · Kartoffelschnee · Fruchtige Buttermilchspeise (90)
56 Fischgulasch mit grünen Bandnudeln · Obstsalat (90)
58 Schweinefilets · Überbackene Gemüseplatte · Fruchtgelee (90)
58 Wiener Reistopf · Endiviensalat mit Knoblauch · Zwetschgenkompott (90)
60 Tomatensuppe · Nudelpfanne · Brombeerjoghurt (90)
60 Pfirsichhälften mit Frischkäse · Porree-Champignon-Gratin · Feldsalat mit Radicchio und Ananas (90)
62 Kalbsschnitzel in Champignonsahne · Chinakohlsalat mit Äpfeln (90)
62 Zucchinibrot · Biskuitplätzchen · Pikante Waffeln (90)
64 Rote-Bete-Suppe · Gefülltes Gemüse · Naturreis-Wildreis-Beilage · Quarkcreme mit Früchten (135)
66 Waldorfsalat · Gurkensalat · Blattsalat · Karottenfrischkost · Käsebrioche · Hähnchenragout mit Hirse (135)
68 Rote-Bete-Frischkost · Rinderrouladen mit Herzoginkartoffeln · Pfirsichdessert (135)

70 Bouillon mit Einlage · Mailänder Fischauflauf · Kümmelkartoffeln · Fitneß-Salat (135)
72 Hühnerbrühe mit Kräuter-Eierstich · Heilbutt auf buntem Gemüse · Beerenkaltschale mit Quarkkugeln (135)
74 Kohlrouladen mit Kartoffelbrei · Bananenschiffchen · Hawaii-Drink (135)

Ideenreich auch ohne Fleisch
76 Selleriesuppe mit Käsehaube · Topfenpalatschinken (60)
76 Hamburger à la Vollwert · Tomatensalat · Rot-weißer Traum (60)
78 Kartoffelpuffer mit Kräuterrührei · Bananen-Avocado-Creme (60)
78 Kohlrabipuffer · Champignons à la Crème · Beeren-Kefir-Shake (60)
80 Zucchinipuffer mit Zitronendip · Ananasquarkspeise (60)
80 Zwiebel-Käse-Puffer mit Pfeffersahne · Kopfsalat · Limonadenkuchen (60)
82 Brokkolicremesuppe · Müsliklöße · Aprikosensoße mit Himbeeren (90)
82 Käsespätzle · Eisbergsalat mit Radieschen · Drink »Muntermacher« (90)
84 Tofuschnitten auf Pilzragout · Kräuterreis · Schokoladenfrüchtespieße (90)
84 Gratinierte Blumenkohlbratlinge · Erbsen-Möhren-Gemüse · Mandarinen mit Vanillecreme (90)
86 Minestrone · Käsestangen aus Blätterteig (90)
86 Kabeljaufilet im Tomatenbett mit Petersilienkartoffeln · Apfelspeise »Crunchy« (90)
88 Chili sin Carne · Ambrosia-Creme (90)
88 Grünkernbratlinge · Möhren-Lauch-Gemüse · Orangen-Quark-Körbchen (90)
90 Spinatpfannkuchen · Chicoréesalat mit Orangen und Äpfeln (90)
90 Wirsingomelette · Käsekartoffeln · Apfeldessert mit Zwetschgen (90)
92 Überbackene Sahne-Champignons auf Hirse · Möhren-Kohlrabi-Rohkost Kirsch-Joghurt-Creme (90)
92 Gefüllte Zucchini mit Tomatensoße · Eisberg-Melonen-Salat (90)
94 Gärtnerinnenhäppchen · Hirselaibchen · Lauch-Rahmgemüse · Sahnegrieß mit Erdbeeren (135)
96 Maultaschen · Sahnesoße · Vanillecreme mit Sauerkirschen (135)
98 Gemüsepizza · Lollo-Rosso-Salat mit Joghurtdressing · Mokkacreme (135)
100 Gefüllte Teigrolle in Tomatensoße · Feine Apfelcreme in Mürbeteigpastetchen (135)
102 Grünkern-Rahmsuppe · Dampfnudeln mit gedünsteten Zimtäpfeln · Mühlespiel aus Marzipan (135)
104 Tomatensuppe mit Käseschneeklößchen · Hirse-Apfel-Auflauf mit Vanillecreme (135)

Grenzenloses Kochvergnügen
106 FRANKREICH: Ratatouille mit Reis (60)
106 ITALIEN: Nudelparty mit verschiedenen Soßen · Dreifruchtbowle (60)
108 GRIECHENLAND: Gyros · Pita · Tzatziki (60)
108 GRIECHENLAND: Griechischer Bauernsalat · Knoblauchbrot (60)
110 CHINA: Chinapfanne · Gratinierte Früchte (60)
110 CHINA: Chinasuppe mit Glasnudeln · Rinderfiletstreifen süß-scharf mit Reis · Kiwi-Cocktail (60)
112 KROATIEN: Ćevapčići mit Kartoffelbrei · Trauben-Bananen-Spieße (60)
112 TÜRKEI: Lahmaçun · Krautsalat (60)
114 ISRAEL: Hackfleischbällchen · Petersilien-Mandel-Kartoffeln · Tomaten-Gurken-Salat (90)
114 AMERIKA: Cucumber Soup · Sandwich Reuben · Fruit Temptation (90)
116 ITALIEN: Pizza Prosciutto e funghi · Insalata verde · Spaghettieis (90)
116 ITALIEN: Spaghetti Bolognese · Insalata mista · Apfelsahne (90)
118 ITALIEN: Risotto di estate · Sommerliches Mixgetränk (90)
118 ITALIEN: Pasta tripolo · Insalata di peperoni (90)

Inhaltsverzeichnis

- 120 UNGARN: Gebackene Auberginen · Szegediner Gulasch · Quarkschnitten Rákóczi (90)
- 120 BULGARIEN: Bulgarische Moussaka · Paprikasalat (90)
- 122 INDIEN: Geflügelcurry mit Bananen · Kokosreis · Orangencreme (90)
- 122 INDIEN: Bananencanapés · Indisches Reiscurry mit Aprikosen · Nuß-Joghurt-Soße (90)
- 124 SPANIEN: Empanadas (90)
- 124 CHINA: Eierblumensuppe · Süß-saures Schweinefleisch (90)
- 126 FRANKREICH: Coq au vin · Feldsalat mit Champignons (90)
- 126 FRANKREICH: Cordon bleu · Erbsen und Spargel mit Soße à la Hollandaise · Kiwi-Orangen-Grütze (90)
- 128 SCHWEIZ: Käsewähe · Erdbeerjoghurt (90)
- 128 MEXIKO: Sopa de maiz · Enchiladas mit Dips (90)
- 130 ENGLAND: Shepherd's Pie · Cole slaw · Trifle · Tea (135)
- 132 CHINA: Frühlingsrollen · Chop Suey mit Reis · Exotischer Fruchtsalat (135)
- 134 FRANKREICH: Gratinée lyonnais · Estouffade de bœuf · Eclairs au chocolat (135)
- 136 FRANKREICH: Chicorée in Currysahne · Provenzalischer Rinderschmorbraten mit Pilzen · Erbsen auf Herzoginkartoffeln · Crêpes mit Orangenmarmelade (135)
- 138 INDIEN: Lammfleisch mit Joghurt · Fritiertes Gemüse mit Dattelsoße · Gestürzte Kokosnußcreme (135)
- 140 SPANIEN: Sangria · Paella · Ensalada mista · Crema de albaricoques (135)
- 142 SCHWEIZ: Randen-Rübli-Salat · Zürcher Kalbsgeschnetzeltes · Schweizer Rösti · Zigerkrapfen (135)
- 144 ÖSTERREICH: Wurzelbrühe mit Bröselknödel · Wiener Apfelstrudel (135)

Für Feste und Gäste

- 146 Knusprige Teigtaschen · Champignon-Möhren-Salat (60)
- 146 Schweinemedaillons mit Sahnesoße und Rösti · Kohlrabigemüse · Himbeersorbet (60)
- 148 Klare Möhrensuppe · Gemüseragout mit Lachs und Sojanudeln · Birne Helene (60)
- 148 Spargelcocktail · Pastetchen mit Puten-Champignon-Ragout (60)
- 150 Lauchzwiebelsuppe mit Schinkenjulienne · Tournedos an Gorgonzolasoße (60)
- 150 Salat mit Austernpilzen · Hähnchenschnitzel in Mandelkruste · Traubendessert »Knusperle« (60)
- 152 Melone mit Orangen-Mayonnaise · Kabeljaufilet auf Blattspinat · Vanilleeis mit heißen Schattenmorellen (90)
- 152 Melonenspalten · Rotbarsch in Senfsoße · Pfirsiche mit Himbeerpüree (90)
- 154 Staudensellerie mit Käsedip · Lammgeschnetzeltes mit Früchten · Zitronen-Sahne-Quarkspeise (90)
- 154 Rohkostplatte · Hähnchenragout in Tomaten-Sahne · Orange mit Vanillecreme (90)
- 156 Blumenkohlsuppe mit Räucherlachs · Gefüllte Papayas (90)
- 156 Zucchinisuppe · Pastetchen mit Geflügelragout · Eisbergsalat mit Erdbeeren (90)
- 158 Putenröllchen in Senfsoße · Feldsalat mit Trauben · Beeren-Sahne-Creme (90)
- 158 Bœuf Stroganoff mit Rösti-Ecken · Blattsalatvariation · Pistazieneis in Schokoladenbaiser (90)
- 160 Klare Tomatensuppe · Grün-weißer Hackfleischkuchen (90)
- 160 Frühlingsmenü: Radieschencremesüppchen · Spargelauflauf (90)
- 162 Kaltes Büfett: Spiced iced Tea · Cocktailtomaten · Salbei-Crêpe-Röllchen · Gefülltes Meterbrot · Kartoffelsalat pikant (135)
- 164 Gurkenmedaillons · Wildkräutersuppe · Frischkäsetorte · Erdbeersorbet (135)
- 166 Minipizzas · Kräuterspieße · Kartoffelfächer · Krautsalat mit Kürbiskernen · Nußbiskuitrolle mit Ananas (135)
- 168 Marinierte Auberginenscheiben · Gefülltes Schweinefilet · Gebackene Kartoffelmedaillons · Vanilleäpfel (135)

170	Sauerbraten · Serviettkloß · Blaukraut mit Äpfeln · Biskuits mit Vanilleeis und Beerensoße (135)
172	Vorspeisenvariation an Gemüseblume · Lachsfilet in Wirsing-Blätterteig-Mantel mit Meerrettichsahne (135)
174	Lammfilets in Quarkteig · Kartoffelgratin mit Käse · Feldsalat mit Walnußsoße · Schoko-Bananen-Torte (135)

Frühling, Sommer, Herbst und Winter

176	Schmetterlingssteak mit Frühlingssoße · Melonen-Erdbeer-Salat mit Vanilleeis (60)
176	Spinattopf mit Hackbällchen · Spinatsuppe mit Kasselerstreifen (60)
178	Sommerkartoffelsalat · Vanilleeis in Kiwi-Püree (60)
178	Knackiger Sommersalat mit Joghurtdressing · Thunfischbaguette (60)
180	Herrenrelish · Gebackene Apfelringe (60)
180	Champignoncremesuppe mit Kresse · Hack-Kohl-Pfanne (60)
182	Weihnachtliches Schokoladenbrot · Apfeltörtchen (60)
182	Bratäpfel mit verschiedenen Füllungen (60)
184	Zucchiniauflauf · Beerenshake (90)
184	Béchamelkartoffeln · Milchreis mit Rhabarber-Himbeer-Kompott (90)
186	Sommersalat · Quarkschmarren mit Erdbeeren · Melonenmilch (90)
186	Blumenkohlauflauf · Endiviensalat mit Walnüssen (90)
188	Gemüsesuppe mit Fleischklößchen · Gelbe Grütze (90)
188	Kalte Tomatensuppe · Dinkel-Partygebäck mit Sonnenblumenkernen (90)
190	Frischer Spargel mit zwei Soßen · Erdbeerkompott »Knusperchen« (90)
190	Porree in Käsesoße · Kräuter-Schinken-Rührei · Endiviensalat (90)
192	Herzhafte Kartoffelsuppe · Apfelpfannkuchen mit Vanilleeis und Pflaumensoße (90)
192	Überbackene Kohlrabi mit Käsesoße · Radicchio-Pfirsich-Salat (90)
194	Lauchcremesuppe mit Salamiklößchen · Pilzragout mit Klößen (90)
194	Gefüllte Paprikahälften mit Reis · Diplomatenspeise (90)
196	Schwarzwurzelragout im Reisrand · Apfelgrütze mit Kiwis und Mandelsoße (90)
196	Lauchtorte · Möhren-Apfel-Rohkost (90)
198	Zitronenherzen · Kernige Kokosmakronen · Mandel-Knusperhäufchen (90)
198	Mandelplätzchen · Zimtplätzchen · Walnußkonfekt (90)
200	Rettichsalat mit Kresse · Spinatauflauf · Sauce Hollandaise · Rhabarbertörtchen (135)
202	Gurken-Tomaten-Kaltschale · Hühnerfrikassee mit Reis · Kiwi-Stachelbeer-Creme mit Schneeklößchen (135)
204	Folienkartoffeln · Kräuterquark · Würstchenspieße · Teufelsoße · Bohnensalat · Ananasscheiben mit Johannisbeerbaiser (135)
206	Zucchinisuppe mit Lachsstreifen · Kirschen-Vollkorn-Plotz · Früchte mit Baiserhaube · Süßkirsch-Stachelbeer-Marmelade (135)
208	Tomaten-Paprika-Salat · Gefüllte Auberginen · Kartoffelbrei pikant · Traubenschnitten (135)
210	Windbeutel mit Erdbeersahne · Birnentorte mit Preiselbeersahne · Träublestorte · Eiskaffee (135)
212	Kartoffelsuppe · Blätterteigkleingebäck · Böhmischer Apfelstrudel · Vanillesoße (135)
214	Hexenhaus · Pizza-Toast · Fruchtpunsch (135)
216	Nährwerttabelle nach Lebensmittelgruppen
218	Nährwerttabelle – einmal anders
220	Grundrezepte nach dem Abc
220	Rezepte nach dem Abc
223	Linienfreundliche Rezepte nach dem Abc
224	Bildquellenverzeichnis/Impressum

Schön gedeckte Tische

7

Küchengeräte

8

Die Spaghetti sind schon lange nicht mehr »al dente«, und dabei müßte die Fleischsoße mindestens noch 10 Minuten kochen! Alle Zutaten sind bereits fertig und in die Glasform eingeschichtet – aber das Backrohr ist noch kalt! Wem ist so etwas oder ähnliches noch nicht passiert?

Dabei spielt es keine Rolle, ob der »Tatort« die Schulküche oder der heimische Herd ist: Wir ärgern uns, und vermutlich schmeckt es nicht so, wie sich das alle wünschen. Dieses Kochbuch bietet die perfekte Organisationshilfe für 60, 90 und 135 Minuten – egal, ob einfache Gerichte oder festliche Menüs auf dem Speiseplan stehen. Die einzelnen Tätigkeiten sind so aufgeschlüsselt, daß Geübte und weniger Geübte Schritt für Schritt sicher durch die Rezepte geführt werden.

Und das ist das Besondere – die übersichtliche Zeittafel:

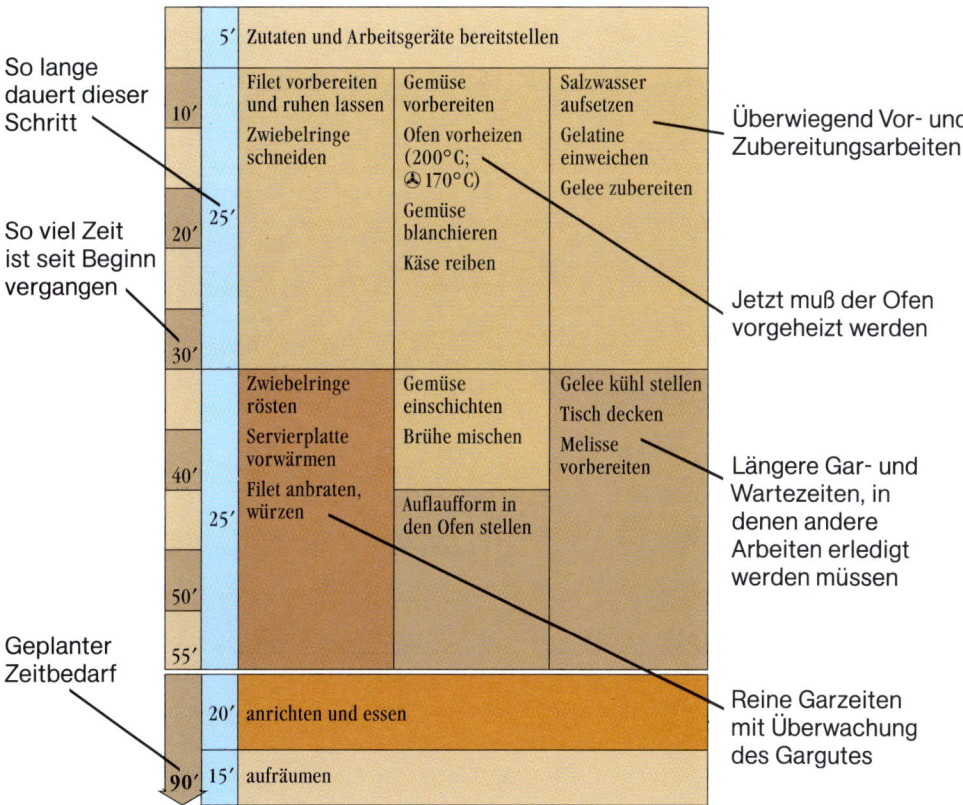

Natürlich muß sich niemand sklavisch an den Minutenplan klammern. Dem einen geht dies, dem anderen jenes schneller von der Hand. Außerdem sind Kochgruppen verschieden groß, viele Hände helfen, und mancher kocht auch gern mal allein zu Hause. Die Spalten sind eine Hilfe zur Aufteilung in Gruppen, müssen aber nicht so übernommen werden.

Außerdem: Jede Köchin und jeder Koch sieht doch selbst, wenn Wartezeiten zwischendurch für Spül- und Aufräumarbeiten genutzt werden können und Zeit zum Tischdecken bleibt.

Aber daß der Backofen zu einem bestimmten Zeitpunkt vorzuheizen ist, und was in welcher Reihenfolge gemacht werden muß, das ist wichtig! Denn dann ist der Kocherfolg sicher, und es bleibt genügend Zeit zum Essen – zum Genießen!

Maße und Gewichte

Das Litermaß

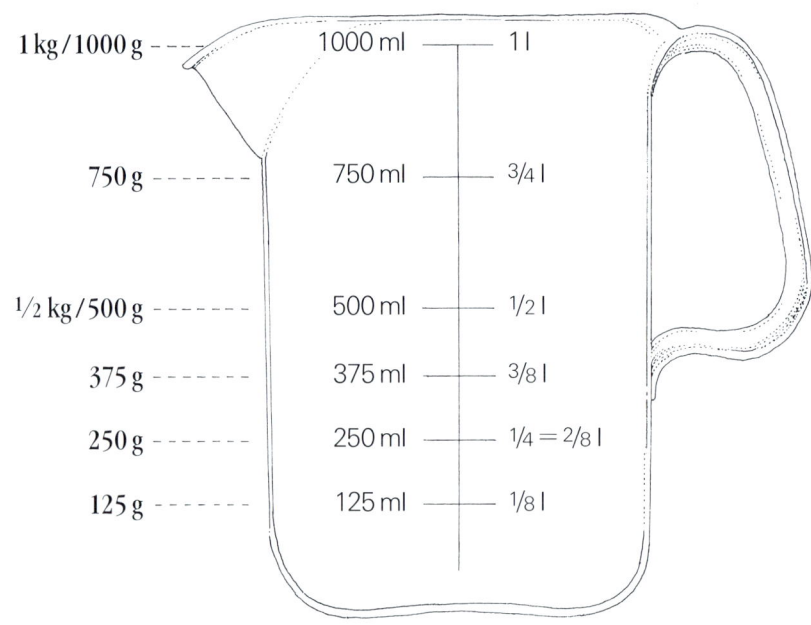

Vom Gewicht zum Gefäß

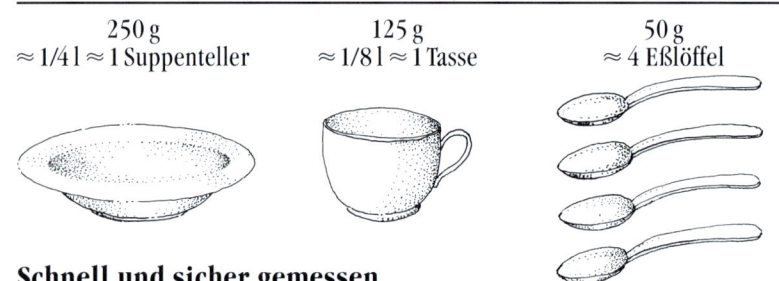

Schnell und sicher gemessen

Das Löffelmaß

Zur Arbeitserleichterung kann das Löffelmaß eingesetzt werden. Die Angaben sind jedoch nur Mittelwerte!

3 Teelöffel = 1 Eßlöffel
8 Eßlöffel = 1/8 Liter

Der Eßlöffel (gestrichen voll):

1 EL Haferflocken . . . . = 10 g	1 EL Zucker . . . . = 15 g
1 EL Nüsse gerieben . . . . . = 10 g	1 EL Reis . . . . = 15 g
1 EL Speisestärke . . . . = 10 g	1 EL Butter oder Margarine . = 15 g
1 EL Mehl . . . . = 10 g	1 EL Salz . . . . = 15 g
1 EL Backpulver . . . . = 10 g	1 EL Sahne . . . . = 15 g
1 EL Paniermehl . . . . = 10 g	1 EL Mayonnaise . . . . = 15 g
1 EL Öl . . . . = 12 g	1 EL Honig . . . . = 20 g
1 EL Grieß . . . . = 12 g	1 EL Ketchup . . . . = 20 g

Der Teelöffel (gestrichen voll):

1 TL Salz . . . . = 5 g
1 TL Öl . . . . = 5 g
1 TL Zucker . . . . = 5 g
1 TL Backpulver . . . . . . = 5 g
1 TL Sahne . . . . = 5 g
1 TL Butter oder Margarine . . = 8 g

Die Prise

1 Prise ist die Menge, die man zwischen Daumen und Zeigefinger halten kann (Abkürzung: Pr.).

Die Messerspitze

1 Messerspitze ist die Menge, die auf einem spitzen Messer die Messerspitze ausfüllt (Abkürzung: MS).

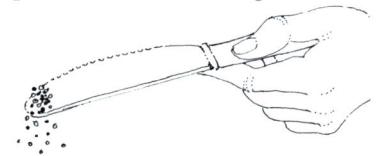

Fett einteilen – ohne zu wiegen

Ein Stück Butter wiegt: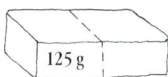

Die Hälfte also: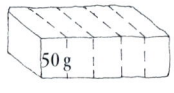

Ein Fünftel logischerweise: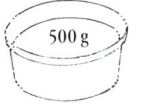

Ein Topf Margarine wiegt: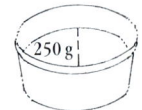

Die Hälfte also: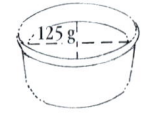

Und ein Viertel:

Lebensmittel und ihr Gewicht

1 Scheibe

Mischbrot	50 g
Vollkornbrot	45 g
Knäckebrot	10 g
Toastbrot	30 g
Zwieback	10 g
Wurst	25 g
Käse	30 g

1 Stück

mittelgroße Kartoffel	65 g
Zwiebel	50 g
Tomate	65 g
Apfel	100 g
Ei	60 g
Brötchen	40 g

Grundmengen für eine Person

Jede Grundmenge kann nur ein Mittelwert sein, da sie die persönliche Situation, wie Alter, Beruf etc., nicht angemessen berücksichtigen kann.

Suppe	Hauptgericht	0,4 l
	Vorspeise	0,25 l
Fleisch	mit Knochen	150 g
	ohne Knochen	125 g
	Hackfleisch	100 g
Fisch	im Ganzen	250 g
	als Filet	150 g
Geflügel	im Ganzen	300 g

Soße	als Beilage	80 g
Gemüse/	Hauptgericht	250 g
Kartoffeln	Beilage	200 g
Teigwaren	Hauptgericht	100 g
	Beilage	60 g
Reis	Hauptgericht	100 g
	Beilage	60 g
Obst	für Kompott	150 g

Rezepte für 4 Personen

Alle Mengen der Rezepte und Menüs sind für vier Personen berechnet. Für Relishs, Marmeladen, Plätzchen u. ä. gelten besondere Angaben, die ggf. im Rezept zu finden sind.

Auch ein Single kocht gern

Ein 4-Personen-Rezept umrechnen

Grundsätzlich ist eine Teilung durch 4 anzustreben. Aber: Bei sehr kleinen Teilmengen soll man nach oben aufrunden, um das Gelingen eines Rezeptes nicht zu gefährden, beispielsweise also Fett zum Anbraten in der Menge verwenden, daß richtig angebraten werden kann.
Verlangt das Rezept mehrere Gemüsesorten, kann man evtl. eine weglassen und dafür den Anteil der anderen erhöhen.
Bei Gewürzen ist das Teilen schwierig (z. B. bei einer Prise!); hier vorsichtig sein, lieber bei Bedarf beim Abschmecken nachwürzen.
Sind drei Personen zu verköstigen, sind die Angaben von einer Person mit 3 malzunehmen. Hier ist zu beachten, daß bei den Mengen für eine Person nicht aufgerundet werden darf.

Risi Bisi

für 4 Personen:	für 1 Person:	für 3 Personen:
250 g Reis	60 g Reis	180-200 g Reis
1/2 Zwiebel	aufgerundet: 1/4 Zwiebel	1/2 Zwiebel
4 mittlere Möhren	1 mittlere Möhre	3 mittlere Möhren
250 g Erbsen	60 g Erbsen	180-200 g Erbsen
150 ml Gemüsebrühe	aufgerundet 40 ml Gemüsebrühe	80-100 ml Gemüsebrühe
knapp 1 EL Öl	aufgerundet: 1 TL Öl	2 TL Öl

A

Abbrennen:
Bei ständiger Wärmezufuhr Mehl so lange rühren, bis sich die Masse als Kloß vom Topfboden löst (z. B. Brandteig).

Abdampfen:
Topfdeckel abnehmen, damit Dampf entweichen kann und die gekochten Speisen trockener werden (z. B. Reis).

Ablöschen:
Mehlschwitze unter Rühren mit Flüssigkeit auffüllen (z. B. helle Soße).

Abschäumen
Schaum nach dem Aufkochen abschöpfen (z. B. bei Brühen).

Abschlagen:
Rohe Zutaten unter gleichzeitigem Erhitzen rühren (z. B. Creme).

Abschrecken:
Gegarte, heiße Lebensmittel mit kaltem Wasser überbrausen (z. B. Teigwaren).

Abstechen:
Mit angefeuchteten Löffeln kleine Klößchen von einem Teig abnehmen (z. B. Grießnockerl).

Aprikotieren:
Fertiges Gebäck mit glatt gerührter Aprikosenmarmelade dünn überziehen (z. B. süße Schnitten).

Aufgießen:
Warme oder heiße Flüssigkeit nach dem Andünsten, Anbraten oder Anschmoren zugeben (z. B. Rouladen).

Auslassen:
Geschnittenen Speck in der trockenen Pfanne ohne Fettzugabe vorsichtig erhitzen, bis sich ein Großteil des Fettes verflüssigt hat (z. B. Speckwürfel über Salat).

Ausrollen:
Eine gleichmäßig dünne Teigplatte mit dem Nudelholz herstellen (z. B. Teig für Buttergebäck).

B

Bardieren:
Mageres Fleisch mit Speckscheiben umwickeln, um den Fleischsaft zu halten (z. B. Filet).

Beizen:
Fleisch oder Wild in Essigmischung oder in Buttermilch einlegen (z. B. Sauerbraten).

Bemehlen:
Hände bzw. Arbeitsgeräte mit Mehl bestreuen, um das Ankleben zu vermeiden (z. B. bei der Verarbeitung von Teigen).

Binden:
In Wasser angerührte Speisestärke oder ein fertiges Bindemittel in eine Flüssigkeit einrühren, um diese sämig zu machen (z. B. Soße).

Bröseln:
Gefettete Backform mit Paniermehl (= Semmelbrösel) bestreuen (z. B. vor Einfüllen des Rührteiges).

D

Dressieren:
Garfertige Lebensmittel mit Hilfe von Stäbchen und Klammern in gewünschte Form bringen (z. B. Rollbraten).

Durchseihen/Durchsieben:
Feste und flüssige Bestandteile beim Abgießen durch ein Sieb trennen (z. B. Gemüse und Gemüsesud).

E

Einbrennen/Mehlschwitze:
In Fett geröstetes Mehl. Die Farbe der Einbrenne richtet sich nach Farbe und Geschmack des Lebensmittels, das gebunden werden soll (z. B. gebundene Suppen und gebundene Soßen).

Eindicken/Reduzieren:
Flüssigkeit durch Erhitzen im offenen Topf einköcheln lassen (z. B. Soße).

Einlegen:
Lebensmittel in Flüssigkeiten wie Alkohol oder Essig legen, um sie zu konservieren (z. B. Mixed Pickles).

Entfetten:
Im kalten Zustand mit einer Schöpfkelle Fett von Suppen und Soßen abheben (z. B. Fleischbrühe).

F

Farcieren:
Lebensmittel mit einer feinen Fleischmasse (Farce) füllen (z. B. Fleisch, Gemüse, Fisch, Geflügel).

Filieren/Filetieren:
Tierische Lebensmittel von Haut, Kopf und Gräten befreien und in Stücke teilen (z. B. Forelle → Forellenfilet).

Flambieren:
Speisen mit hochprozentigem Alkohol übergießen und anzünden (z. B. Steak flambiert oder Desserts flambiert).

G

Glasieren:
Gebäck nach dem Backen mit zuckerhaltigem Guß oder Fleischgericht mit leicht gebundener Soße überziehen (z. B. Plätzchen mit Zitronenglasur, Ente mit Orangensoße).

Gratinieren/Überkrusten:
Oberfläche von Speisen durch kurze, starke Hitze bräunen (z. B. Kartoffelgratin).

H

Hacken/Wiegen:
Lebensmittel mit Messer klein hacken oder mit Wiegemesser klein wiegen (z. B. Zwiebel).

Häuten:
Fleisch von Sehnen und einer dünnen Fettschicht befreien (z. B. Filet).

K

Karamelisieren:
Zucker trocken in einer Pfanne erhitzen, mit Flüssigkeit aufgießen (z. B. Karamelmilch).

Klären:
Fein verteilte Trübstoffe entfernen oder binden (z. B. bei klarer Brühe).

L

Legieren:
Suppen und Soßen verfeinern und binden durch Eigelb, das mit kaltem Wasser und heißer Flüssigkeit verrührt und anschließend in die nicht mehr kochende Speise eingerührt wird (z. B. Spargelcremesuppe legiert).

P

Panieren:
Fleisch oder Gemüse mit einer Panade überziehen, das heißt in Mehl, verschlagenen Eiern und Paniermehl (= Semmelbrösel) wenden (z. B. Wiener Schnitzel).

Passieren:
Weich gegarte Lebensmittel durch ein Sieb oder ein Tuch streichen (z. B. Tomatensuppe).

Pochieren:
Lebensmittel, wie beispielsweise Fisch oder aufgeschlagene Eier, in kochendes Essig-Salz-Wasser gleiten lassen und garen (z. B. verlorene Eier).

Portionieren:
Lebensmittel gleichmäßig aufteilen oder schneiden (z. B. Braten).

Pürieren:
Weiche Lebensmittel zu einer Masse zerstampfen, zerdrücken oder mit einem Passierstab musen (z. B. Kartoffelbrei).

Qu

Quellen:
Lebensmittel in Wasser legen, um sie leichter verdaulich zu machen (z. B. Kompott von Dörrpflaumen).

R

Raspeln:
Lebensmittel auf einer Reibe grob zerkleinern (z. B. Raspelschokolade).

Reiben:
Nahrungsmittel mit Hilfe der Reibe fein zerkleinern (z. B. geriebener Käse).

S

Säuern:
Lebensmittel mit Zitronensaft oder Essig beträufeln, um zu bewirken, daß Eiweiß gerinnt und dadurch fester wird (z. B. Fisch).

Schaummasse:
Fett-, zucker- und eireiche Masse, die durch eingeschlagene Luft locker wird (z. B. Schaummasse bei Teigen).

Schlagen:
Luft in flüssige oder weiche Zutaten einarbeiten (z. B. Schlagsahne).

Schmelzen:
Feste Lebensmittel bei geringer Temperatur verflüssigen (z. B. Schokoglasur im Wasserbad).

Sieben:
Mehl oder Puderzucker durch ein feines Haarsieb schütten (z. B. mit Puderzucker besiebtes Gebäck).

Spicken:
Mageres Fleisch oder mageren Fisch durch Speckzugabe mit einer Spicknadel anreichern – heute auch im Zusammenhang mit Gewürzen (z. B. Wild gespickt).

Stauben:
Gerichte vor dem Aufgießen mit Mehl überstreuen und so binden (z. B. Geschnetzeltes).

Stocken:
Eimasse entweder im Wasserbad, in heißer Luft oder in der Pfanne verfestigen (z. B. Eierstich).

Sud:
Gewürzte Kochbrühe von Fleisch, Fisch oder Gemüse (z. B. Wurzelsud).

T

Tränken:
Gebäck durch Beträufeln mit abgeschmeckter Flüssigkeit befeuchten (z. B. Tortenboden).

Tranchieren:
Fleisch, Geflügel und Wild sachgerecht zerlegen (z. B. Huhn im Topf).

U

Unterheben/Unterziehen:
Luftige Masse mit flüssigem oder weichem Gut besonders vorsichtig mischen (z. B. Eischnee unter die Creme).

W

Wässern:
In Wasser einlegen (z. B. Heringe).

Wasserbad:
Gefäß mit kochendem oder heißem Wasser zum Schmelzen, Warmhalten und auch Garmachen von empfindlichen Lebensmitteln (z. B. Verflüssigen von Kuvertüre).

Ananas

Entferne zuerst Blätter und Strunkende der Frucht. Schneide dann ringsum die schuppige Schale ab. Dazu benützt man am besten ein großes, gut schneidendes Messer. Zerteile dann die Frucht in Scheiben. Die harte Mitte ist mit einem kleinen Küchenmesser auszuschneiden.

Artischocken

Artischocken kalt waschen. Halte den Blütenkopf fest und brich den Stiel heraus. Dabei lösen sich harte Fasern. Schneide die Blattspitzen mit der Küchenschere ab.
Beim Putzen des unteren Teils sind alles Grüne und die unteren harten Blätter vom Blütenboden abzuschneiden. Beträufle die Schnittstellen mit Zitronensaft, sonst werden sie braun.

Avocados

Avocados muß man meist nach dem Kauf noch einige Tage bei Zimmertemperatur nachreifen lassen. Eine reife Frucht gibt auf leichten Fingerdruck nach. Schäle für Avocadoscheiben die Frucht vom Stielansatz her, halbiere und entsteine sie, schneide sie in Scheiben.

Avocados zum Füllen werden nicht geschält. Halbiere sie, und entferne den Stein. Das Fruchtfleisch ist mit einem Löffel leicht herauszuheben.

Äpfel und Birnen

Äpfel und Birnen unter kaltem, fließendem Wasser waschen. Schäle mit dem Sparschäler.
Birnen halbieren. Schneide den Stielansatz keilförmig heraus, und löse das Kernhaus mit einem Löffel.

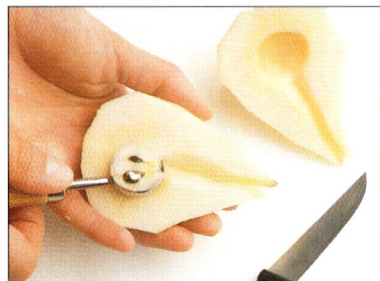

Beim Apfel ist das Kerngehäuse mit einem Apfelausstecher zu entfernen.

Blumenkohl

Entferne große Blätter und Strunk, und zupfe auch die kleinen Blätter ab. Zerteile in einzelne Röschen, oder schneide den verbliebenen Strunkrest kreuzweise ein, wenn der Blumenkohl im Ganzen gegart werden soll.

Bohnen

Zuerst Bohnen waschen.

Brechbohnen putzen:
Schneide bei jeder Bohne Spitze und Stielansatz ab, und brich sie dann in Stücke.

Schnittbohnen vorbereiten:
Schneide sie schräg in schmale Streifen. Dazu hält man die Bohnen hochkant.

Dicke Bohnen:
Ziehe den an der Schotenunterseite befindlichen Faden – vom Stielansatz beginnend – ab. Brich dann die Bohne auf, und schiebe die in der Schote sitzenden Bohnenkerne heraus.

Broccoli

Beim Broccoli ißt man auch die Stiele. Diese müssen aber geschält, geschnitten und gewaschen werden.

Chicorée

Schneide zuerst am unteren Ende eine Scheibe ab, und entferne dann mit einem spitzen Messer den keilförmigen, bitteren Stielansatz. Waschen! Schneide den Chicorée von der Spitze her in dünne Streifen.

Chinakohl

Teile den Kopf der Länge nach in zwei Teile, und schneide den Stielansatz keilförmig heraus.
Lege die Hälfte mit der Schnittfläche des Kohls auf das Arbeitsbrett, und schneide die Blätter quer zu den Adern in Streifen.

Eier

Eier trennen:
Schlage das Ei ruckartig am Schüsselrand oder mit dem Messer auf. Brich dann die Schale äußerst vorsichtig auseinander, und lasse das Eigelb abwechselnd von einer Schalenhälfte in die andere gleiten, während das Eiklar in eine darunterstehende Schüssel tropft.
Wichtig: Das Eigelb muß unverletzt bleiben! Schon ein Tropfen kann verhindern, daß das Eiklar steif wird.
Bei mehreren Eiern trenne jedes in ein eigenes Gefäß – sonst kann ein schlechtes Ei alles verderben.

Eischnee schlagen:

Voraussetzung für steif geschlagenen Eischnee ist absolute Fettfreiheit der Schüssel und des Handrührgerätes bzw. des Schneebesens. Beginne das Schlagen mit mäßiger Geschwindigkeit, bis das Eiweiß schaumig ist. Dann fahre fort mit hoher Geschwindigkeit. Wenn die Spitzen, die sich beim Schlagen bilden, stehenbleiben, ist der Eischnee fertig.

Eigelb schaumig rühren:

Eigelb läßt sich kalt mit dem elektrischen Handrührgerät und warm mit dem Schneebesen über einem Wasserbad schaumig rühren. Wichtig: Wenn im Rezept Zucker vorgesehen ist, gleich zu Anfang einen Schuß heißes Wasser zugeben. Der Zucker schmilzt besser, der Schaum ist schneller fertig.

Fenchel

Schneide braune Stellen ab, und entferne wenn nötig die äußere Blattschicht. Wasche den Fenchel. Stengel und Wurzelansatz sind nicht zu verwenden. Halbiere die Knolle, und schneide den Fenchel längs der Fasern in dünne Scheiben.

Fisch

Vorbereiten nach der 3-S-Regel: Säubere Fisch unter fließendem, kaltem Wasser und lasse ihn abtropfen. Bei Verwendung von Tiefkühlfisch entfällt das Säubern. Säuern soll man Fisch mit Zitronensaft – mindestens 10 Min. lang. Es festigt das Fischeiweiß und bindet den Geruch. Außerdem wird das Fischfleisch weiß.

Salze den Fisch erst kurz vor dem Garen, Saftverlust wird dadurch vermieden.

Fleisch

Wasche Fleisch immer unter fließendem, kaltem Wasser. Mit Küchenkrepp trocknen. Dickere Fleischscheiben können mit einem speziellen Fleischklopfer geklopft werden, dann wird das Fleisch zart und beim Braten saftig. Die Kruste eines Bratens sollte mit einem scharfen Messer eingeschnitten werden, zuerst Streifen, dann Karos.

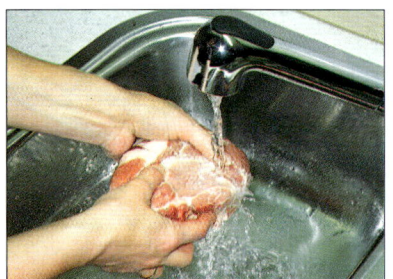

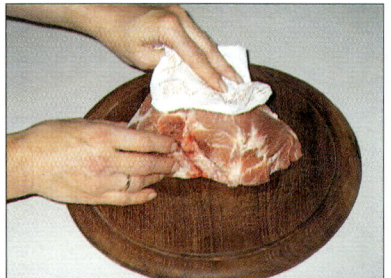

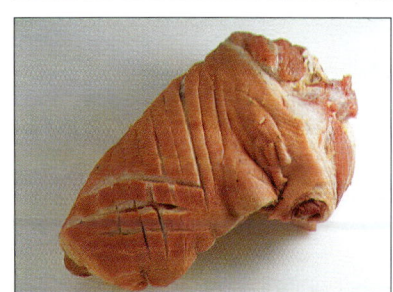

Geflügel

Geflügel zerlegen: Trenne die Keulen durch einen Schnitt ab. Teile das Brustfleisch durch einen Messerschnitt am Brustbein entlang. Mit der Geflügelschere wird der weiche Brustknochen durchgeschnitten. Trenne nun die Bruststücke vom Rücken.

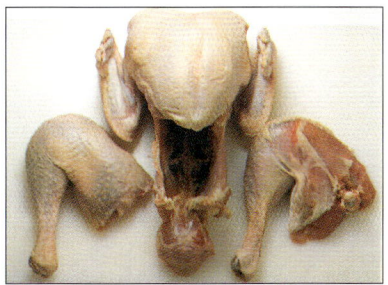

Getreide

Zubereitung von Grünkern:
Wasser zum Kochen bringen: 1/2 l für 300 g. Einstreuen, umrühren und aufkochen lassen. Grünkern muß 10 Min. kochen und 30 Min. ausquellen.

Zubereitung von Weizen:
Weizen mit dem Einweichwasser zum Kochen bringen: 1/2 l für 250 g Weizen. Getreide 20 Min. kochen lassen und anschließend 40 Min. ausquellen lassen.

Kartoffeln

Wasche die Kartoffel gründlich, bürste sie, schäle sie mit dem Sparschäler und wasche sie erneut unter fließendem, kaltem Wasser.

Vorbereitung zu Salzkartoffeln:
Geschälte Kartoffeln der Länge nach halbieren.

Vorbereitung zu Bratkartoffeln:
Für Bratkartoffeln aus rohen Kartoffeln die Scheiben besonders dünn schneiden; für Bratkartoffeln aus gekochten Kartoffeln ist die Stärke der Scheiben beliebig zu wählen, da die Kartoffeln ja bereits gar sind.

Vorbereitung für Kartoffelpüree:
Kartoffeln kochen und heiß durch eine Kartoffelpresse drücken.

Vorbereitung zu Pommes Frites:
Kartoffeln schälen, erst in Scheiben, dann in Stäbchen schneiden.

Kiwis

Wähle einen Sparschäler, um die pelzige Schale der Kiwi zu entfernen. Kiwis können in Scheiben oder in Spalten geschnitten werden.

Knoblauch

Löse eine einzelne Zehe von der ganzen Knoblauchzwiebel. Schneide Spitze und Wurzelansatz der Zehe ab, schäle die Zehe. Knoblauch kann man in dünne Scheiben schneiden, hacken oder durch die Knoblauchpresse pressen.

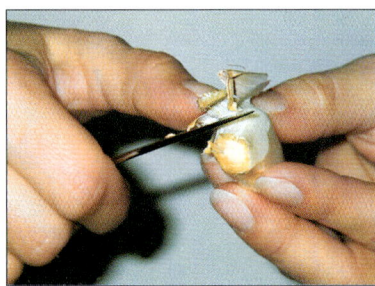

Kohl, rot und weiß

Entferne zuerst die äußeren Blätter. Schneide den Kohl in zwei Teile und trenne anschließend den Strunk keilförmig heraus. Nun kann man die Hälften in schmale Streifen schneiden.

Kopfsalat

Putze den Salat, indem du unansehnliche Blätter und faule Stellen entfernst.

Zerteile den Salatkopf, löse die Blätter ab. Wasche ihn gründlich unter kaltem, fließendem Wasser. Das einzelne Salatblatt wird in mundgerechte Stücke zerteilt. Wenn die Mittelrippe sehr hart ist, kann man sie heraustrennen.

Kuvertüre

Zerteile die Kuvertüre grob mit einem Messer. Fülle 2/3 der Kuvertüre in eine Schüssel, die du in ein Wasserbad gibst.
Löse die Kuvertüre unter Rühren mit einem Gummischaber auf.
Nimm nun die Schüssel aus dem Wasserbad. Füge die restliche Kuvertüre hinzu, und rühre so lange, bis sie aufgelöst ist.

Lauch, Porree

Schneide den Wurzelansatz vom Lauch ab, und ziehe die äußere, welke Blattschicht ab. Schneide den Lauch fast bis zum Ende der Länge nach durch, und wasche ihn äußerst gründlich. Nun kann man die Lauchhälften in feine halbe Ringe schneiden.

Möhren, Gelbe Rüben, Karotten

Reinige ganz junge Möhren mit einer Bürste unter fließendem Wasser. Sommer- oder Wintermöhren kann man nicht allein mit Wasser und Bürste vom Schmutz säubern, sie schält man mit dem Sparschäler.

Scheiben schneiden:
Quer zur Möhre in gleichmäßige Scheiben schneiden.

Würfel schneiden:
Möhre halbieren (= Auflagenschnitt), dann Streifen der Länge nach schneiden, zuletzt quer zur Möhre schneiden: es entstehen Würfel.

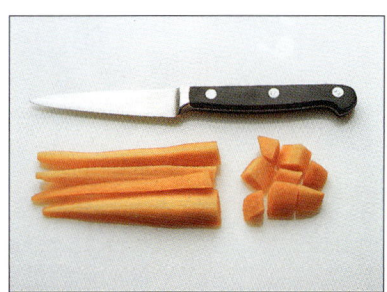

Stifteln:
Möhre halbieren und hauchdünne Streifen schneiden (Julienne).

Orangen

Orangen schälen:
Schäle die Orange vom Blütenansatz her rundherum – wie bei einem Apfel. Schale und pelzige weiße Fruchthaut sind zu entfernen. Benütze dazu das Küchenmesser.

Orangenfilets:
Zur Herstellung von Orangenfilets muß die Orange dickwandig geschält werden. Es sollen keine weißen Stellen mehr sichtbar sein. Fahre dann mit dem Messer zwischen die Trennhäute, und löse die Filets einzeln heraus.

Paprikaschoten

Halbiere die Paprikaschoten längs, und schneide mit einem Messer Kerne und weiße Innenstränge heraus. Wasche die Schotenhälften, und schneide sie anschließend in Würfel oder Streifen.

Paprikaschoten zum Füllen vorbereiten: Paprikaschoten waschen, den Deckel abschneiden. Schneide dann die Fruchtstände ein, entferne die Kerne und spüle die Schote aus.

Petersilie

Petersilie unter fließendem, kaltem Wasser säubern. Wasche die Petersilie, und trockne sie gut mit einem Küchenkrepp ab. Lege die Petersilie auf ein Schneidebrett, halte das Bund gut fest, und hacke es mit dem Messer.

Rhabarber

Die Rhabarberblätter und der Wurzelansatz sind aus gesundheitlichen Gründen zu entfernen.
Schäle den Rhabarber vom Stielende her mit einem Sparschäler. Nur bei sehr zarten Rhabarbersorten kann auf das Schälen verzichtet werden.

Rote Bete

Rote Bete wird meist zuerst gegart, anschließend geschält und in Scheiben geschnitten. Für Rohkostgerichte ist Rote Bete wie Äpfel zu schälen und dann in Scheiben zu schneiden, zu stifteln oder zu raffeln.

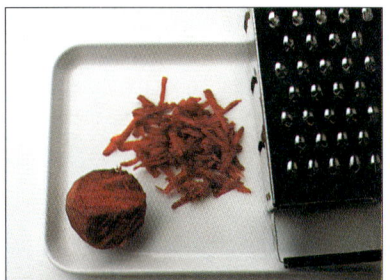

Pilze

Schneide den Fuß knapp ab und wasche den Pilz gründlich. Pilze werden blättrig geschnitten, entweder mit dem Messer oder – rationell – mit einem Eierschneider.

Rosenkohl

Entferne bei jedem einzelnen Rosenkohlröschen mit einem Messer das angewelkte Strunkende. Nun kann man die äußeren, leicht welken Blätter abnehmen.
Schneide den Strunk kreuzförmig ein, dann werden die unterschiedlich großen Rosenkohlröschen sicher gleichzeitig gar.

Schwarzwurzeln

Schwarzwurzeln haben einen milchigen Saft. Damit dieser beim Schälen nicht an den Händen kleben bleibt, schält man sie unter fließendem Wasser mit einem Sparschäler. Werden sie nicht sofort gegart, sind sie in Essigwasser zu legen, da sie sich schnell an der Luft verfärben.

Sellerie

Staudensellerie:
Schneide das Wurzelende ab, dann lösen sich die Stangen voneinander. Bei den äußeren Stangen zieht man mit einem scharfen Messer die gröbsten Fasern von unten ab.

Knollensellerie:
Entferne mit einem scharfen Messer Wurzel und Blattansatz. Knollensellerie läßt sich viel leichter schälen, wenn man ihn vorher in dicke Scheiben schneidet.

Spargel

Weißer Spargel muß großzügig geschält werden. Setze mit dem Messer oder dem Sparschäler unterhalb der Köpfe an, und schäle nach unten hin dicker. Schneide am Endstück ca. 1/2 - 1 cm ab. Grüner Spargel muß nur am unteren Ende geschält werden.

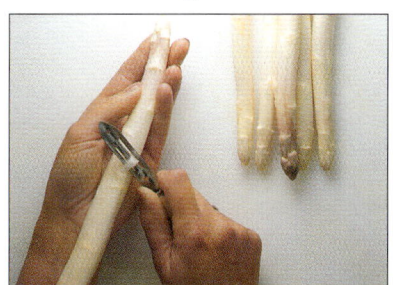

Spinat

Spinat verlesen, mehrmals Sand auswaschen, grobe Stiele entfernen, evtl. hacken.

Steckrüben

Entferne von der Steckrübe zuerst den Stielansatz und dann das untere Ende der Wurzel. Schneide dann von oben nach unten die feste Schale dickwandig ab. Holzige Teile sind zu entfernen. Wenn man die Steckrübe in Scheiben schneidet, braucht man ein kräftiges Messer, weil die Steckrüben sehr hartes Fleisch haben.

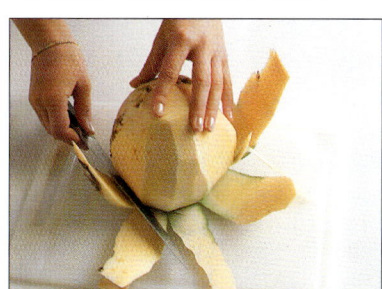

Tomaten

Tomaten häuten:
Schneide den Fruchtansatz der Tomate keilförmig heraus. Ritze die Tomate auf der gegenüberliegenden Seite kreuzweise ein. Tauche sie dann kurz in kochendes Wasser, und schrecke sie in kaltem Wasser ab. Die Tomatenhaut läßt sich nun ganz einfach abziehen.

Tomaten zum Füllen vorbereiten:
Schneide den Deckel der Tomate ab, ritze an den Fruchtständen leicht ein, hebe mit einem Löffel vorsichtig das Fruchtfleisch heraus.

Tomaten für Salate und zur Garnitur:

Vanilleschoten

Schlitze die Vanillestange mit einem spitzen Messer der Länge nach auf. Kratze mit einer Messerspitze nun das Mark heraus. Zur Herstellung von Vanillezucker vermengt man das Mark mit Zucker.

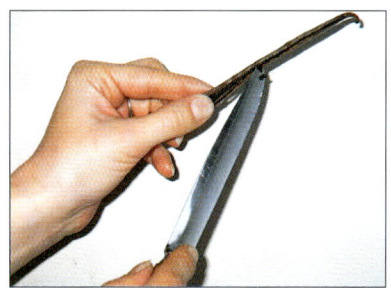

Wirsing

Viertele den Wirsingkopf, trenne den Strunk keilförmig heraus, und schneide jedes Viertel in feine Streifen.

Für Wirsingrouladen gart man den ganzen Kopf vor und schneidet mit einem spitzen Messer den harten Strunk heraus. Die Blätter lösen sich und lassen sich zu Rouladen verarbeiten.

Zitronen

Zitronenschale reiben:
Verwende Zitronen, die ungespritzt sind.
Wickle etwas Pergamentpapier um die Reibe, dann bleiben nicht zu viele Reste der Zitronenschale an den Zacken der Reibefläche hängen. Reibe die Zitrone auf dem Pergamentpapier bis die Schale ringsum abgerieben ist. Nun kann man das Pergamentpapier entfernen und die abgeriebene Schale mit einem Messer abstreifen.

Zitronen entsaften:
Rolle die Zitrone auf der Arbeitsfläche, damit sich der Saft sammeln kann. Halbiere die Zitrone im Querschnitt, und presse sie mit einer Zitronenpresse aus.

Zucchini

Zucchini kann man mit der Schale verwenden. Schneide lediglich den Ansatz ab, und wasche sie. Für Stifte teile die Zucchini der Länge nach in Scheiben, lege diese übereinander, und schneide sie quer in Streifen.

Zum Füllen halbiert man die Zucchini und kratzt dann vorsichtig mit einem Löffel die Kerne aus jeder Hälfte.

Zwiebeln

Schäle die Zwiebel, aber schneide den Wurzelansatz nicht ab, damit die Zwiebel bei den Schnittformen nicht auseinanderfällt.

Scheibenschnitt:
Wenn man Zwiebeln in Scheiben schneidet, erhält man ganze Ringe. Sie sollen ca. für Salat 1 mm, zum Anbraten 2 mm dick sein.

Streifenschnitt:
Halbiere die Zwiebel der Länge nach, und schneide sie senkrecht bis zum Wurzelansatz in Streifen.

Würfelschnitt:
Halbiere die Zwiebel, und schneide sie zweimal waagerecht ein. Anschließend ist die Zwiebel mehrmals senkrecht einzuschneiden. Halte die Zwiebel nun im Krallengriff und schneide sie in Würfel.

Aushöhlen:
Stielansätze als Deckel abschneiden. Höhle das Zwiebelinnere aus, und schneide feine Würfel.

Kochen

Kochen ist das Garen in reichlich Flüssigkeit.

Vorteile:
Stärke und Eiweiß werden leichter verdaulich, die Lebensmittel gut verdaulich und bekömmlich. Daher ist diese Garmethode auch für Krankenkost geeignet. Kochen führt dem Nahrungsmittel keine zusätzliche Energie zu.

Nachteile:
Wasserlösliche Nähr- und Geschmacksstoffe gehen in das Kochwasser über und sind verloren, wenn das Kochwasser nicht weiter verwendet wird. Kochen benötigt viel Energie.

Beachte:
- Alles, was ausgelaugt (ausgekocht) werden soll, ist in kalter Flüssigkeit zuzusetzen (z. B. Knochen, Wurzelwerk, Suppenfleisch).
- Alles, was seinen individuellen Geschmack behalten soll, wird in kochender Flüssigkeit zugesetzt (z. B. Rindfleisch für Tafelspitz).
- Kochzeiten sind einzuhalten (z. B. Gefahr des »Totkochens«).
- Deckel hilft Energie sparen.

Anwendungsbereich:
Kartoffeln, Trockengemüse, klare Brühen, Fleisch, Gemüse, Reis, Teigwaren, Geflügel, Schalentiere.

▲
Garen in Flüssigkeiten

Garziehen/Sieden/Pochieren

Garziehen ist das Garen in reichlich Flüssigkeit bei einer Temperatur unterhalb des Siedepunktes.

Vorteile:
Der Nährstoffverlust ist zum Vergleich zum Kochen etwas geringer. Die Form des Lebensmittels bleibt erhalten, da während des Garvorganges fast keine Wasserströmung auftritt. Für Lebensmittel mit lockerer Zellstruktur ist diese Garmethode gut geeignet. Garziehen ist auch für Krankenkost zu empfehlen.

Nachteile:
Wasserlösliche Inhaltsstoffe gehen in die Flüssigkeit über. Wertvolle Nährstoffe sind verloren, wenn das Wasser nicht weiter verwendet wird. Die Garzeit ist länger als beim Kochen.

Beachte:
- Garziehen ist schonender als Kochen.
- Garziehen spart Energie.
- Garziehen kann und soll in vielen Fällen das Kochen ersetzen.

Anwendungsbereich:
Fisch, Geflügel, Eier, Klöße, Teigwaren, Sago, Grieß, Reis.

▲
Garen in Flüssigkeiten

Blanchieren

Blanchieren ist ein Kurzzeitgarprozeß. Nachdem das Wasser auf den Siedepunkt gebracht wurde, läßt man das Kochgut kurz »überwallen«. Anschließend wird es mit Eiswasser übergossen.

Vorteile:
Beim Blanchieren bleibt die typische Farbe des Lebensmittels erhalten. Es ist ein idealer Garprozeß für zarte Gemüse. Für alle übrigen Kochgüter dient Blanchieren als »Vorgaren« zur Vorbereitung zum Tiefkühlen. Es werden Keime verringert und Enzyme zerstört, die während der Lagerung einen erheblichen Vitaminabbau bewirken würden.

Nachteil:
Ein Teil der Nähr- und Wirkstoffe geht in das Wasser über.

Beachte:
- Falls vorhanden, Siebeinsatz verwenden.
- Kochgut nach dem Blanchieren sofort unter eiskaltem Wasser abkühlen (sonst Bakterienvermehrung).

Anwendungsbereich:
Garen von zartem Gemüse, Vorgaren von Gemüse und Obst (Ausnahme Beerenfrüchte) als Vorbereitung zum Tiefgefrieren.

▲
Garen in Flüssigkeiten

Garen im Wasserbad

Beim Garen im Wasserbad gart das Lebensmittel in einem Gefäß, das von heißem Wasser umgeben ist.

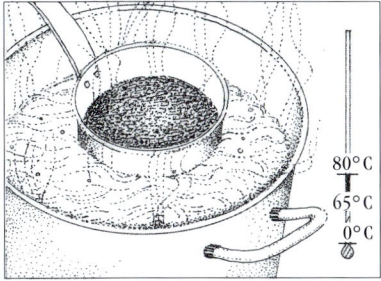

Vorteile:
Das Garen im Wasserbad ist ein schonender Garprozeß. Nähr- und Wirkstoffe bleiben weitgehend erhalten.

Nachteile:
Das Garen im Wasserbad ist meist nur für kleine Mengen geeignet.

Beachte:
- Die Temperatur darf nicht über 80°C steigen.
- Die Flüssigkeit darf nicht an das Gargut dringen.
- Garen im Wasserbad kann auch im Backrohr erfolgen.

Anwendungsbereich:
Wasserbad ohne Bewegung: Eierstich, gestürzte Cremes, Füllungen, Süßspeisen, Pastetenterrinen.
Wasserbad mit Bewegung: Cremes, Biskuitmassen, Soßen.

▲
Garen in Flüssigkeiten

Dämpfen

Dämpfen ist das Garen in strömendem Wasserdampf. Das Gargut liegt in einem Siebeinsatz.

Vorteile:
Wasserlösliche Nährstoffe werden geschont, Eigengeschmack und Farbe bleiben erhalten. Dämpfen ist auch für Krankenkost geeignet, da es die Lebensmittel bekömmlich und gut verdaulich macht.

Nachteile:
Wegen der hohen Temperatur sind Nährstoffverluste zu verzeichnen. Die Garzeit ist etwas länger als beim Kochen.

Beachte:
- Das Gargut darf nicht mit Wasser in Berührung kommen.
- Auf einen gut schließenden Deckel ist zu achten.

Anwendungsbereich:
Fleisch, Geflügel, Gemüse, Kartoffeln, Getreide, Reis, Suppen, Klöße.

▲
Garen im Wasserdampf

Dampfdruckgaren

Dampfdruckgaren ist das Garen in einem fest verschlossenen Spezialtopf bei Überdruck.

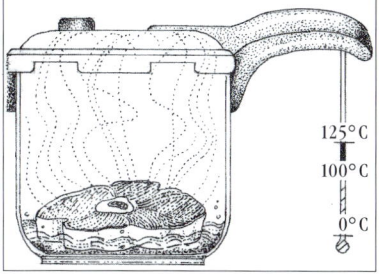

Vorteile:
Dampfdruckgaren spart Zeit und Energie, denn die Garzeiten verkürzen sich erheblich. Verschiedene Lebensmittel können gleichzeitig in verschiedenen Einsätzen in einem Topf gegart werden.

Nachteile:
Bei hitzeempfindlichen Vitaminen sind wegen der hohen Temperatur Verluste zu verzeichnen. Schon bei geringfügigem Überschreiten der Garzeit riskiert man, daß die Lebensmittel zerfallen.

Beachte:
- Die Gebrauchsanweisung eines Dampfdrucktopfes ist genau zu studieren und korrekt zu befolgen.
- Zur Dampfbildung im Topf benötigt man 1/8 l Flüssigkeit.
- Ventil und Gummiring stets sauberhalten.
- Topf niemals gewaltsam öffnen.

Anwendungsbereich:
Fleisch mit langer Garzeit, Kartoffeln, Gemüse mit kräftiger Zellstruktur, Knochenbrühe.

▲
Garen im Wasserdampf

Dünsten

Dünsten ist das Garen im eigenen Saft unter Zugabe von wenig Flüssigkeit und wenig Fett.

Vorteile:
Dünsten ist ein schonendes Garverfahren, die Nährstoffe bleiben weitgehend erhalten. Gedünstete Speisen sind leicht bekömmlich und gut verdaulich, da sich kaum Röststoffe bilden. Im Wasser gelöste Nähr- und Wirkstoffe werden mitverzehrt, und der Eigengeschmack der Speisen bleibt erhalten. So kann man vor allem Salz einsparen. Bei Bedarf kann auch das Fett weggelassen werden. Gedünstetes eignet sich hervorragend als Krankenkost.
Dünsten ist zeit- und energiesparender als Kochen und als Garmethode zu bevorzugen!

Nachteile:
Dünsten im Römertopf spart weder Zeit noch Energie. Dünsten in Alufolie ist aus Umweltschutzgründen abzulehnen.

Beachte:
- Nicht zu stark anbräunen.
- Nicht zu viel Fettzugabe.
- Nicht zu viel Flüssigkeit.
- Rechtzeitig die Energiezufuhr drosseln.
- Soßen nicht andicken.

Anwendungsbereich:
Fleisch und Fisch mit kürzeren Garzeiten, alle Gemüse, Früchte, Pilze, Reis.

▲
Garen in Flüssigkeit und Fett

Schmoren

Schmoren ist ein kombiniertes Garverfahren. Das Schmorgut wird in heißem Fett angebraten und unter Zugabe von wenig heißer Flüssigkeit im geschlossenen Topf weiter gegart.

Vorteile:
Die Geschmacksbildung ist sehr intensiv. Beim Anbraten schließen sich sofort die Poren, und der Eigengeschmack bleibt im Lebensmittel. Beim Schmoren entsteht schmackhafte Soße.

Nachteile:
Nähr- und Wirkstoffe werden durch die hohe Anbrattemperatur gemindert und durch starke Hitzezufuhr geschädigt. Krustenbildung und Fettzugabe machen Geschmortes als Krankenkost ungeeignet. Die Garzeit ist lange.

Beachte:
- Schmoren eignet sich auch für preiswertes Fleisch, das längere Garzeiten benötigt.
- Nicht zuviel Flüssigkeit nach dem Anbraten aufgießen.
- Die Soße wird besonders gut im Geschmack, wenn man nach dem Verdunsten immer nur wenig heiße Flüssigkeit aufgießt.

Anwendungsbereich:
Fleisch, stark zuckerhaltige Gemüse wie Karotten, Weißrüben, kleine Zwiebeln, Kastanien.

▲
Garen in Flüssigkeit und Fett

Garen im Wok

Der Wok eignet sich nicht nur für die Zubereitung chinesischer Speisen, sondern auch ausgezeichnet für den alltäglichen Gebrauch in der europäischen Küche, besonders für die Zubereitung von Minutengerichten.

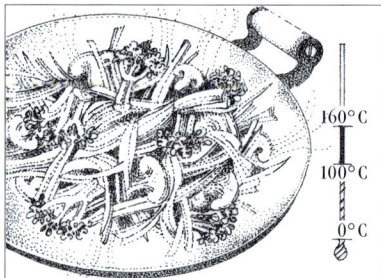

Vorteile:
Das Garen im Wok ist ein schonendes Verfahren. Der Garprozeß ist dem Dünsten ähnlich: Die kurzen Garzeiten schonen die Lebensmittel und erhalten die Nährstoffe. Die Speisen sind gut bekömmlich, da wenig Röststoffe entstehen und nur eine geringe Fettzugabe vonnöten ist. Besonders charakteristisch: Die Farben der Lebensmittel und eine gewisse Bißfestigkeit bleiben erhalten.

Nachteile:
Der Wok als Zusatzgerät ist nicht in allen Haushalten vorhanden, sein Fassungsvermögen ist begrenzt.

Beachte:
- Alle Zutaten müssen klein geschnitten vorbereitet werden.
- Das Fett (Öl) muß heiß sein, damit sich die Poren sofort schließen.
- Zum Dünstvorgang ist das Gericht unbedingt zuzudecken.
- Die Gebrauchsanweisung des jeweiligen Gerätes ist zu beachten.

Anwendungsbereich:
Fleisch und Geflügel mit kurzer Garzeit, also Geschnetzeltes von Pute und Schwein, geschnittene Hühner, Puten- und Entenbrust, Gemüse in allen Varianten, klassische asiatische Gerichte mit Reis und Glasnudeln.

▲
Garen in Flüssigkeit und Fett

Braten in der Pfanne

Braten in der Pfanne wird auch Kurzbraten genannt. Kurzbraten ist das Garen von Lebensmitteln in wenig Fett.

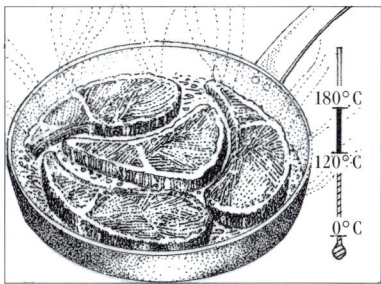

Vorteile:
Die Lebensmittel schließen in heißem Fett sofort alle Poren. Sie behalten so ihren Eigengeschmack. Der Geschmack wird durch die Krustenbildung kräftig und würzig.

Nachteile:
Die hohen Temperaturen verursachen Nährstoffverluste. Kurzgebratene Lebensmittel sind schwer verdaulich. Das fertige Bratgut hat hohen Fettanteil.

Beachte:
- Pfanne zuerst ohne Fett erhitzen.
- Unbedingt nur wasserfreies Fett verwenden.
- Eigenfettanteil beim Braten nützen, nur wenig Fett zugeben.
- Das gesamte Bratgut muß Kontakt mit dem Pfannenboden haben, damit sich die Poren schließen.
- Nach der Krustenbildung Temperatur verringern.
- Bratgut nach dem Braten auf Küchenkrepp legen, um Fettanteil zu reduzieren.

Anwendungsbereich:
Zarte Fleischstücke zum Kurzbraten, Hacksteaks, Geschnetzeltes, Würste, Eier, Kartoffeln.

Fritieren

Fritieren wird auch als Ausbacken bezeichnet. Es ist das Garen unter Bräunung in viel heißem Fett.

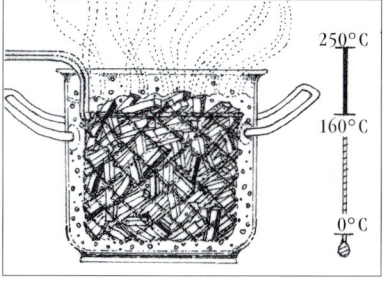

Vorteile:
Fritieren ist ein besonders rascher Garprozeß. Es bildet sich eine schmackhafte Kruste, die Poren schließen sich sofort, der Geschmack bleibt erhalten.

Nachteile:
Fritiergut hat einen hohen Fettgehalt und ist schwer verdaulich. Deshalb sollte Fettgebackenes nur selten auf dem Speiseplan stehen. Der Energieverbrauch ist hoch, die Nährstoffverluste sind erheblich. Das Problem der Entsorgung des Fettes in einem Privathaushalt ist nicht zu unterschätzen!

Beachte:
- Das gewählte Fett muß wasserfrei und hitzebeständig sein.
- Die Temperatur des Fettes prüfen: Den Stiel eines Holzkochlöffels in das heiße Fett tauchen, bilden sich um den Stiel Bläschen, ist die Temperatur richtig.
- Backfett nicht überhitzen.
- Bei zu niedriger Temperatur nimmt das Fritiergut zuviel Fett auf.
- Fettbrände nie mit Wasser löschen, sondern mit einem Deckel ersticken.
- Fett nicht zu oft verwenden, es ist sonst gesundheitsschädlich.

Anwendungsbereich:
Kartoffeln, Fisch, Fleisch, Hähnchen, viele Gemüsearten, Krapfen (Berliner Pfannkuchen), Apfelküchlein.

Braten im Ofen

Braten im Ofen ist das Garen mit oder ohne Fett in trockener, heißer Luft.

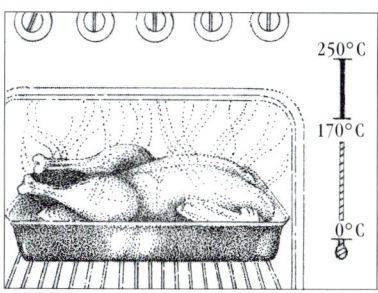

Vorteile:
Geeignet für große Fleischstücke. Starke Bräunung und Krustenbildung sorgen für kräftigen Geschmack. Es bildet sich reichlich Soße.

Nachteile:
Der Energieaufwand ist groß. Die Nährstoffe werden durch die starke und langandauernde Hitze zum Teil geschädigt. Die Kruste und das Fett beeinträchtigen die Bekömmlichkeit und die Verdaulichkeit. In der Krankenkost ist diese Garmethode weniger geeignet.

Beachte:
- Braten öfter wenden und begießen.
- Vor dem Aufschneiden den Braten ruhen lassen.
- Man kann auch einen geschlossenen Brattopf benützen.

Anwendungsbereich:
Bratenstücke von Fleisch, Wild, Geflügel.

Garen in Fett

Garen in Fett

Garen in Fett

Backen

Backen ist ein Garen in trockener, heißer Luft bei gleichzeitiger Bräunung des Garguts.

Vorteile:
Die Nährstoffe bleiben weitgehend erhalten. Die Bekömmlichkeit und die Verdaulichkeit hängen von der Teigart ab, die gebacken wird. Es bildet sich ein guter Eigengeschmack.

Nachteile:
Die Garzeit beim Backen ist lang, somit ergibt sich ein hoher Energieverbrauch. Hitzeempfindliche Vitamine werden geschädigt.

Beachte:
- Bei langen Garzeiten entfällt das Vorheizen bei Umluftherden.
- Je höher das Backwerk ist, desto weiter unten im Backrohr wird es eingesetzt.
- Unnötiges Öffnen der Röhre ist zu vermeiden.

Anwendungsbereich:
Filet im Blätterteig, Schinken im Brotteig, Kartoffeln, Aufläufe (Soufflés), süßes und salziges Kleingebäck, Backwaren wie Torten, Kuchen, Brot.

Garen im Tontopf

Im Tontopf gart das Lebensmittel mit heißer Luft im eigenen Saft in einer speziellen Tonform.

Vorteile:
Beim Garen in der geschlossenen Tonform ist keine »Wache« nötig. Die Nährstoffe bleiben erhalten. Es entsteht keine starke Kruste. Die Lebensmittel werden bekömmlich und gut verdaulich und sind daher auch für Krankenkost geeignet.

Nachteile:
Die Garzeiten sind verhältnismäßig lang, daher hoher Energieaufwand.

Beachte:
- Vor dem Umgang mit dem Tontopf ist die Gebrauchsanweisung zu lesen.
- Der Tontopf darf nicht mit herkömmlichen Spülmitteln gereinigt werden.

Anwendungsbereich:
Fleisch, Geflügel, Wild, Gemüse.

Garen in Alu- oder Bratfolie

Beim Garen in Folie gart das Lebensmittel mit heißer Luft überwiegend im eigenen Saft.

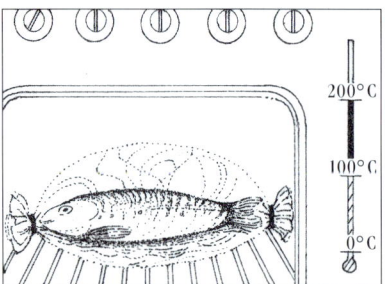

Vorteile:
Beim Garen in Folie erfolgt keine oder nur geringe Fettzugabe. Die Nährstoffe bleiben weitgehend erhalten. Der individuelle Geschmack bildet sich gut aus. Die Krustenbildung ist nur schwach, die Lebensmittel sind daher gut bekömmlich und leicht verdaulich, also auch für den Einsatz in der Krankenkost geeignet. Das Garen in der Folie ist energiearm. Reinigungsarbeiten in der Backröhre fallen nicht an.

Nachteile:
Das Garen in Folie erzeugt Müll. Besonders nachteilig ist hier der Einsatz von Alufolie!

Beachte:
- Bei Bratfolie oder Bratschlauch die Gebrauchsanweisung beachten.
- Alufolie durch Faltung dicht verschließen.

Anwendungsbereich:
Huhn, Fisch, Fleisch, Kartoffeln, Gemüse.

Garen in heißer Luft

Garen in heißer Luft

Garen in heißer Luft

Grillen

Beim Grillen erfolgt das Garen und Bräunen durch starke Einwirkung heißer Strahlung oder durch Kontakt mit einer Grillfläche.

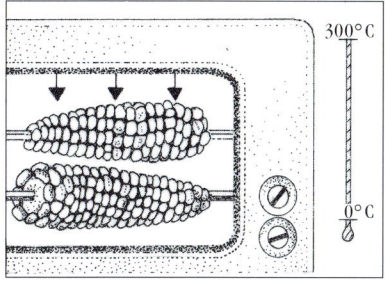

Vorteile:
Schonende Garmachungsart, die Nährstoffe bleiben weitgehend erhalten. Grillen ohne Fettzugabe oder mit wenig Fett läßt energiearm garen. Die Bekömmlichkeit und die Verdaulichkeit wird durch die Wahl des Grillgutes bestimmt. Es bilden sich intensive Geschmacksstoffe.

Nachteile:
Die hohen Temperaturen mindern die Nährstoffe. Kurzzeitig entsteht hoher Energiebedarf. Es entsteht keine Soße.

Beachte:
- Grill vorheizen.
- Backofentür beim Grillen nicht ganz schließen.
- Grillgut etwa eine Handbreit unter dem Grill einschieben.
- Gegrilltes sofort servieren.
- Bereits gegarte Lebensmittel kann man im Grill überbräunen, damit sich eine Kruste bildet.

Anwendungsbereich:
Zarte Fleischstücke, Hackfleisch geformt, Fisch, Geflügel, Gemüse wie z.B. Tomaten, Zwiebeln, Mais, Süßspeisen, auch Eis mit Baisermassen.

▲
**Garen
mit Strahlungs- oder Kontakthitze**

Garen auf dem heißen Stein

Das Garen auf dem heißen Stein wurde wohl übernommen von Naturvölkern, die Fleisch und Fisch nicht über dem offenen Feuer, sondern auf dem von der Sonne erhitzten Stein genießbar machten.

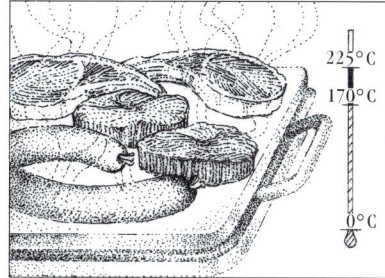

Vorteile:
Schonende Garmachungsart, die Nährstoffe bleiben, bedingt durch die Kürze des Garprozesses, weitgehend erhalten. Auf dem heißen Stein läßt sich gesund ohne Fett garen. Die Vielfalt der Lebensmittel, die auf dem heißen Stein parallel und nacheinander gegart werden können, ist sehr groß.

Nachteile:
Der heiße Stein ist in der Küche als Zusatzgerät selten vorhanden. Der Zeitfaktor und der Energiebedarf durch künstliches Aufheizen des Steines sind nicht zu unterschätzen.

Beachte:
- Die Gebrauchsanweisung ist sorgfältig zu lesen.
- Der Stein erreicht eine sehr hohe Temperatur! Es besteht Verbrennungsgefahr durch Berühren.
- Die Vorbereitungszeit erhöht sich, weil die Lebensmittel in mundgerechte Stücke geschnitten werden müssen.

Anwendungsbereich:
Fleisch, das sich zum Kurzbraten eignet (Geschnetzeltes, Filet, Lende, ausgelöste kleine Geflügelteile), fettarmer Weißfisch, wasserhaltiges Gemüse, evtl. auch Obst für Nachtisch: Pfirsiche, Aprikosen, Bananen.

▲
**Garen
mit Strahlungs- oder Kontakthitze**

Garen im Mikrowellenherd

Beim Garen in der Mikrowelle wirken elektromagnetische Wellen auf das Lebensmittel. Es wird nicht gebräunt.

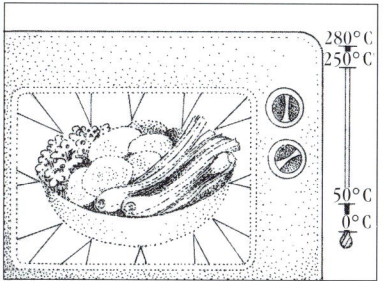

Vorteile:
Die Garzeiten sind sehr kurz, allerdings nur für kleine Mengen. Die Inhaltsstoffe bleiben weitgehend erhalten. Die Lebensmittel werden bekömmlich und gut verdaulich, diese Garmethode ist daher auch in der Krankenkost einsetzbar.

Nachteile:
Bräunung ist nur mit besonderem Zusatz möglich. Techniken von anderen Garmethoden können nicht übernommen werden, ein Umlernen ist nötig. Letztlich sind die Auswirkungen der Mikrowelle noch nicht geklärt.

Beachte:
- Keine Metallbehälter in der Mikrowelle verwenden, auch keine Teller mit Goldrand o.ä.
- Unbedingt Garzeiten exakt einhalten.

Anwendungsbereich:
Mikrowellengeeignete Tiefkühl- und Fertigprodukte, kleine Mengen von Lebensmitteln, vielfach auch nur zum Auftauen.

▲
**Garen
mit elektromagnetischen Wellen**

Teige

Baiser- und Makronenteig

4 Eiklar
1 Pr. Salz
1/2 Zitrone
200 g Zucker oder Puderzucker

Eiklar steif schlagen, zwei Drittel des Zuckers sehr langsam unterschlagen, bis die Masse fest ist. Den restlichen Zucker und die restlichen Zutaten rasch unterheben.
Die Baisermasse muß man sofort weiterverarbeiten: Sie wird in Spritzbeutel gefüllt, auf Oblaten oder ein gefettetes und bemehltes Blech in Form gespritzt und mehr getrocknet als gebacken. Baisergebäck muß nach dem Backen noch weiß sein!

Backtemperatur: 100-120°C (70-90°C)
Backzeit: je nach Gebäckgröße von ca. 25 Min. für Schaumgebäck bis ca. 40 Min. für Makronen.

Der Teig ist geeignet für Schaumgebäck und Makronen, aber auch für Schaumüberzug über Obstkuchen.

Tip: Das nicht benötigte Eigelb kann man problemlos einfrieren.

Biskuitteig aus ganzen Eiern

(Wasserbiskuit)

4 ganze Eier
4 EL gut warmes Wasser
175 g Zucker
125 g Mehl
50 g Stärke
1/2 TL Backpulver

Eier schaumig schlagen, Wasser unter Schlagen nach und nach zugeben, Zucker unter ständigem Schlagen einrieseln lassen. Gesiebtes Mehl mit Stärke und Backpulver vorsichtig unter die schaumige Masse heben.
Biskuitteig sofort auf ein gefettetes und bemehltes Blech oder in die vorbereitete Springform geben.

Backtemperatur: 180°C (150°C)
Backzeit: je nach Gebäck von ca. 12 Min. für Rollen oder Schnitten bis ca. 20 Min. für Torten.

Wasserbiskuit eignet sich für Biskuitrouladen, flache Tortenböden, Obstschnitten.

Biskuitteig aus getrennten Eiern

6 Eiklar
3 Tropfen Zitronensaft
150 g Zucker
1 P. Vanillinzucker
6 Eigelb
150 g Mehl
50 g Stärke
1 TL Backpulver

Eier trennen. Eiklar mit Zitronensaft steif schlagen. Unter Schlagen Zucker einrieseln lassen. Weiterschlagen, bis die Masse glänzend wird. Eigelb, Mehl, Stärke, Backpulver über die Schaummasse geben und vorsichtig unterheben.
Den Biskuitteig sofort auf einem gefetteten und bemehlten Blech verstreichen oder in die vorbereitete Springform geben. Die Backofentür in den ersten 10 Min. nicht öffnen – der Teig fällt sonst zusammen!

Backtemperatur: 180°C (150°C)
Backzeit: je nach Gebäck von ca. 35 Min. für hohe Tortenböden bis ca. 12 Min. für Biskuitrouladen.

Der Biskuitteig eignet sich für hohe Tortenböden und Biskuitrouladen.

Tip: Auf das Unterheben ist Wert zu legen. Nur locker mit dem Schneebesen durchziehen, kein Rühren.

Quarkölteig

300 g Mehl
3 TL Backpulver
150 g Quark
6 EL Öl
1 Ei
2 EL Milch
1 Pr. Salz
75 g Zucker
1 P. Vanillinzucker

Mehl und Backpulver mischen. Dann die restlichen Zutaten zugeben und mit dem Knethaken des Handrührgerätes rasch verkneten, aber nur eine Minute!
Den Teig auf eine bemehlte Arbeitsplatte geben und weiter verarbeiten.

Backtemperatur: 175°C (150°C)
Backzeit: 35-40 Min.

Der Quarkölteig eignet sich für Obstkuchen, Blechkuchen und gefülltes Kleingebäck.

Mürbteig

250 g Mehl
125 g Butter oder Margarine
60 g Zucker
1 Ei
1 Pr. Salz

Variante 1: Der gerührte Mürbteig

Zwei Drittel des Mehls, Zucker, Ei und Fett kommen gleichzeitig in die Rührschüssel. Mit den Knethaken des Handrührgerätes vermengt man die Zutaten kurz.
Diese krümelige Mischung wird nun auf eine mit dem Rest Mehl bestreute Arbeitsfläche gegeben und mit beiden Händen schnell zu einem glatten Teig zusammengeknetet.

Tip: Butter oder Margarine müssen beim gerührten Mürbteig weich sein. Die Teigherstellung auf dem Brett muß schnell gehen, sonst würde sich der Teig zu stark erwärmen und kleben.

Variante 2: Der gehackte Mürbteig

Mehl auf das Backbrett sieben, Zucker und Salz untermischen. Das Fett ist kleinwürfelig vorzubereiten und wird mit Messer oder Teigkarte untergehackt. Nun den Teig kurz kneten, bis Fett und Mehl gut verbunden sind. Die Masse ist bergartig aufzuhäufen, eine Grube einzudrücken. Nun wird das Ei zugegeben und mit einer Gabel verrührt. Teig anschließend mit kalten Händen schnell zu einem glatten Teig formen. Dann den Teig 20 Min. kühlstellen.

Backtemperatur: 200°C (170°C)
Backzeit: 20 Min.

Der Mürbteig ist geeignet für dünne Obstböden, Apfelkuchen, Weihnachtsgebäck, Quiche Lorraine usw.

Tip: Butter oder Margarine müssen beim gehackten Mürbteig sehr kalt sein.

Brandteig

1/4 l Wasser
1 Pr. Salz
50 g Butter
150 g Mehl gesiebt
4 gr. Eier

Wasser mit Butter und Salz in einem Topf zum Kochen bringen. Topf von der Kochstelle nehmen. Das Mehl auf einmal in die kochendheiße Flüssigkeit geben. Topf wieder auf die Kochstelle setzen. Kräftig rühren, das heißt, den Teig gut »abbrennen«. Es bilden sich ein Kloß und eine weiße Haut am Topfboden. Topf von der Kochstelle nehmen.
Den Teigkloß in eine Schüssel geben und abkühlen lassen (15 Min.). Nun mit den Knethaken des Handrührgerätes die Eier nacheinander unter den Teig rühren. Nach jedem Ei muß die Masse gerührt werden, bis sie wieder glatt und glänzend ist. Der fertige Brandteig fällt schwer reißend vom Löffel.
Teig in Spritzbeutel füllen und auf ein gefettetes und bemehltes Blech spritzen.

Backtemperatur: 200° C (⊛ 170° C)
Backzeit: je nach Gebäck von ca. 20 Min. für Eclairs bis ca. 40 Min. für Windbeutel.

Der Brandteig eignet sich für Windbeutel, Eclairs, Strauben.

Tip: Während des Backens Backofen nicht öffnen. Gebäck gut braun backen, damit die Oberfläche fest wird.

Rührteig

250 g Butter oder Margarine
200 g Zucker
1 P. Vanillinzucker
1 Pr. Salz
4 Eier
500 g Mehl
1 P. Backpulver
1/8 l Milch
Fett für die Form

Butter oder Margarine mit dem Handrührgerät sehr schaumig schlagen. Zucker wechselweise mit Eiern zugeben und zu einer cremigen Schaummasse rühren. Der Zucker darf nicht mehr knirschen. Geschmackszutaten zugeben. Mehl und Backpulver mischen und wechselweise mit Milch gründlich unterrühren. Der Teig muß schwer reißend vom Löffel fallen.

Backtemperatur: 175° C (⊛ 150° C)
Backzeit: 50-60 Min.

Der Rührteig eignet sich für Kuchen in der Springform, für Blechkuchen, für Kuchen in der Gugelhupf- oder Kastenform.

Tip: Wenn der Teig zu fest ist, löffelweise Flüssigkeit unterrühren. Ist er zu dünn geraten, löffelweise Mehl oder Semmelbrösel zugeben.

Hefeteig

500 g Mehl
40 g Frischhefe oder 1 P. Trockenhefe
1 Ei
60-80 g Butter oder Margarine
60-80 g Zucker
1 Pr. Salz
1/4 l lauwarme Milch

Mehl in eine Schüssel sieben, Grube eindrücken.
Vorteig: Hefe in einer Tasse mit 1 TL Zucker vermischen und etwas lauwarme Milch unterrühren. Diesen Vorteig in die Mehlgrube geben, etwas Mehl überstreuen, mit Küchentuch zudecken, 10 Min. gehen lassen.

Sobald der Vorteig aufgegangen, also etwa doppelt so groß geworden ist, verrührt man ihn mit Mehl und gibt nun weiches Fett, Geschmackszutaten, restlichen Zucker, Ei und die restliche warme Milch zu. Alle Zutaten verrühren und abschlagen. So lange Luft einschlagen, bis sich der Teig von der Schüssel löst. Teig erneut zudecken und nochmal gehen lassen (gut 10 Min.).

Backtemperatur: 180° C (⊛ 150° C)
Backzeit: von ca. 20 Min. bei Kleingebäck bis ca. 40 Min. bei Zopf oder Napfkuchen.

Der Teig eignet sich für Hefe-Kleingebäck, Pizza, Blechkuchen mit Auflage.

Tip: Milch darf nicht zu heiß sein, sie tötet sonst den Hefepilz ab. Der Prozeß des Gehens kann im Backrohr bei 50° C etwas beschleunigt werden.

Pfannkuchenteig

250 g Mehl
1 Pr. Salz
1/2 l Milch
2 Eier
wasserfreies Fett zum Backen

Mehl in eine Schüssel sieben, Salz zugeben, mit der Hälfte der Milch glattrühren. Eier nach und nach unterrühren, restliche Milch falls nötig zugeben. Der Teig soll dünnflüssig sein. Er reicht für 4-5 große Pfannkuchen. Ausbacken in der Pfanne!

Der Teig eignet sich für Pfannkuchen, Apfelküchlein, Schmarren.

Tip: Je mehr Eier verwendet werden, um so weicher darf der Teig sein. Milch kann man durch Wasser, Buttermilch oder Sauerrahm ersetzen.

Nudelteig

500 g Mehl
1 Pr. Salz
5 Eier
einige Tropfen Öl

Mehl auf die Arbeitsfläche sieben. Salz zugeben. Mischung bergartig aufhäufen und in die Mitte eine Grube machen. In die Grube die Eier hineinschlagen. Mit den Fingern von außen her das Mehl in die Mitte drücken, bis die Eier und das Mehl eine trockene, bröselige Masse bilden. Nun den Teig mit den Händen weiterkneten und, falls der Teig zu trocken sein sollte, einige Tropfen Öl hinzufügen. Aber: Nudelteig muß immer so trocken sein, daß er nicht zu kleben anfängt.
Nach mindestens 10 Minuten Kneten müßte der Teig elastisch, glatt und glänzend sein. Teig 1/2 Std. ruhen lassen.

Der Teig eignet sich für Teigwaren in allen Formen.

Tip: Will man die geformten Nudeln länger aufbewahren; gründlich trocknen lassen (1 Tag), verpacken!

Strudelteig

250 g Mehl
1 Ei
1 EL Öl
1 Pr. Salz
1/8 l lauwarmes Wasser

Mehl auf Brett sieben, Salz zugeben. Bergartig aufhäufen, eine Grube bilden. In diese Grube das Ei hineinschlagen, mit der Gabel unterrühren, Öl und lauwarmes Wasser hinzufügen. Alles zu einem glatten Teig verkneten. Mit den Händen weiterkneten und dann so lange auf ein Brett schlagen, bis der Teig glatt und seidig glänzend geworden ist. In Folie verpackt ca. 1/2 Std. ruhen lassen.

Backtemperatur: 180-200° C
(☀ 150-170° C)
Backzeit: 45-50 Min.

Der Teig eignet sich für Strudel mit süßen und salzigen Füllungen.

Tip: Der Teig soll nicht zu fest sein – es ist sehr schwer, nachträglich noch Wasser einzuarbeiten. Strudelteig soll in einer warmen Umgebung ruhen.

Blätterteig

500 g Mehl
1/4 l Wasser
1/2 TL Salz
400 g Butter

Das Mehl auf ein Brett sieben und in die Mitte eine Mulde drücken. Das Wasser eingießen, Salz dazugeben, die Butter in Würfeln auf dem Mehlrand verteilen. Alle Zutaten rasch zu einem Teig verarbeiten.
Den Teig zu einer Platte von etwa 30 x 60 cm ausrollen, Teig einmal zusammenschlagen und für 5-10 Min. in den Kühlschrank legen. Das Ganze drei- bis viermal wiederholen, danach verarbeiten.

Variation: falscher Blätterteig

250 g Mehl
3 TL Backpulver
250 g Quark
200 g Butter

Mehl auf ein Brett sieben und in die Mitte eine Mulde drücken. Quark und geschnittene Butter in die Vertiefung geben. Nun mit wenig Mehl bedecken und von innen nach außen einen glatten Teig bereiten.
Den Teig zu einer Platte von 30 x 60 cm ausrollen, zusammenschlagen und wieder ausrollen. Nach nochmaligem Zusammenschlagen locker in eine Folie eingewickelt über Nacht in den Kühlschrank legen. Am nächsten Tag wieder Ausrollen und zu Gebäck verarbeiten.

Backtemperatur: 200-220° C
(☀ 170-190° C)
Backzeit: 20 Min.

Der Teig eignet sich für Blätterteig-Kleingebäck, salziges Blätterteiggebäck, Hülle für Fleisch (Filet Wellington).

Tip: Zeitersparnis durch Tiefkühlware.

Suppen: Klare Suppen

Knochenbrühe

500 g Suppenknochen
1 Markbein
1 Bund Suppengrün
1 Zwiebel mit Schale
1 1/2 l Wasser
Salz

Knochen äußerst gründlich waschen, Suppengrün putzen, waschen und grob schneiden. Die Zwiebel waschen und halbieren. Alle Zutaten in kaltem Kochwasser zusetzen, zum Sieden bringen und bei mäßiger Hitzezufuhr garen. Die Brühe abseihen und abschmecken.

Garzeit: 1 Std. 15 Min.

Fleischbrühe

250-500 g Rindfleisch (z.B. Brustspitz, Zwerchrippe, Brustkern)
200 g Knochen
1 Bund Suppengrün
1 Zwiebel mit Schale
1 1/2 l Wasser
Salz

Fleisch und Knochen waschen, Suppengrün putzen und klein schneiden, Zwiebel waschen und halbieren. Knochen, Suppengrün und Zwiebel kalt zusetzen, Fleisch in die kochende Brühe zugeben und garen. Fleisch herausnehmen, Brühe abseihen und abschmecken.

Garzeit: 1 1/2 Stunden

Tip: Der Einsatz des Dampfdrucktopfes ist bei der Herstellung von Brühen sinnvoll, da er die verhältnismäßig langen Garzeiten erheblich verkürzt.

Gemüsebrühe

1 EL Öl
2 Bund Suppengrün oder 1-2 Mohrrüben
1 Lauchstange
1 kl. Stück Sellerie
1 Zwiebel mit Schale
1 Blatt Liebstöckel
1 1/2 l Wasser
Salz

Gemüse putzen, waschen, grob schneiden, Zwiebel waschen und halbieren. Das Gemüse in Öl andünsten, aufgießen und garen. Die fertige Brühe abseihen und abschmecken. Soll das Gemüse in der Brühe verbleiben, ist es in gleichmäßig kleine Würfel zu schneiden.

Garzeit: 30 Min.

Suppen: Gebundene Suppen

Gemüsesuppe

Binden durch Stauben

250 g Gemüse nach Wahl (z.B. Lauch, Zucchini, Tomaten)
1/2 Zwiebel
30 g Fett
40 g Mehl
1-1 1/4 l Wasser
Salz, Pfeffer
Brühextrakt
Kräuter oder Sahne nach Belieben

Gemüse waschen, putzen, schneiden. Im heißen Fett andünsten, mit Mehl stauben (überstreuen) und kurz weiterdünsten. Mit heißer Flüssigkeit aufgießen. Nach Geschmack Suppe würzen, abschmecken, verfeinern.

Garzeit: 10-20 Min.

Tomatensuppe

Binden durch helle Einbrenne (Mehlschwitze)

30 g Fett
40 g Mehl
1/2 Zwiebel
1 - 1 1/4 l Wasser
5 EL Tomatenmark
Salz, Pfeffer, Oregano
Sahne oder Kräuter nach Belieben

Fett erhitzen, kleingeschnittene Zwiebel und Mehl zugeben, goldgelb rösten (einbrennen). Mit lauwarmer Flüssigkeit aufgießen (Einsatz des Schneebesens verhindert Klümpchenbildung!), ca. 10 Min. kochen lassen. Kurz vor Ende der Garzeit Tomatenmark zugeben, kurz mitkochen lassen. Abschmecken und Verfeinern der Suppe.

Garzeit: 10 Min.

Binden mit feinem Bindemittel

Rühre das feine Bindemittel, z.B. Mehl oder Speisestärke oder Kartoffelstärke, mit etwas kaltem Wasser an. Gib diese Mischung in die kochende Flüssigkeit, und lasse sie einmal aufkochen.

Suppen: Süße Suppen

Milchsuppe

1 1/2 l Milch
1 Pr. Salz
40 g Stärke oder 60 g Grieß,
Haferflocken, Reis oder Sago
Zitronenschale
Vanillestangen
Zucker
1-2 Eier

Milch und Geschmackszutaten zum Kochen bringen, Stärke mit kalter Milch angerührt unter Rühren zugeben, andere Bindemittel einstreuen. Eigelb nach dem Kochen einrühren, Eischnee unterziehen, evtl. Obst zugeben.

Garzeit: von 1 Min. bei Stärke bis zu 30 Min. bei Reis.

Fruchtsuppe (Kaltschale)

500 g Früchte
1 l Obstsaft
Zucker nach Geschmack
40 g Stärke oder 1 P. Fruchtpuddingpulver in passender Geschmacksrichtung
Zitronensaft

Obst waschen, evtl. entsteinen und zerkleinern, mit Wasser und Zucker weich kochen, die angerührte Stärke unter Rühren zugeben, noch einmal aufkochen lassen, abschmecken und erkalten lassen.

Garzeit: 5 Min.

Tip: Es lassen sich auch verschiedene Früchte mischen.

Salate und Salatsoßen

Salat aus rohen Zutaten

375 - 500 g Salat,
z.B. Kopfsalat, Endiviensalat, Feldsalat, Eissalat, Paprika, Gurke, Rettich, Tomaten usw.

Grundmarinade auf Essig-Öl-Basis:

2-3 EL Essig oder Zitronensaft
2 EL Wasser
2 EL Öl
Salz
1/2 TL Zucker
evtl. 1/4 Zwiebel
evtl. Salatkräuter wie Dill, Petersilie, Schnittlauch, Basilikum, Zitronenmelisse, Borretsch

Salat vorbereiten, je nach Art zerkleinern, Marinadezutaten vermischen, über das Gemüse geben, vorsichtig mischen, abschmecken, evtl. etwas durchziehen lassen.

Abänderung zur Rahmmarinade: 4-6 EL Sahne oder Sauerrahm statt Öl.

Abänderung zur Joghurtmarinade: 1/2 Becher Joghurt statt Öl.

Salat aus gekochtem Gemüse

750 - 1000 g Gemüse, z.B. Kartoffeln, gelbe Rüben, Blumenkohl, Bohnen, rote Rüben (Rote Bete)

Grundmarinade:

1/8 - 1/4 l Brühe
4 - 6 EL Essig
Salz
1 Pr. Zucker
2 - 3 EL Öl oder ausgelassenen Speck

Gemüse vorbereiten, kochen oder dämpfen, noch warm mit heißer Marinade mischen, durchziehen lassen, Öl oder zerlassenen Speck zugeben, abschmecken.

Abänderung zur Mayonnaisenmarinade: 2 EL Mayonnaise statt Öl.

Soßen

Helle Grundsoße

30 g Butter oder Margarine
40 g Mehl
1/2 l Flüssigkeit, z.B. Fleischbrühe, Fischbrühe, Gemüsebrühe, Milch, Sahne, Wasser, Salz, Pfeffer
Verbesserungszutaten, z.B. Wein, Eigelb zum Legieren, Zitronensaft

Fett erhitzen, Mehl zugeben, goldgelb rösten (einbrennen). Mit lauwarmer Flüssigkeit aufgießen, ca. 10 Min. kochen lassen. Geschmackszutaten zugeben, Soße abschmecken.

Helle Einbrenne eignet sich für Spargel, Blumenkohl usw., mittlere Farbe z.B. für Tomatensoße.

Dunkle Grundsoße

30 g Butter oder Margarine
50 g Mehl
1/2 l Flüssigkeit, z. B. Fleischbrühe, Fischbrühe, Gemüsebrühe, Milch, Sahne, Wasser
Salz, Pfeffer
Verbesserungszutaten, z. B. Wein, Eigelb zum Legieren, Zitronensaft

Für die dunkle Grundsoße das Mehl anbräunen. Durch dieses kräftige Anbräunen verliert das Mehl etwas von seiner Bindefähigkeit, daher sind für die dunkle Soße 10 g Mehl mehr als bei der hellen Soße zu verwenden.

Dunkelbraune Einbrenne ist z.B. für Ochsenschwanzragout zu wählen.

Tip: Sollte die Soße noch Klumpen enthalten, ist sie vor dem Servieren durch ein Haarsieb zu streichen!

Legieren:
Verschlage das Eigelb mit etwas warmer Suppe, Soße oder Wasser und rühre dieses Eigelbgemisch in die nicht mehr kochende, von der Kochstelle genommene Flüssigkeit ein.

Aufläufe

Süßer Auflauf

Brei:
1 l Milch
1 Pr. Salz
200 g Grieß oder Rundkornreis

Schaummasse:
50 g Butter oder Margarine
1 Pr. Salz
60 g Zucker
3 Eigelb
3 Eiklar
etwas Fett für die Form

Grießbrei: Milch und Salz zum Kochen bringen, Grieß einstreuen, 10 Min. quellen lassen.

Reisbrei: Reis verlesen, gründlich waschen, Topf kalt ausspülen, Milch, Salz und Reis zugeben, zum Kochen bringen, 20 Min. quellen lassen.

Brei kalt stellen.

Schaummasse: Margarine oder Butter mit Zucker, Salz und Eigelb schaumig rühren, kalten Brei löffelweise unterrühren.
Steif geschlagenen Eischnee unterheben, Masse in gefettete Auflaufform geben, mit Butterflöckchen belegen, sofort backen.

Backtemperatur: 200°C (170°C)
Backzeit: 50 Min.

Pikanter Auflauf

Grundzutaten:
z. B. Gemüse, Kartoffeln, Nudeln, Bratenreste oder Wurst
etwas Fett für die Form

Eiermilch:
1 EL Mehl
1/4 l Milch
2 Eier
Salz
Muskat, Pfeffer, Paprika
etwas gekörnte Brühe
evtl. geriebener Käse

Grundzutaten nach Wahl vorbereiten, in Scheiben schneiden und in gefettete Auflaufform setzen, Zutaten zur Eiermilch verquirlen, über den Auflauf gießen, backen.

Backtemperatur: 200°C (170°C)
Backzeit: 30-45 Min.

Gemüse

Gemüse gedünstet

750 g Gemüse
40 g Fett
1/2 Zwiebel
Salz
etwas Wasser

Gemüse waschen, putzen, nochmals waschen und je nach Art zerkleinern. In Würfel geschnittene Zwiebeln im Fett andünsten, Gemüse zugeben, dünsten, bis es glänzt. Mit wenig Wasser aufgießen, im geschlossenen Topf fertiggaren, abschmecken.

Garzeit: 20-30 Min.

Gemüse gedämpft

750 g Gemüse
Wasser
Salz

Gemüse waschen, putzen, waschen, evtl. zerkleinern, im Dämpfer garen.

Garzeit: 20 Min.

Tip: Gedämpftes Gemüse zur Verfeinerung in Butter schwenken.

Gemüse gekocht

750 g Gemüse
Wasser
Salz

Gemüse waschen, putzen, waschen, evtl. zerkleinern. Gemüse im kochenden Salzwasser garen.

Garzeit: 20 Min.

Fleisch

Fleischteig

250 g gemischtes Hackfleisch
2 alte Semmeln (Brötchen)
Wasser zum Einweichen
1 Ei
1 kl. Zwiebel
etwas Petersilie, Salz, Pfeffer
etwas Fett zum Andünsten

Semmeln in kaltem Wasser einweichen und ausdrücken. Hackfleisch mit den Semmeln vermengen. Zwiebel in Würfel schneiden und andünsten, Petersilie waschen und kleinschneiden, beides dem Teig hinzufügen, Ei zugeben, Masse mit Gabel oder Knethaken gut vermengen, abschmecken. Zu einem Braten oder zu Bällchen formen.

Garzeit: von 20 Min. bei Fleischküchlein bis 60 Min. bei Hackbraten.

Geeignet unter anderem für Hackbraten und Fleischküchlein.

Tip: Falls der Teig zu weich ist, Semmelbrösel bzw. Semmelmehl zugeben.

Fettbraten

1 kg Fleisch
Salz, Pfeffer
1 Zwiebel
1 Bund Suppengrün
1/4 - 3/8 l heißes Wasser

Fleisch kalt waschen, trocken tupfen, mit Gewürzen einreiben. Backrohr vorheizen auf 200°C. Wasser in die Fettpfanne gießen, Rost über die Fettpfanne aufsetzen, Fleisch auf den Rost legen.
Den Braten etwa 1 Std. braten. Nun zerkleinertes Gemüse in die Fettpfanne legen, und das Fleisch weiterbraten. Fleisch wenden und immer wieder mit Bratensaft begießen. Bratensatz aus der Fettpfanne ist die Basis der Soße. Fleisch vor dem Aufschneiden etwas ruhen lassen.

Garzeit: 1 1/2 - 2 Std.

Fettbraten ist geeignet für Schweinebraten mit Schwarte, Ente, Gans, Schweinshaxe (Stelze).

Magerbraten

1 kg Fleisch
Salz, Pfeffer
1 Zwiebel
1 Bund Suppengrün
1-2 EL Öl

Fleisch kalt waschen, trocken tupfen, mit Gewürzen einreiben. Fleisch auf den Rost über der Bratenpfanne oder direkt in die Bratenpfanne legen. Öl stark erhitzen und sofort über das Fleisch gießen. Fleisch im Backrohr braten. Fleisch wenden und immer wieder mit Bratensaft begießen. Die Soße wird durch Hinzugabe von Zwiebeln und Gemüse nach etwa halber Garzeit sehr schmackhaft.

Garzeit: 1 1/2 - 2 Std.

Magerbraten ist geeignet für Rollbraten vom Schwein, Putenbraten, Rinderbraten, Kalbsbraten.

Gekochtes Fleisch

500 g Fleisch
2 l Wasser
1 Bund Suppengrün
1 Zwiebel
1 EL Salz

Suppengrün waschen, Zwiebel grob schneiden und kalt in der Brühe zusetzen. Fleisch kalt waschen und in die kochende Brühe geben, garen.

Garzeit: 1 1/2 - 2 Std.

Kochen kann man sehr gut z.B. Tafelspitz von Rindfleisch.

Geschmortes Fleisch

500 g Fleisch
30 g Fett
1 Zwiebel
1 Bund Suppengrün
1/2 l Wasser

Fleisch kalt waschen, trocken tupfen, in heißem Fett kräftig anbraten, klein geschnittene Zwiebel und Suppengrün kurz mitbräunen, aufgießen, schmoren lassen, evtl. mit Mehl binden.

Garzeit: 1 1/4 - 1 3/4 Std.

Zum Schmoren eignen sich Gulasch, Rindsrouladen usw.

Kurzgebratenes Fleisch

4 Schnitzel, Steaks bzw. Koteletts
Pfeffer, Salz
2-3 EL Fett
1/4 l Flüssigkeit

Wasserfreies Fett sehr stark erhitzen. Das Bratgut in das Fett geben und 2-3 Min. (Zeit bei Schnitzel) anbraten. Fleisch wenden und auch die zweite Seite kurz anbraten. Das gleiche wiederholen und nochmals beide Seiten kurz anbraten. Erst dann würzen und mit der Flüssigkeit Soße herstellen.

Garzeit: bis zu 10 Min.

Paniertes Kurzgebratenes

4 Schnitzel oder Koteletts
Salz, Pfeffer
60 g wasserfreies Fett
zum Ausbacken

Panade:
2 EL Mehl
1 Ei
1 EL Öl
6-8 EL Semmelbrösel

Bratgut waschen, trocken tupfen, würzen. Zum Panieren Bratgut zuerst in Mehl, dann in mit Öl verschlagenem Ei und anschließend in Semmelbröseln wenden.
Fett in der Pfanne erhitzen. Das Bratgut in die Pfanne legen und bei schwacher Hitze beidseitig bräunen.

Garzeit: 10-15 Min.

Tip: Auch Geflügelteile, Gemüse, Käsescheiben usw. können paniert werden.

Fisch

Gedünsteter Fisch

600 g Fischfilet
(z.B. Seelachs, Rotbarsch, Dorsch)
1 Zitrone
Salz
40 g Fett
1 kl. Zwiebel
1 Bund Suppengrün
Petersilie
1-3 EL Wasser oder Wein
evtl. Sahne

Fischfilet säubern, säuern, salzen. Klein geschnittenes Suppengrün andünsten. Fischfilet auf Gemüsebett legen, Flüssigkeit und Sahne zugeben, gar dünsten.

Garzeit: ca. 20 Min.

Fisch blau gekocht

750 g Fisch
(z. B. Forelle, Karpfen, Schleie, Hecht)

zum Begießen:
3 EL Essig
3 EL Wasser

zum Sud:
2 l Wasser
2 EL Essig
1 TL Salz
1 Lorbeerblatt
10 Pfefferkörner
5 Wacholderbeeren
1 TL Senfkörner

zum Anrichten:
Zitronenspalten, Krauspetersilie und zerlassene Butter

Fisch säubern, säuern, in lauwarmem Sud zusetzen, zum Kochen bringen und ziehen lassen.

Garzeit: je nach Größe 10-20 Min.

Beilagen

Springend gekochter Reis

250 g Reis
2 l Wasser
1 EL Salz

Salzwasser in hohem Topf zum Kochen bringen. Gewaschenen Reis einstreuen und kochen lassen. In ein Sieb schütten und abtropfen lassen. Reis abdampfen lassen, damit er locker und trocken wird (evtl. im Backrohr bei 75°C).

Garzeit: 15-20 Min.

Gedünsteter Reis

1 EL Margarine
1/2 Zwiebel
250 g Reis (2 Tassen)
1/2 l Wasser oder Brühe (4 Tassen)
Salz

Fett erhitzen, gewürfelte Zwiebeln und gewaschenen Reis andünsten, bis er glasig ist, heiß aufgießen und würzen. Offen zum Kochen bringen, bei geringer Hitze zugedeckt lassen, bis alle Flüssigkeit aufgesogen ist. Mit der Gabel auflockern und sofort servieren.

Garzeit: ca. 30 Min.

Polenta

150 g Maisgrieß
1/2 l Wasser
1 TL Salz
4 Eigelb
60 g geriebener Käse

Salzwasser zum Kochen bringen, und Maisgrieß unter stetem Rühren einstreuen. Bei geringer Hitzezufuhr 5 Min. kochen und anschließend 10 Min. ausquellen lassen (hierzu genügt meist die Nachwärme der Elektroplatte).

Nun Eigelb und nach Belieben geriebenen Käse untermengen.

Garzeit: ca. 15 Min.

Nudeln

250 g Nudeln
3 l Wasser
1 TL Salz
1 EL Öl

Wasser mit Salz und Öl zum Kochen bringen. Nudeln in das kochende Wasser geben und Hitzezufuhr sofort drosseln. Nudeln quellen lassen. Die Nudeln durch ein Sieb abschütten, mit kaltem Wasser abschrecken und sofort servieren.

Garzeit: 10-15 Min., immer auf Bißfestigkeit testen!

Salzkartoffeln

750-1000 g Kartoffeln (7-10 Stück)
1 l Wasser
Salz

Kartoffeln waschen, schälen, nochmals waschen. Große Kartoffeln vierteln, in Salzwasser kochen oder im Dämpfeinsatz mit Salz bestreut dämpfen.

Garzeit: ca. 25 Min. in Salzwasser, ca. 30 Min. im Dämpfeinsatz

Pellkartoffeln

750-1000 g Kartoffeln (7-10 Stück)
1 l Wasser

Kartoffeln gründlich waschen, wenn nötig bürsten. In Wasser kochen oder im Dämpfeinsatz garen.

Garzeit: ca. 35 Min. im Wasser, ca. 45 Min. im Dämpfeinsatz

Kartoffelteig

1000 g Kartoffeln (ca. 8-9 Stück)
80-100 g Mehl
1 EL Salz
1 Pr. Muskat
1 gr. Ei

Kartoffeln als Pellkartoffeln garen, schälen, heiß durchpressen, auf einem Brett ausgebreitet auskühlen lassen.
Masse mit Mehl besieben, salzen und mit zwei Gabeln mischen. Ei zugeben, mischen, zu einem Teig verarbeiten.

Thüringer Klöße

3000 g Kartoffeln (ca. 20 Stück)
50 g Brötchen oder Weißbrot
20 g Margarine
Salz

1000 g Kartoffeln (ca. 8 Stück) als Salzkartoffeln garen. Brötchen würfeln, in Margarine goldbraun rösten.

Die rohen Kartoffeln schälen, reiben. Die Kartoffelmasse in einem Leinensack durchpressen, trockene Kartoffelmasse mit den Fingern zerreiben, bis sie ganz locker ist.
Die gekochten Kartoffeln mit dem Kochwasser pürieren, das heiße Püree auf die rohe Kartoffelmasse geben, schnell vermischen.
Kloßteig in acht Portionen teilen und Klöße formen. In jeden Kloß in die Mitte geröstete Brötchenwürfel geben. Klöße mit nassen Händen formen, in kochendes Salzwasser geben und im offenen Topf garziehen lassen.

Garzeit: 20 Min.

Kartoffelbrei

*750-1000 g Kartoffeln
(6-10 Stück mittelgroß)
Salzwasser
1/4-3/8 l heiße Milch
1 EL Butter
1 Pr. Muskat
evtl. Salz*

Kartoffeln waschen, schälen, waschen, der Länge nach vierteln. Dann kochen oder dämpfen, heiß durchpressen und trocken durchrühren. Heiße Milch langsam unterrühren (kein Rührgerät verwenden, da Brei sonst zäh wird), Butter zugeben, mit Muskat und Salz abschmecken.

Garzeit: ca. 25 Min. in Salzwasser, ca. 30 Min. im Dämpfeinsatz

Tip: Wichtig ist es, eine mehlige Kartoffelsorte auszuwählen.

Spätzleteig

*250 g Mehl
1 TL Salz
1/8 l Wasser
2 Eier
1 l Salzwasser*

Mehl in die Schüssel sieben, Salz, Wasser und Eier zugeben, mit Knethaken oder Kochlöffel verrühren. Danach den Teig mit einem Kochlöffel so lange schlagen, bis er große Blasen zu werfen beginnt.
Teig mit dem Spätzleseiher oder Spätzlehobel ins kochende Salzwasser stoßen, kurz aufkochen. Die gegarten Spätzle steigen hoch. Diese mit dem Schaumlöffel herausnehmen.

Weitere Möglichkeit:
Spätzlebrett und Palette ins heiße Wasser tauchen.
3 EL Teig aufs Brett geben. Teig mit der Palette flach streichen, und schmale Teigröllchen in das kochende Wasser schaben.

Semmelteig

*6-8 alte Semmeln oder
300-400 g Knödelbrot
3/8 l Milch
1 TL Salz
1/2 Zwiebel
1 EL Petersilie
1 TL Fett nach Belieben
2-3 Eier*

Semmeln in feine Scheiben oder Würfel schneiden, salzen, mit lauwarmer Milch übergießen, zugedeckt durchziehen lassen. Gewürfelte Zwiebel im Fett andünsten, fein geschnittene Petersilie zugeben, mit den Eiern zur Semmelmasse geben, verkneten. Weiterverarbeitung zu Semmelknödel oder Leberknödel. Knödel formen, in kochendes Salzwasser legen, garziehen lassen.

Garzeit: 20 Min.

Desserts

Abgeschlagene Creme

*2 Eigelb
2 EL Zucker
20 g Stärkemehl
1/2 l Milch
2 Eiklar
1/4 Vanilleschote oder 2 P. Vanillinzucker*

Eiklar steif schlagen. Eigelb mit Zucker schaumig rühren, Stärkemehl mitrühren. Milch unter Rühren zugeben. Creme auf dem Herd so lange abschlagen, bis die Masse einmal aufkocht. Zum Eischnee geben, unterheben. Geschmackszutaten zugeben.

Umgang mit dem Spritzbeutel:
Fülle die Creme oder Sahne bis etwa eine Handbreit unter den Spritzbeutelrand ein. Schließe den Spritzbeutel, und streife das Spritzgut nach unten in Richtung Tülle. Verdrehe das Ende einmal, und beginne mit dem Spritzen.

Süße Quarkspeise

*250 g Quark
1/2 Zitrone
2 EL Zucker
evtl. 1/8 l Sahne*

Quark mit Zucker und Zitronensaft glatt rühren, steif geschlagene Sahne unterheben, abschmecken.

Kalt gerührte Creme

*4 Eigelb
4 Eiklar
100 g Zucker
6 Blatt Gelatine weiß, oder 1 Tüte gemahlene Gelatine
Geschmackszutaten, z. B. 100 ml Saft von Früchten
1/4 l Schlagsahne*

Sahne steif schlagen, Eiklar zu Schnee schlagen, Geschmackszutaten vorbereiten.

Blattgelatine in viel kaltem Wasser 10 Min. quellen und dann abtropfen lassen. Gelatine direkt in der heißen Masse lösen, kalt stellen.

Gemahlene Gelatine in 5 EL kaltem Wasser einweichen, nach dem Quellen im Wasserbad lösen, etwas kalte Masse in die gelöste Gelatine geben (Temperaturausgleich). Anschließend Gelatine unter die Masse rühren, kalt stellen.

Wenn die Creme anfängt, fest zu werden, den Eischnee unterheben, ebenso die Schlagsahne. Creme weiter fest werden lassen.

Kompott

*500 g Früchte
1/4 l Wasser
Zucker je nach Obstart:
40 g bei Äpfeln, 80 g bei Rhabarber
etwas Zitronensaft
1 Zimtstange*

Früchte waschen, zerkleinern. Früchte mit Wasser, Zitronensaft, Zimtstange in einen Topf geben. Zucker hineinstreuen. Bei mittlerer Hitzezufuhr garen.

Garzeit: bei Aprikosen und Äpfeln 3 Min., bei Rhabarber 10 Min.

Melonen-Chutney · Trauben-Bananen-Chutney · Rot-gelbes Paprikarelish

	5'	Zutaten und Arbeitsgeräte bereitstellen		
10'	10'	Melonen-Chutney vorbereiten	Weintrauben und Bananen vorbereiten	Paprikaschoten und Zwiebeln vorbereiten
20'		Garzeit Melonen-Chutney Twist-off-Gläser spülen		Garzeit Paprikarelish Schmucketiketten vorbereiten
30'	30'		Garzeit Trauben-Bananen-Chutney	
40'				
45'				Petersilie zufügen
	5'	Einfüllen der Chutneys und des Relish, Verschließen der Gläser		
60'	10'	aufräumen		

Melonen-Chutney

1 Honigmelone	vierteln, Fruchtfleisch auslösen, 800 g abwiegen und würfeln
250 g rote Zwiebeln	schälen und würfeln
1 gestrichener EL eingelegter grüner Pfeffer 2 Beutel (100 g) Pikant-Fix (Fertigprodukt für Chutney) 300 g Zucker 150 ml Weißweinessig	zusammen mit Melone und Zwiebeln unter Rühren aufkochen etwa 30 Min. dicklich einkochen, dabei gelegentlich umrühren
3 Stiele Thymian	waschen, klein zupfen und unterrühren
	in heiß gespülte Twist-off-Gläser füllen, zudrehen, umdrehen, erkalten lassen

Trauben-Bananen-Chutney

700 g kernlose helle Weintrauben	heiß abwaschen, von den Stielen zupfen
500 g Bananen	schälen, in Scheiben schneiden
1 kl. Stück Ingwer	schälen, sehr fein hacken
	alles in einen Topf geben

Schokoladen-Knusperchen · Dattelkonfekt und Aprikosen-Mandel-Konfekt · Nußtrüffel

	5'	Zutaten und Arbeitsgeräte bereitstellen		
10'	10'	Schokolade und Butter schmelzen lassen (Knusperchen)	Datteln entsteinen Marzipan schneiden und formen	Schokolade schmelzen lassen (Nußtrüffel)
20'	10'	Kokosraspel und Cornflakes unterheben, Häufchen formen	Schokolade schmelzen lassen	Butter und Zucker geschmeidig rühren, mit der Schokolade und den Haselnüssen mischen
30'	10'	Knusperchen kühl stellen	Datteln füllen Früchte in Schokolade tauchen	etwas abkühlen lassen
40'	10'		abtropfen lassen und kühlen	Kugeln formen und in Haselnußkernen wälzen
45'				
60'	15'	abspülen und aufräumen		

Schokoladen-Knusperchen

150 g Vollmilch-Schokolade 100 g Zartbitter-Schokolade	in kleine Stücke brechen und in eine kleine Cromarganschüssel geben
10 g Butter (ca. 1 EL) 1 P. Vanillinzucker	zur Schokolade geben, im Wasserbad bei schwacher Hitze zu einer geschmeidigen Masse verrühren, dann abkühlen lassen
75 g Kokosraspel 1/2 P. (86 g) Cornflakes	unterrühren
	von der Masse mit 2 Kaffeelöffeln Häufchen auf Pergamentpapier setzen
	im Kühlschrank fest werden lassen in Gläsern kühl aufbewahren

Dattelkonfekt und Aprikosen-Mandel-Konfekt

250 g getrocknete Datteln	entsteinen
100 g Marzipan-Rohmasse	in so viele Stücke schneiden, wie Datteln vorhanden sind etwas länglich formen, anstelle des Steins in die Datteln drücken
130 g Blockschokolade	in eine Schüssel bröckeln, im Wasserbad bei schwacher Hitze geschmeidig rühren

140 g brauner Zucker	hinzugeben
1/8 l Obstessig	bei mittlerer Hitze ca. 15 Min. kochen,
Salz	dabei gelegentlich umrühren
weißer Pfeffer	heiß in gespülte Twist-off-Gläser füllen,
2 P. Safranfäden	zudrehen, umdrehen und erkalten lassen

Rot-gelbes Paprikarelish

500 g gelbe und 500 g grüne Paprikaschoten	heiß waschen, putzen, würfeln
1 Gemüsezwiebel	schälen und würfeln
5 EL Öl	erhitzen, Gemüse darin andünsten
175 g Zucker 1 TL Salz 1/4 l Weißweinessig 1 EL grüner Pfeffer (eingelegt)	zufügen, aufkochen ca. 20 Min. bei mittlerer Hitze unter Rühren kochen
1 Bund Petersilie	waschen, trocken schwenken, hacken 5 Min. vor Ende der Garzeit zugeben
	heiß in gespülte Twist-off-Gläser füllen, zudrehen, umdrehen und erkalten lassen

250 g getrocknete Aprikosen	bis zur Hälfte, ebenso die Enden der Datteln eintauchen, auf einem Kuchengitter abtropfen lassen, im Kühlschrank fest werden lassen das Konfekt in gut schließenden Dosen kühl aufbewahren

Nußtrüffel

75 g Butter	mit dem Rührbesen des Handrührgeräts geschmeidig rühren
75 g gesiebter Puderzucker 1 P. Vanillinzucker	unterrühren
200 g Zartbitter-Schokolade	in Stücke brechen, in einer kleinen Cromarganschüssel im Wasserbad bei schwacher Hitze schmelzen lassen geschmeidig rühren dann unter die Butter-Zucker-Masse rühren
50 g gemahlene Haselnußkerne (evtl. geröstet)	unterrühren
	die Masse kühl stellen, bis sie sich etwas verfestigt hat dann kleine Kugeln formen
25 g gemahlene Haselnußkerne	Kugeln darin wälzen, in verschlossenen Glasgefäßen kühl aufbewahren

Champignons mit Oliven

1 kg Champignons	putzen, abbrausen
1 Tasse Wasser 1 Pr. Salz	aufkochen, Champignons ca. 5 Min. dünsten, absieben, Pilzbrühe aufheben
3 Knoblauchzehen 4 Zwiebeln	in Scheiben schneiden, zufügen
250 g grüne Oliven 1 TL Thymian 1 TL Rosmarin 3 Lorbeerblätter	zusammen mit Champignons, Knoblauch und Zwiebeln in vorbereitete Gläser schichten
1/4 l Wasser	mit Pilzbrühe mischen
1/2 l Weinessig	zugießen, aufkochen, heiß über die Pilze gießen, Gläser sofort verschließen

Zitronenmelisse-Lavendel-Essig

2 Zitronenmelissezweige 2 Lavendelzweige	vorsichtig abbrausen, trocken tupfen
1/2 l Weißweinessig	mit den Kräutern in eine Flasche geben, verschließen und dunkel lagern

Zeitplan: Champignons mit Oliven · Zitronenmelisse-Lavendel-Essig · Rosmarinöl mit Knoblauch

Zeit				
	5'	Zutaten und Arbeitsgeräte bereitstellen		
10'	15'	Champignons zubereiten Gläser spülen Zwiebeln und Knoblauch vorbereiten Pilzbrühe und Essig aufkochen	Zitronenmelisse und Lavendel vorbereiten Flaschen spülen Kräuter und Essig abfüllen	Rosmarin und Knoblauch vorbereiten Flaschen spülen Öl abfüllen
20'				
	5'	Zutaten in Gläser füllen		
30'	10'	Essigsud zugießen Gläser verschließen		
35'				
	15'	Schmucketiketten vorbereiten und auf Gefäße kleben		
60'	10'	aufräumen		

Sauerkirsch-Mandel-Konfitüre

1 kg Schattenmorellen	waschen, entsteinen
1 kg Gelierzucker	zufügen, ca. 20 Min. zugedeckt stehen lassen
80 g Mandelblättchen	goldbraun rösten
	Fruchtmasse unter ständigem Rühren aufkochen, 4 Min. sprudelnd kochen lassen
	Mandelblättchen zugeben
	Schaum abschöpfen, kochend heiß in vorbereitete Gläser füllen, sofort verschließen

Erdbeer-Ananas-Konfitüre

500 g Erdbeeren	waschen, Strunk entfernen, schneiden
200 g Ananas	Strunk und Schale entfernen, Frucht in kleine Stücke schneiden mit Erdbeeren mischen
700 g Gelierzucker	zufügen, unter Rühren aufkochen, 4 Min. sprudelnd kochen lassen, abschäumen, in vorbereitete Gläser füllen und verschließen

Zeitplan: Sauerkirsch-Mandel-Konfitüre · Erdbeer-Ananas-Konfitüre · Quittengelee mit Vanille

Zeit				
	5'	Zutaten und Arbeitsgeräte bereitstellen		
10'	5'	Schattenmorellen zubereiten	Ananas und Erdbeeren vorbereiten	Quitten zubereiten
20'	20'	Gläser mit Twist-off-Deckel heiß spülen (ca. 15 Stück) Mandelblättchen rösten	Konfitüre kochen	Garzeit Quitten
30'				
40'	20'	Früchte aufkochen, Mandelblättchen zufügen		
50'				Vanilleschote und Zitronenschale vorbereiten
				Masse pürieren Gelee kochen
60'	10'	Konfitüren und Gelee abfüllen, aufräumen		

Rosmarinöl mit Knoblauch

2–3 Rosmarinzweige	vorsichtig abbrausen, trocken tupfen
2 Knoblauchzehen	schälen, halbieren
3/4 l Speiseöl	mit den vorbereiteten Zutaten in eine Flasche füllen, verschließen und dunkel lagern

Quittengelee mit Vanille

1 kg Quitten	waschen, vierteln, entkernen, schneiden
1 1/4 l Wasser	zufügen, 40 Min. kochen, durchsieben 1 l Saft davon abmessen
Mark einer Vanilleschote Schale einer Zitrone	zusammen mit Quittenfruchtsaft aufkochen
1 Flasche flüssiges Geliermittel	einrühren, aufkochen, heiß in Gläser füllen und verschließen

Glücksschwein · Süße Buntstifte

	5′	Zutaten und Arbeitsgeräte bereitstellen		
10′	30′	Schablone für Glücksschwein zuschneiden Ofen vorheizen (200°C; ♨ 170°C)	Quarkölteig herstellen	Marzipanmasse für Buntstifte herstellen
20′				
30′				Kuvertüre schmelzen
		Schwein fertigstellen		
40′	20′	Backzeit Glücksschwein Kleeblätter herstellen		Verpackungen vorbereiten
50′			Buntstifte fertigstellen	
60′	5′	auskühlen lassen	verpacken	verpacken
90′	30′	verzieren und verpacken, aufräumen		

Glücksschwein

Schablone für Glücksschwein (26 x 21 cm) zuschneiden

500 g Mehl
1 P. Backpulver
100 g Zucker
200 g Quark
8 EL Milch
1/8 l Öl
1 Ei
1 Pr. Salz
} einen Quarkölteig herstellen (S. 31) den Teig auf einer bemehlten Fläche zu einer Platte (ca. 32 x 45 cm) ausrollen mit Hilfe der Schablone 2 Schweine ausschneiden

aus dem restlichen Teig einen Kreis (ca. 5 cm) für die Nase ausstechen, 2 Löcher hineindrücken
außerdem noch 1 Ohr, 2 Beine und 1 Schwanz formen
ein Schwein auf ein mit Backpapier ausgelegtes Backblech legen

2-3 EL Pflaumenmus — in der Mitte des Schweins verteilen

1 Eiklar — Ränder bestreichen
zweites Schwein drauflegen und die Ränder gut andrücken
Schwanz, Ohr und Füße mit Eiklar an den Körper kleben

1 Haselnuß — als Auge eindrücken

1 EL Sahne
1 Eigelb
} verquirlen, das Schwein damit bestreichen
im vorgeheizten Ofen bei 200°C (♨ 170°C) ca. 20 Min. backen

Apfelmus · Kompott aus verschiedenen Früchten · Erdbeerkonfekt

	5′	Zutaten und Arbeitsgeräte bereitstellen		
10′	5′	Äpfel für das Mus vorbereiten	Früchte für Kompott vorbereiten	Erdbeeren waschen, trocknen lassen
20′	15′	Garzeit Äpfel Gläser vorbereiten	Garzeit Kompott Gläser vorbereiten	Kuvertüre schmelzen Erdbeeren eintauchen und abkühlen lassen
			Kompott einfüllen, verschließen Gläser etikettieren	Schmucketiketten beschriften
30′	15′	Apfelmasse durchpassieren und verfeinern		
40′				
50′	15′	Mus in Gläser einfüllen und verschließen Gläser etikettieren		Erdbeeren in den Kühlschrank stellen
55′				
	20′	Geschenke fertig verpacken		
90′	15′	aufräumen		

Apfelmus

1 kg Äpfel — waschen, entstielen, grob schneiden
1/8 l Wasser — Äpfel ca. 15 Min. musig kochen durch ein Haarsieb passieren

Saft und geriebene Schale einer halben Zitrone
100 g Zucker
1 P. Vanillinzucker
1 TL Rum
} zufügen, solange die Masse noch heiß ist

abkühlen lassen
in Twist-off-Gläser füllen
verschließen

Kompott aus verschiedenen Früchten

500 g Früchte
z. B. Äpfel, Birnen, Aprikosen, Pflaumen, Marillen
} Früchte vorbereiten, in mundgerechte Stücke schneiden

1/4 l Wasser
Saft einer Zitrone
1 Stange Zimt
2-3 Nelken
1 MS Ingwer
} aufkochen

vorbereitete Früchte in den Sud einlegen und ca. 10 Min. weich garen

in Twist-off-Gläser füllen und verschließen

	Während der Backzeit:
50 g Marzipanrohmasse 20 g Puderzucker einige Tropfen grüne Speisefarbe	verkneten 1/2 cm dick ausrollen 4 Herzen ausstechen aus dem Rest einen Stiel formen Herzen und Stiel zu einem Kleeblatt zusammensetzen
	Schwein abkühlen lassen mit den Kleeblättern und einer Schleife verzieren

Süße Buntstifte

400 g Marzipan- rohmasse 150 g Puderzucker	verkneten, in 12 Portionen teilen aus jedem Teil einen Stift formen
1 Eiklar	die Stifte bestreichen
3 EL gehackte Pistazien 3 EL gehackte Haselnüsse 3 EL Sesam	je auf einen flachen Teller geben, die Stifte jeweils darin wälzen, gut andrücken
50 g Vollmilchkuvertüre	nach Vorschrift schmelzen die Stifte mit den Spitzen eintunken

Zum Verpacken:

eine Schachtel mit einer Serviette auslegen, Stifte hineinlegen und schließen; oder: auf ein entsprechend großes Stück Pappe legen, mit Klarsichtfolie überziehen, Schleife binden

Erdbeerkonfekt

500 g schöne, große Erdbeeren mit Stiel	vorsichtig waschen auf Haushaltspapier abtropfen lassen (Beeren müssen ganz trocken sein)
125 g Kuvertüre	im Wasserbad schmelzen
	Erdbeeren bis zu 2/3 hineintauchen, auf Pergamentpapier legen, bis die Kuvertüre fest ist
	bis zum Verzehr oder Verschenken im Kühlschrank aufbewahren

Schinkentaschen · Quarktaschen · Nußschnecken

Zeit				
5'	Zutaten und Arbeitsgeräte bereitstellen			
10'	Teig herstellen	pikante Fülle herstellen	Nußfülle oder Quarkfülle zubereiten	
15'	Backofen vorheizen (180 °C; ⌀ 150 °C)			
20'				
30'	Teig halbieren, auswellen, schneiden, bestreichen	Backblech vorbereiten Schinkentaschen füllen	Teig auswellen, füllen, formen, bestreichen	
15'				
40'	Backzeit Gebäckstücke	Zitronenglasur herstellen	evtl. Gurkensalat (S. 66) und Getränke vorbereiten	
50'	Tisch decken			
20'			Schmucketiketten vorbereiten	
55'				
20'	Gebäck in Zellophan verpacken, Schmucketiketten aufkleben			
90' 15'	aufräumen			

Schinkentaschen

Quarkölteig:

100 g Quark
1 EL Öl
3 EL Milch
1 MS Salz
} verrühren

200 g Mehl
2 TL Backpulver
} die Hälfte des mit Backpulver gemischten Mehles unterrühren, den Rest unterkneten

Teig halbieren, die eine Hälfte für Schinkentaschen, die andere Hälfte für süße Kleingebäcke (Schnecken, Kränzchen, Quarktaschen oder Windrädchen) verwenden

Pikante Füllung:

1 kl. Zwiebel — hacken
1/2 Stange Lauch — waschen, putzen, Ringe schneiden
100 g roher oder gekochter Schinken — würfeln
1 kl. Bund Petersilie — waschen und hacken
1 EL Öl — alle Zutaten im heißen Öl anbraten und 3 Min. dünsten lassen
1 MS Pfeffer — abschmecken, abkühlen lassen

die eine Hälfte des Teiges zu einem Rechteck auswellen und vier kleine Rechtecke mit einem Teigrädchen ausschneiden
Fülle daraufgeben
Teighälfte darüberschlagen und mit einer Gabel die Ränder festdrücken

---

Zucchinipastete mit Tomatenpüree · Geflügelterrine

Zeit				
5'	Zutaten und Arbeitsgeräte bereitstellen			
10'	Gemüse vorbereiten und garen	2 x 4 Blatt Gelatine einweichen	Garzeit Kartoffel Fleisch-Kartoffel-Masse herstellen	
15'	Käsecreme herstellen	2 Kastenformen auslegen (1x Salatblätter, 1x Geflügelwurst) Gelatine auflösen		
20'				
10'	Pastete einfüllen	Garnierung vorbereiten	Terrine einfüllen Kühlzeit	
30'				
40'	Kühlzeit Tisch decken Tomatenpüree mixen	evtl. Salat zubereiten (S. 81) Brot oder Brötchen aufschneiden, anrichten		
30'			Schmucketiketten beschriften	
50'				
60'	Pastete schneiden		Terrine schneiden	
90' 30'	Pasteten- und Terrinenscheiben in Zellophan verpacken, Etiketten aufkleben, aufräumen			

Zucchinipastete mit Tomatenpüree

2 kleine Zucchini
3 Karotten
1 rote Paprikaschote
} waschen, putzen und in lange Streifen schneiden

1/2 l Wasser
1 TL Suppenwürze
1/2 TL Salz
} zum Kochen bringen, Gemüsestreifen darin kochen: Möhren 7 Min., Zucchini 4 Min., Paprika 3 Min.

Gemüse herausnehmen, abkühlen lassen

4 Blatt Gelatine — in kaltem Wasser einweichen

200 g Kräuterfrischkäse
150 g Sahnedickmilch
1 EL Meerrettich
1 EL gehackte Kräuter
1/2 TL Kräutersalz
1 MS Pfeffer
1/2 Zitrone (Saft)
3 EL heißes Wasser
— mit dem Schneebesen verrühren, abschmecken, Gelatine auflösen und zur Käsecreme geben

8 – 10 Salatblätter — waschen, Kastenform auslegen, sobald die Käsecreme andickt, abwechselnd Creme und Gemüsestreifen einschichten

50 g geschälte Sonnenblumenkerne — grob hacken, zuletzt darüberstreuen

mit Salatblättern abdecken und mit einem Brett beschweren
30 Min. in die Tiefkühltruhe stellen
dann stürzen, in Scheiben schneiden

4 frische Tomaten — waschen
Salz, Pfeffer, Basilikum, Thymian, 1 EL Öl } mit den Tomaten im Mixer pürieren

44

Quarktaschen

Quarkfüllung:

125 g Quark
1 EL Sahne
1 EL Zitronensaft
2 EL Zucker
} vermischen und abschmecken

Teig ca. 1/2 cm dick auswellen
4 Quadrate ausschneiden, aus dem Teigrest 4 kleine, runde Formen ausstechen

in die Mitte 1 EL Quarkfülle setzen, Ecken darüberschlagen

runde Form auflegen

Gebäckstücke auf ein mit Backpapier ausgelegtes Backblech setzen mit 2-3 EL Milch bestreichen und bei 180°C (150°C) 15-20 Min. backen

Nußschnecken

Nußfüllung:

100 g gemahlene Haselnüsse
4 EL Trinkschokolade
4-6 EL Milch
} verrühren, daß die Masse streichfähig wird

zweite Teighälfte zu einem Rechteck auswellen, mit Füllung bestreichen, aufrollen und in 2 cm dicke Scheiben schneiden

Variation: Pflaumenschnecken

Geflügelterrine

1 große Kartoffel — waschen, schälen, in Scheiben schneiden
2 MS Kräutersalz — würzen
3 EL Wasser — Kartoffeln übergießen und in der Mikrowelle (600 Watt) 5 Min. garen
2 EL Öl — erhitzen
2 Putenschnitzel — auf beiden Seiten gut durchbraten, dann in Stücke schneiden
75 g durchwachsener Speck — zusammen mit den Schnitzelstücken und der Kartoffel durch den Fleischwolf drehen
4 Blatt Gelatine — einweichen
1/2 TL Salz
2 MS Pfeffer
2 MS Muskat
1/2 TL Suppenwürze
} Fleisch-Kartoffel-Masse würzen
1 Becher Sauerrahm — untermischen, abschmecken
3 EL heißes Wasser — Gelatine auflösen und zufügen
100 g Geflügelwurst in Scheiben — kleine Kastenform damit auslegen
1 kl. Glas Minigurken
1 kl. Dose ganze Champignons
} zusammen mit der Fleischmasse schichtweise einfüllen

den Rest der Geflügelwurst darauflegen, beschweren und 30 Min. ins Tiefkühlfach stellen, stürzen, mit Gurkenfächer garnieren und in Scheiben schneiden

Variation: Brokkolipastete

Spaghettisalat · Thunfischsalat · Brokkoli-Blumenkohl-Salat · Salami-Käse-Salat · Knoblauch- und Kräuterbaguette

Zeit				
5′	Zutaten und Arbeitsgeräte bereitstellen			
10′	Garzeit Spaghetti	Brokkoli und Blumenkohl kochen	Salami-Käse-Salat zubereiten und garnieren	
20′	Salatsoße und -zutaten zubereiten	3 Eier hart kochen		
35′ 30′		Salatsoße und Garnierung zubereiten		
40′				
50′ 20′	Spaghettisalat mischen	Brokkoli-Blumenkohl-Salat mischen und garnieren	Geschenkeverpackungen für Salate herstellen	
60′				
70′ 15′	Kräuter- und Knoblauchbutter herstellen evtl. Ofen vorheizen (180 °C; ♨ 150 °C) evtl. Baguette vorbereiten	Thunfischsalat zubereiten		
80′ 10′	Tisch decken evtl. Baguette backen			
85′				
30′	Salate, Knoblauch- und Kräuterbutter, Baguette als Geschenk verpacken evtl. Reste anrichten und essen			
135′ 20′	aufräumen			

Spaghettisalat

250 g Spaghetti (wenn man möchte, in Stücke gebrochen)	in reichlich Salzwasser bißfest kochen, abgießen, auskühlen lassen
	Salatsoße:
1 Knoblauchzehe	putzen, durchpressen
3 Blätter Basilikum etwas Schnittlauch	fein hacken
1 Becher Joghurt natur 150 g Crème fraîche 3 EL Zitronensaft 3 EL Fleischbrühe	mit den anderen Salatsoßenzutaten vermischen (Schneebesen)
Salz Pfeffer	abschmecken
1 kl. Salatgurke	waschen, nur wenn nötig schälen, in Würfel schneiden
10 Kirschtomaten	überbrühen, häuten und halbieren, einige Hälften für die Garnierung zurücklegen
1 Zwiebel	in Ringe teilen
1 kl. Dose Mais	abgießen
100 g gekochter Schinken	in feine Streifen schneiden
	alle Gemüse und den Schinken zusammen mit den Spaghetti unter die Salatsoße mischen, abschmecken mit Kirschtomaten garnieren
	Salat kann längere Zeit vor dem Essen zubereitet werden, durch eine längere Ruhezeit schmeckt er würziger

Thunfischsalat

1 Dose Thunfisch mit Gemüsen	mit einer Gabel zerkleinern (Öl aus der Dose mitverwenden)
2 hart gekochte Eier	schälen und mit einer Gabel zerkleinern
2 frische Tomaten 3 Gewürzgurken aus dem Glas	in winzige Würfel hacken
1 TL Senf 1/2 TL Meerrettich	Salatzutaten würzen
Salz Pfeffer	abschmecken
	durchziehen lassen

Brokkoli-Blumenkohl-Salat

300 g Brokkoli 300 g Blumenkohl	in kleine Röschen teilen, waschen
3/4 l Wasser einige Pfefferkörner 1 TL Suppenwürze	zusammen zum Kochen bringen
	Gemüse zugedeckt 5-10 Min. bißfest kochen

Salatsoße:

1 Joghurt natur 4 EL Crème fraîche 2 EL Essig 2 EL Zitronensaft 2 MS Zucker 1 TL Currypulver 2 MS Pfeffer	mit dem Schneebesen cremig rühren
2 Frühlingszwiebeln	waschen und mit dem Grünteil in Scheiben schneiden mit dem Brokkoli und Blumenkohl vorsichtig unter die Salatsoße mischen
1 hart gekochtes Ei	schälen, fein hacken
1 Bund Schnittlauch	fein schneiden
	Ei und Schnittlauch zur Garnierung über den Salat streuen

Salami-Käse-Salat

200 g Salami in Scheiben 200 g Emmentaler in Scheiben	in feine Streifen schneiden
1/2 Bund Petersilie	fein hacken
1 Zwiebel	würfeln
4 EL Öl 4 EL Essig Salz Pfeffer	mit den anderen Zutaten mischen, abschmecken
2 Tomaten	waschen, achteln
1 Glas schwarze Oliven	halbieren und entkernen
1/2 Bund Petersilie	zupfen
	Salat mit Tomatenachteln, Petersilie und Olivenhälften garnieren

Knoblauch- und Kräuterbaguette

Knoblauchbutter:

125 g Butter 5 Zehen Knoblauch 1/2 TL Salz	mit dem Rührgerät mischen

Kräuterbutter:

125 g Butter 2 EL fein gehackte Kräuter 1/2 TL Kräutersalz	mit dem Rührgerät mischen
3-4 kl. französische Weißbrote	der Länge nach halbieren mit der gewürzten Butter bestreichen bei 180°C (150°C) ca. 10 Min. backen

Kartoffel-Spinat-Gratin · Spiegeleier · Apfel-Himbeer-Joghurt

5′	Zutaten und Arbeitsgeräte bereitstellen		
10′	Ofen vorheizen (250°C; ⊙ 220°C)	Spinat garen	Himbeeren auftauen
	Püree zubereiten		Apfel vorbereiten
20′	Püree und Spinat in Auflaufform füllen	Käse schneiden	
20′	Käse auf Gratin legen		Tisch decken
		Tomaten schneiden	
30′	Garzeit Gratin	Spiegeleier braten	
10′			Dessert fertigstellen
35′	mit Tomatenwürfeln bestreuen		
15′	anrichten und essen		
10′	aufräumen		
60′			

Kartoffel-Spinat-Gratin

1 P. TK-Rahmspinat (600 g)	nach Packungsanweisung zubereiten
Salz, Pfeffer, Muskat	abschmecken
4 Tassen Wasser (240 g)	zum Kochen bringen
2 Tassen Kartoffelpüreepulver (mit Milch, 120 g)	einstreuen, mit dem Schneebesen unterrühren
Salz und Muskat	würzen
	nach 1 Min. noch einmal durchrühren, in eine Auflaufform füllen, glattstreichen, Spinat darauf verteilen
100 g Goudascheiben	in Streifen schneiden und als Gitter darauflegen
	im vorgeheizten Ofen bei 250°C (⊙ 220°C) ca. 10 Min. auf der zweiten Schiene von unten backen
2 Tomaten	waschen, vierteln, entkernen, würfeln über das Gratin streuen

Champignonsalat mit Lauchzwiebeln · Putertopf mit Vollkornnudeln · Buttermilch-Beeren-Shake

5′	Zutaten und Arbeitsgeräte bereitstellen		
10′	Pfirsiche für Putertopf vorbereiten	ggf. Beeren auftauen oder putzen	Pilze, Salat und Lauchzwiebeln vorbereiten
15′	Putenfleisch vorbereiten	Wasser für Nudeln aufkochen	
20′			Tisch decken
30′	Fleisch braten, Putertopf fertigstellen	Garzeit Nudeln Beeren-Shake fertigstellen	
15′	Nudeln untermischen		Lauchzwiebeln andünsten Salatsoße fertigstellen Salat anrichten
35′	Putertopf abschmecken		
15′	anrichten und essen		
10′	aufräumen		
60′			

Champignonsalat mit Lauchzwiebeln

250 g große rosa Champignons	putzen und waschen
1/2 Kopf Lollo Rosso oder anderer Blattsalat	putzen, waschen, auf einem Sieb abtropfen lassen
	Pilze in dünne Scheiben schneiden
Saft von einer halben Zitrone	darüber träufeln
	Soße:
2 mittelgroße Lauchzwiebeln	putzen, waschen, in feine Ringe schneiden
1 EL Öl	in einer Pfanne erhitzen Lauchzwiebeln darin 3 Min. dünsten
3 EL Weinessig	dazugießen umrühren, kurz erhitzen
2 EL trockener Sherry Salz, Pfeffer, Zucker	pikant abschmecken
	Salatblätter auf 4 Teller verteilen Pilze darauf anrichten die noch warme Vinaigrette gleichmäßig darauf verteilen

Putertopf mit Vollkornnudeln

400 g Putenschnitzel	waschen, trocken tupfen in Streifen schneiden
4 mittelgroße Zwiebeln	schälen, längs halbieren, Halbringe schneiden

Spiegeleier

1 TL Öl	in einer (beschichteten) Pfanne erhitzen
4 Eier (Gewichtsklasse 3)	einzeln in einer Tasse aufschlagen, in die Pfanne gleiten lassen
1 Pr. Salz	darüber streuen Eier stocken lassen

Apfel-Himbeer-Joghurt

300 g TK-Himbeeren	auftauen lassen, 4 Beeren beiseite legen
1 mittelgroßer Apfel (ca. 150 g)	waschen, Kerngehäuse entfernen und grob raffeln
1 EL Zitronensaft	den Apfel beträufeln
1 Becher Magerjoghurt oder Dickmilch (à 150 g, 1,5 % Fett)	glattrühren über die Äpfel geben, locker vermischen Himbeeren vorsichtig unterheben
einige Tropfen Süßstoff	in Gläser füllen
Zitronenmelisse	mit den restlichen Himbeeren zum Garnieren verwenden

4 Pfirsichhälften	schälen, in Spalten schneiden
1 EL Öl	in einer großen Pfanne erhitzen
4 EL Sojasoße	zugeben Fleisch und Zwiebeln 5 Min. darin anbraten Pfirsiche zufügen, weitere 5 Min. dünsten
Salz, Pfeffer, Sojasoße	abschmecken

Vollkornnudeln:

80 g Vollkornnudeln	nach Grundrezept (S. 36) garen abgetropft unter den Putertopf mischen abschmecken

Buttermilch-Beeren-Shake

300 g gemischte Beeren (frisch oder TK)	putzen, waschen bzw. antauen mit dem Pürierstab pürieren
600 ml Buttermilch	unter die Beeren mixen
Süßstoff-flüssig einige Tropfen Zitronensaft	abschmecken in Gläsern anrichten
Melisseblättchen	garnieren

Hamburger »Schlanke Linie«

	5′	Zutaten und Arbeitsgeräte bereitstellen		
10′	10′	Hackteig herstellen	Zwiebeln würfeln Tomaten schneiden	Salatblätter waschen Salatsoße machen
20′	10′	Frikadellen formen und braten	Toastbrot toasten Gurken schneiden	Dill waschen und hacken
30′	5′	Frikadellen belegen	Toastbrot mit Salat belegen	Gurke schälen und hobeln
35′	5′	Hamburger fertigstellen	Tisch decken	Salat fertigstellen
	15′	anrichten und essen		
60′	10′	aufräumen		

Hamburger »Schlanke Linie« Gurkensalat in Joghurtsoße

200 g Rinderhack 2 EL Semmelbrösel 2 TL Senf 1 Ei	in eine mittelgroße Schüssel geben mit dem Knethaken des Handrührgeräts gut vermengen
1/2 TL Salz 1 Pr. Pfeffer, Paprika 1 TL Oregano	würzen
1 Zwiebel	schälen, sehr fein würfeln unter die Hackfleischmasse rühren
	mit angefeuchteten Händen 4 flache Frikadellen formen
1-2 EL Öl	in einer Pfanne erhitzen Frikadellen darin braten
2 Tomaten	waschen, in Scheiben schneiden auf die fertig gebratenen Frikadellen verteilen, die solange in der Pfanne bleiben
4 Scheiben fettarmer Käse	ebenfalls auf die Frikadellen legen dann bei ausgeschalteter Herdplatte kurz den Deckel auf die Pfanne legen, bis der Käse geschmolzen ist
4 Scheiben Vollkorntoast	unter dem Backofengrill leicht antoasten

Eierragout mit Porree und Reis

	5′	Zutaten und Arbeitsgeräte bereitstellen		
10′	20′	Garzeit Reis	Porree vorbereiten Putenschinken würfeln	Eier kochen Salzwasser für Porree aufsetzen
20′				
30′	5′	Tisch decken	Garzeit Porree	Mehlschwitze vorbereiten
35′	5′	Dessert herstellen	Eier abschrecken, schälen, achteln	Soße fertigstellen
	15′	anrichten und essen		
60′	10′	aufräumen		

Eierragout mit Porree und Reis Apfelmus mit Nußsahne

120 g Langkorn-Wildreis-Mischung	nach Packungsvorschrift garen
6 Eier	hartkochen (10 Min.), mit kaltem Wasser abschrecken, schälen und achteln
1-2 Stangen Porree	putzen, gründlich waschen, in feine Streifen schneiden in Salzwasser 5 Min. garen Gemüsewasser auffangen
2 EL Butter	erhitzen
2 EL Mehl	anschwitzen
400 ml Milch 150 ml Gemüsewasser	einrühren, 3 Min. köcheln lassen
je 1 Pr. Salz, Pfeffer	würzen
100 g Putenschinken	klein schneiden
	Porree, Putenschinken und Eier unter die Soße heben mit Reis anrichten

4 große Salatblätter	waschen, abtropfen lassen auf jedes Toastbrot 1 Salatblatt legen
4 TL Tomatenketchup	auf den Salatblättern verstreichen Frikadellen auf die Salatblätter legen
2 Gewürzgurken	halbieren, fächerartig einschneiden Hamburger damit garnieren

Gurkensalat in Joghurtsoße

1 Salatgurke (ca. 800 g)	waschen, schälen und in feine Scheiben hobeln
2 EL Essig *1 Becher Joghurt (3,5 %)* *Salz, Pfeffer* *1 TL Öl*	in einer mittelgroßen Schüssel zu einer geschmeidigen Soße verrühren dann Gurkenscheiben untermischen
1/4 Bund Dill	waschen, abzupfen, hacken Salat damit bestreuen

Variation: Hamburger mit Semmeln

Apfelmus mit Nußsahne

12 EL Apfelmus (ca. 240 g)	in flache Glasschälchen füllen
4 TL saure Sahne (10 %)	1 TL Sahne pro Schälchen mit dem Löffel vorsichtig hineinrühren, daß sie sich kreisförmig durch das Apfelmus zieht
4 TL Sonnenblumenkerne	ohne Fett in einer Pfanne unter ständigem Rühren leicht rösten auf den portionierten Desserts verteilen

Pellkartoffeln mit Quarkvariationen

	5'	Zutaten und Arbeitsgeräte bereitstellen		
10'	10'	Kartoffeln waschen	Quarkmasse herstellen	Quarkmasse herstellen
20'	15'	Wasser aufstellen	Tisch decken	Tisch decken
30'				
40'	15'	Garzeit Kartoffeln	Knoblauch schälen, durchpressen Dill waschen und hacken Gurke schälen und raspeln	Kräuter waschen, hacken Tomaten schneiden Radieschen waschen und schneiden
50'	10'	Kartoffeln abschrecken, pellen	Gurken-Dill-Quark fertigstellen	Kräuterquark fertigstellen
55'				
	20'	anrichten und essen		
90'	15'	aufräumen		

Pellkartoffeln

8 mittelgroße Kartoffeln — nach Grundrezept im Dampfdrucktopf (S. 36) garen und pellen

Gurken-Dill-Quark (2 Pers.)

300 g Magerquark
1 Becher Joghurt (3,5%)
1/2 TL Kräutersalz
1 Pr. Pfeffer — in einer mittelgroßen Schüssel geschmeidig rühren

1-2 Knoblauchzehen — schälen, in den Quark pressen, verrühren

1/4 Salatgurke — waschen, schälen, grob raspeln und unter den Quark mischen

1/4 Bund frischer Dill — waschen, Stielchen abzupfen, hacken unter die Quarkcreme mischen

Mexikanischer Reistopf · Beerensorbet

	5'	Zutaten und Arbeitsgeräte bereitstellen		
10'	20'	Reiswasser zusetzen Reis 10 Min. quellen lassen	Gemüse vorbereiten	Dessertschalen kühl stellen Beeren antauen Zitronenschale reiben, Zitrone auspressen
20'				
30'	5'	vorbereitetes Gemüse zufügen	Tisch decken	
	20'	Kräuter vorbereiten		Beeren pürieren restliche Zutaten dazumixen
40'				
50'				
55'	5'	Kräuter aufstreuen		Sorbet in Dessertgläser füllen
	20'	anrichten und essen		
90'	15'	aufräumen		

Mexikanischer Reistopf

5 Tassen Wasser
1 TL Paprika
1 Pr. Salz — zum Kochen bringen

1 Tasse Reis — zufügen, auf kleinster Stufe 10 Min. quellen lassen

600 g Gemüse, z. B. Blumenkohl, Möhren, Tomaten, Bohnen, Zucchini, Paprikaschoten — putzen, waschen, schneiden, zum Reis zugeben, unterheben, 15 Min. dünsten

1 EL Kräuter, z. B. Petersilie, Schnittlauch, Dill, Kerbel — fein hacken, vor dem Servieren aufstreuen

Sommerlicher Kräuterquark (2 Pers.)

Zutaten	Zubereitung
300 g Magerquark 1 Becher Joghurt (3,5%) 1/2 TL Selleriesalz 1 Pr. Pfeffer 1/2 TL Senf	in einer mittelgroßen Schüssel geschmeidig rühren
1 Tomate 4 Radieschen	waschen, fein würfeln, dabei Stielansätze entfernen unter den Quark mischen
reichlich frische Kräuter (Schnittlauch, Petersilie, Zitronenmelisse, Basilikum, usw.)	waschen, trocken schütteln, verlesen und hacken unter den Quark mischen

Beerensorbet

Zutaten	Zubereitung
300 g TK-Beeren, z.B. Erdbeeren, Himbeeren, Heidelbeeren	ca. 15 Min. antauen lassen, im Mixer oder mit dem Pürierstab pürieren
1/8 l fettarmer Joghurt 2 Tropfen Süßstoff 1 MS Schale einer unbehandelten Zitrone 1 TL Zitronensaft	zum Beerenpüree geben, nochmals kurz mixen, in gekühlte Dessertschalen füllen, sofort servieren

Variation: Reistopf mit Fleisch

Frische Tomatensuppe

1 EL Butterschmalz	in einem Topf erhitzen
2 kl. Zwiebeln	schälen, fein würfeln glasig dünsten
750 g Tomaten	waschen, häuten, in Würfel schneiden mit den Zwiebeln etwa 5 Min. mitdünsten
40 g Langkornreis	zugeben
3/4 l Instant-Gemüsebrühe	zugießen
Salz, Pfeffer, Paprika je 1/2 TL Thymian, Oregano, Basilikum 1 MS Rosmarin	würzen, noch 20 Min. zugedeckt schwach kochen lassen
1 kl. Knoblauchzehe	schälen und in die Suppe pressen
2 EL Crème fraîche	unterrühren
	Suppe evtl. mit dem Pürierstab pürieren
1/2 Bund Schnittlauch	waschen, in feine Röllchen schneiden Suppe vor dem Servieren bestreuen

Kohlrabi-Taler in Sesamhülle

4 mittelgroße Kohlrabis	putzen, schälen, waschen in ca. 1 cm dicke Scheiben schneiden
Wasser Salz	aufkochen, Kohlrabischeiben 5-8 Min. darin garen, abkühlen lassen

Curryfisch mit Salzkartoffeln

250 g Seelachsfilet	unter fließendem Wasser kurz abwaschen, in Würfel schneiden, in einen tiefen Teller geben
Saft einer halben Zitrone	Fisch damit säuern, abgedeckt beiseite stellen
1 Zwiebel	schälen und in Spalten schneiden
1 grüne Paprika	waschen, Kernhaus entfernen, in Streifen schneiden
2 Karotten	waschen, schälen und in feine Scheiben schneiden
30 g Butterschmalz (ca. 2 EL)	in einem breiten Topf erhitzen Gemüse darin andünsten
1 EL Curry 1 EL Mehl	darüberstäuben
1/4 l Gemüsebrühe 1 EL Zitronensaft	unter Rühren ablöschen, Soße köcheln lassen, bis sie sämig ist
1 Apfel	waschen, schälen und in feine Spalten schneiden, unter das Gemüse heben
1 EL Sultaninen	heiß abwaschen und gemeinsam mit den Fischwürfeln zum Gemüse geben
1 Pr. Pfeffer	zugeben und abschmecken
	Curryfisch zugedeckt 15 Min. bei geringer Hitze ziehen lassen
1/2 Bund Petersilie	waschen, fein hacken und vor dem Anrichten über das Gericht streuen

Frische Tomatensuppe · Kohlrabi-Taler in Sesamhülle Sellerie-Paprika-Rohkost

	5'	Zutaten und Arbeitsgeräte bereitstellen		
10'	10'	Tomaten und Zwiebeln vorbereiten	Kohlrabi vorbereiten	Sellerie vorbereiten, blanchieren
20'	10'	Gemüse andünsten	Garzeit Kohlrabischeiben	Paprika vorbereiten
30'		Reis und Brühe zugeben Garzeit Suppe	Kohlrabi-Taler panieren und backen	Quark herstellen Rohkost fertigstellen
40'	20'			
50'	5'	Suppe fertigstellen		Tisch decken
	20'	anrichten und essen		
90'	20'	aufräumen		

Curryfisch mit Salzkartoffeln · Wintervitaminsalat

	5'	Zutaten und Arbeitsgeräte bereitstellen		
10'	10'	Fisch vorbereiten und ziehen lassen	Gemüse schneiden Sultaninen waschen Apfel schneiden	Kartoffeln schälen und schneiden
20'	10'	Salatsoße herstellen	Gemüse andünsten, ablöschen, sämig köcheln	Salzkartoffeln zum Kochen aufstellen
30'		Salat waschen Orange schneiden	Fisch, Sultaninen und Apfelstücke zum Gemüse geben, fertiggaren	Tisch decken
40'	20'			
50'	5'	Salat fertigstellen		Salzkartoffeln abdampfen
	20'	anrichten und essen		
90'	20'	aufräumen		

1 Ei Salz, Pfeffer	in einem tiefen Teller verquirlen
50 g geschälter Sesam	ebenfalls in einen tiefen Teller geben
	gegarte Kohlrabischeiben zuerst im Ei, dann im Sesam wenden
4 EL Öl	in einer Pfanne erhitzen
	Kohlrabi-Taler auf beiden Seiten goldbraun backen

Sellerie-Paprika-Rohkost

200 g Staudensellerie	putzen, waschen und in Scheiben schneiden Selleriegrün zum Garnieren beiseite legen
1/2 l Salzwasser	aufkochen Sellerieschieben darin 2 Min. blanchieren
3 gelbe Paprikaschoten	putzen, waschen Kerngehäuse entfernen und grob würfeln
375 g Magerquark 2 EL Milch Kräutersalz, Pfeffer 1 TL Zitronensaft	miteinander verrühren abschmecken, Sellerie und Paprika unterheben

Salzkartoffeln:

pro Person 2 mittelgroße Kartoffeln (ca. 250 g)	nach Grundrezept (S. 36) garen

Wintervitaminsalat

150 g Ackersalat	putzen und mehrmals waschen
1/2 Kopf Radicchio- oder Friséesalat	Blätter waschen, dann grob zerteilen
1 Orange	schälen, in kleine Stücke schneiden
2 EL Essig Salz, Pfeffer, Curry 1/2 Becher Naturjoghurt 1 EL Öl	Salatsoße herstellen, über den Salat geben
2 EL Sprossen	über den Salat geben

Variation: Blattsalat mit Sprossen

Überbackener Fenchel · Kartoffelschnee · Fruchtige Buttermilchspeise

	5′	Zutaten und Arbeitsgeräte bereitstellen		
10′	10′	Gemüsebrühe zum Kochen bringen, Fenchel vorbereiten, Kartoffeln waschen	Auflaufform fetten, Backofen vorheizen (200°C; 170°C), Tomaten vorbereiten	Gelatine einweichen, Beeren vorbereiten
20′	10′	Garzeit Fenchel	Petersilie hacken, Garzeit Kartoffeln	Buttermilchspeise herstellen
30′	5′	Mehlschwitze herstellen		portionieren und kühl stellen
40′	20′	Auflaufform füllen, Garzeit Auflauf		Schüssel für Kartoffelschnee vorbereiten, Tisch decken
50′				
	20′	anrichten und essen		
90′	20′	aufräumen		

Überbackener Fenchel

2 große Fenchelknollen	vom Wurzelansatz und den Stielen befreien
	Fenchelgrün abschneiden, waschen, fein hacken, beiseite legen
	Fenchelknollen waschen, vierteln, den keilförmigen Strunk herausschneiden
1/4 l Instant-Gemüsebrühe	in einem breiten Topf zum Kochen bringen
	Fenchel darin 10 Min. bei mittlerer Hitze garen
	dann mit einem Schaumlöffel herausnehmen und in eine gefettete Auflaufform legen
	Gemüsewasser beiseite stellen
4 Tomaten	waschen, vierteln, dabei die Stielansätze entfernen
	ebenfalls in die Form geben
2 EL Butter	in einem Topf zerlassen
2 EL Mehl	darin anschwitzen
restliche Gemüsebrühe (s. o.)	Schwitze ablöschen
200 g Sauerrahm (20%)	unterrühren
50 g geriebener Gouda	unter Rühren zugeben und darin schmelzen lassen
Salz, Pfeffer	würzen
1/2 Bund Petersilie	waschen, fein hacken, dazugeben

Fischgulasch mit grünen Bandnudeln · Obstsalat

	5′	Zutaten und Arbeitsgeräte bereitstellen		
10′	10′	Zwiebeln, Paprika vorbereiten, Tomatendose öffnen	Fisch säuern, Salzwasser für Nudeln aufsetzen	Obst waschen und schneiden
20′	20′	Gemüse andünsten, ablöschen	Tisch decken	Obstsalat fertigstellen
30′		garen		
40′	15′	Gemüse würzen, Fisch zugeben fertiggaren, mit Käse belegen	Bandnudeln kochen	Obstsalat portionieren, Sahne schlagen
50′				
	20′	anrichten und essen		
90′	20′	aufräumen		

Fischgulasch mit grünen Bandnudeln

250 g Seelachsfilet	unter fließendem Wasser kurz abwaschen, grob zerkleinern, in einem tiefen Teller mit Zitronensaft beträufeln
Saft einer halben Zitrone	
1 Zwiebel	schälen, in Halbmonde schneiden
2 Paprikaschoten	waschen, aushöhlen, in kurze Streifen schneiden
2 EL Öl	in einer Jenaer Glasform erhitzen, Zwiebeln und Paprika ca. 3 Min. darin andünsten
1 kl. Dose Tomaten	das Gemüse damit ablöschen, bei mittlerer Hitze und geschlossenem Deckel ca. 7 Min. garen
je 1 Pr. Salz, Pfeffer und Paprika	würzen
1 TL Provence-Kräuter	
	Fischstücke auf das Gemüse legen, mit geschlossenem Deckel nochmals ca. 8 Min. garziehen lassen
2 Scheiben Gouda	auf das Fischgulasch legen, Deckel schließen, in der Glasform servieren
pro Person ca. 70 g Bandnudeln	nach Packungsvorschrift zubereiten

die Soße über den Fenchel geben und im vorgeheizten Backofen auf der 2. Schiene von unten bei 200°C (☻170°C) etwa 20 Min. backen

vor dem Servieren den Auflauf mit dem gehackten Fenchelgrün bestreuen

Kartoffelschnee

500 g Kartoffeln (6-8 Stück)	nach Grundrezept im Dampfdrucktopf (S. 36) garen, pellen
	noch heiß durch die Kartoffelpresse in eine vorgewärmte Schüssel drücken

Fruchtige Buttermilchspeise

1/2 l Buttermilch 1-2 EL Honig oder Ahornsirup 2 EL Zitronensaft	mit dem Schneebesen in einer Schüssel gut verrühren
5 Blatt weiße Gelatine	10 Min. in kaltem Wasser einweichen tropfnaß in einen kleinen Topf geben bei mittlerer Hitze auflösen und unter ständigem Rühren langsam in die Sauermilchmasse hineingeben
100 g Beeren der Saison	putzen, waschen, einige Früchte zum Verzieren übriglassen die übrigen zerkleinern und unterheben, in Schälchen verteilen bis zum Servieren kühlen

Obstsalat

200 g Trauben	waschen, halbieren, evtl. entkernen
1 Wassermelone	waschen, vierteln, Kerne entfernen und in kleine Stücke schneiden
1 Sternfrucht	waschen, in dünne Scheiben schneiden
1/2 Zitrone	auspressen und in eine Schüssel zum Obst geben
30 g Rosinen 10 g Mandelsplitter 1 EL Honig	vorsichtig unter das Obst mischen
	Obstsalat in Dessertschälchen füllen
1/2 Becher Sahne	schlagen und auf die Portionen verteilen

Variation: Obstsalat mit exotischen Früchten

Schweinefilets · Überbackene Gemüseplatte · Fruchtgelee

5'	Zutaten und Arbeitsgeräte bereitstellen		
10'	Filet vorbereiten und ruhen lassen	Gemüse vorbereiten	Salzwasser aufsetzen
20'	Zwiebelringe schneiden	Ofen vorheizen (200°C; 170°C)	Gelatine einweichen
25'		Gemüse blanchieren	Gelee zubereiten
30'		Käse reiben	
40'	Zwiebelringe rösten	Gemüse einschichten	Gelee kühl stellen
25'	Servierplatte vorwärmen	Brühe mischen	Tisch decken
	Filet anbraten, würzen		Melisse vorbereiten
50'		Auflaufform in die Röhre stellen	
55'			
20'	anrichten und essen		
90' 15'	aufräumen		

Schweinefilets

600 g Schweinefilet	mit Küchenkrepp abtupfen, häuten, in ca. 2 cm dicke Scheiben schneiden, mit den Handballen leicht flachdrücken
1 TL Öl	Fleisch dünn bestreichen, abdecken und 10 Min. ruhen lassen
2 Zwiebeln	in feine Ringe schneiden Edelstahlpfanne trocken erhitzen, Zwiebeln rasch anbraten, aus der Pfanne nehmen und beiseite stellen Filetstücke von beiden Seiten ca. 2 Min. je Seite anbraten, Zwiebelringe zufügen
1 Pr. Pfeffer	würzen
1 MS Kräuter der Provence	auf vorgewärmter Servierplatte anrichten

Wiener Reistopf · Endiviensalat mit Knoblauch · Zwetschgenkompott

5'	Zutaten und Arbeitsgeräte bereitstellen		
10'	Fleisch und Zwiebeln vorbereiten	Salat schneiden, waschen	Früchte vorbereiten
15'			
20'			
	Reis und Würzzutaten beigeben	Salatsoße herstellen	Kompott kochen
30'	Garzeit Reistopf	Tisch decken	
25'			auskühlen lassen
40'	Paprikawürfel zufügen		
50'	Reistopf abschmecken und garnieren	Salat fertigstellen	Nachtisch fertigstellen
55' 10'			
20'	anrichten und essen		
90' 15'	aufräumen		

Wiener Reistopf

150 g mageres Schweinefleisch	in Streifen schneiden
50 g Schinkenspeck	würfeln
1 Zwiebel	in Ringe teilen
1 EL Öl	erhitzen Speck und Fleisch anbraten, Zwiebelringe dazugeben
4 Tassen Wasser	aufgießen
1 1/2 Tassen Reis 2 EL Tomatenmark 1 TL Paprika 1 TL Suppenwürze	zufügen und 15 Min. garen lassen
2 rote Paprikaschoten	waschen, putzen und in kleine Würfel schneiden den Reistopf zugeben und weitere 5 Min. kochen
Salz Pfeffer 1 MS Cayennepfeffer	abschmecken
1 Tomate	waschen, achteln Reistopf damit garnieren

58

Überbackene Gemüseplatte

2–3 l Salzwasser	zum Kochen bringen (hoher Topf)
250 g Möhren 250 g Zucchini 1/2 Blumenkohl 1 Lauch 2 rote Paprikaschoten	gründlich putzen und waschen Möhren und Zucchini in Scheiben schneiden, Blumenkohl in Röschen teilen, Lauch und Paprikaschoten in Streifen schneiden
	Gemüse ca. 4 Min. blanchieren, eiskalt abbrausen, in Auflaufform schichten
1/8 l Instant-Gemüsebrühe 1 Pr. Pfeffer 1 Pr. Rosmarin	mischen, Gemüse damit übergießen
100 g Emmentaler	fein reiben, aufstreuen bei 200°C (🔥 170°C) 10 Min. überbacken

Fruchtgelee

1/4 l ungesüßter Fruchtsaft 1 TL Zitronensaft 2 Tropfen Süßstoff	mischen
6 Blatt Gelatine	einweichen (S. 37), auflösen und zufügen, in Dessertschalen füllen und kühl stellen
Melisseblättchen	garnieren

Endiviensalat mit Knoblauch

1/2 Kopf Endiviensalat	die äußeren Blätter entfernen, Salat in 1/2 cm dünne Streifen schneiden waschen: 1x in lauwarmem (löst Bitterstoffe), 2x in kaltem Wasser
1 Knoblauchzehe	Salatschüssel mit der enthäuteten Knoblauchzehe ausreiben
3 EL Essig 6 EL Öl 3 EL Gemüsefond 1/2 TL Jodsalz 2 MS Zucker 2 MS Senf	in der vorbereiteten Salatschüssel mit dem Schneebesen mischen
	kurz vor dem Essen den geschnittenen Salat und die Salatsoße mischen, abschmecken

Zwetschgenkompott

500 g Zwetschgen	waschen, halbieren, entkernen
1 EL Butter 1 EL Zucker	schmelzen, Zwetschgen zufügen
1 Sternanis	zufügen, 10 Min. bei mittlerer Hitzezufuhr kochen lassen abschmecken Anis entfernen in Nachtischschälchen füllen, auskühlen lassen und servieren

	5'	Zutaten und Arbeitsgeräte bereitstellen		
10'	20'	Zutaten Tomatensuppe vorbereiten	Nudeln kochen Pilze vorbereiten Schinken würfeln	
20'				Früchte waschen
30'	15'	Zutaten mixen, pürieren	Schinken anbraten Gemüse dünsten	Früchtejoghurt herstellen
40'				
50'	10'	Garzeit Suppe Garnierung vorbereiten Suppe portionieren, garnieren	Nudelpfanne fertigstellen	Nachtisch verzieren Tisch decken
	20'	anrichten und essen		
90'	20'	aufräumen		

Tomatensuppe · Nudelpfanne · Brombeerjoghurt

Tomatensuppe

500 g Tomaten	waschen, grüne Stellen entfernen, halbieren
1 Zwiebel	schälen, achteln
etwas Basilikum etwas Thymian	grob hacken
1 Knoblauchzehe	putzen
2 EL Öl 2 MS Pfeffer 1 TL Meersalz 1/4 l Wasser	zusammen mit Tomaten, Zwiebeln, Kräutern und Knoblauch in den Mixbecher der Küchenmaschine geben so lange einschalten, bis alle Zutaten gut püriert sind
	alles in einen Kochtopf gießen und 5 Min. kochen lassen, abschmecken
	Suppe in tiefe Teller oder Suppentassen geben
3-4 TL Sauerrahm etwas Basilikum	jede Suppe mit Basilikum und einem TL Sauerrahm garnieren

Nudelpfanne

1 TL Öl 1 TL Salz	mit reichlich Wasser zum Kochen bringen
125 g Nudeln	7-9 Min. garen lassen, danach abgießen
100 g gekochter Schinken	würfeln

	5'	Zutaten und Arbeitsgeräte bereitstellen		
10'	25'	Garzeit Hirse	Auflaufform fetten Backofen vorheizen (220°C; ☼ 190°C) Porree und Pilze vorbereiten Gemüse dünsten, würzen	Salatsoße herstellen Salat vorbereiten
20'				
30'				
40'	20'	Auflaufform füllen Garzeit Gratin	Tisch decken	Vorspeise herstellen Salat anrichten
50'				
	20'	anrichten und essen		
90'	20'	aufräumen		

Pfirsichhälften mit Frischkäse · Porree-Champignon-Gratin · Feldsalat mit Radicchio und Ananas

Pfirsichhälften mit Frischkäse

4 große Salatblätter	waschen, abtropfen lassen auf 4 Glasteller legen
4 große Pfirsichhälften	ohne Saft mit der Kernhöhlung nach oben auf die Salatblätter legen
200 g Frischkäse 1 TL Milch	cremig rühren
je 1 Pr. Salz, Zucker, Pfeffer, Ingwer	würzen, abschmecken
	mit einem Spritzbeutel in die Pfirsichhöhlungen hineinspritzen
4 blaue Weintrauben	waschen und jeweils auf die Frischkäsehäubchen setzen

Porree-Champignon-Gratin

150 g Hirse 1/2 l Instant-Gemüsebrühe	zusammen in einen kleinen Topf geben, aufkochen und 20-25 Min. bei geringer Hitze ausquellen lassen
500 g Porree	putzen, gründlich waschen in feine Ringe schneiden
250 g Champignons	putzen, in einem Haarsieb kurz abbrausen in Scheiben schneiden
1 EL Öl	in einem breiten Topf erhitzen Pilze und Porree unter Rühren andünsten
1 EL Mehl	darüberstreuen und kurz anschwitzen

125 g frische Champignons	waschen, putzen und in Scheiben schneiden
1 EL Öl	erhitzen Schinken kurz anbraten, Pilze hinzugeben
50 g TK-Erbsen 1/2 Becher Crème fraîche Salz Pfeffer Muskat 1 TL Suppenwürze	beifügen und 3 Min. garen lassen
	abgekochte Nudeln im Gemüse kurz erhitzen, abschmecken, in eine Schüssel füllen
1 TL Petersilie	garnieren

Brombeerjoghurt

150 g frische oder TK-Brombeeren	einige Brombeeren zur Garnierung zurücklegen, die anderen in einer Schüssel mit der Gabel leicht zerdrücken
3 Becher à 150 g Joghurt natur 2 EL Zucker oder Honig	unterrühren, abschmecken, in Nachtischgläser füllen, garnieren

1/8 l Instant-Gemüsebrühe 100 g Crème fraîche	unterrühren offen 5 Min. kochen lassen
Salz, Pfeffer, Muskat	Gemüse kräftig würzen
	eine flache Auflaufform fetten zunächst die Hirse, dann das Gemüse hineingeben
100 g Parmesan	grob raspeln, Auflauf damit bestreuen
	den Gratin im vorgeheizten Backofen bei 220°C (⊛ 190°C) auf der 2. Einschubleiste von unten 10-15 Min. überbacken

Feldsalat mit Radicchio und Ananas

150 g Feldsalat	putzen, dabei Wurzelansätze entfernen mehrmals gründlich waschen
1 kl. Kopf Radicchio	putzen, waschen, zerteilen
1/2 kl. Dose Ananasstückchen	abtropfen lassen, Saft auffangen, zum Salat geben
1/2 Bund Petersilie	waschen, ohne Stiele fein hacken
Saft einer halben Zitrone 2 EL Ananassaft 1/2 TL Salz 1 Pr. Pfeffer 150 g Vollmilchjoghurt 1 EL Öl	mit einem Schneebesen gut verrühren, gehackte Petersilie dazugeben sofort mit dem Salat vermischen

Kalbsschnitzel in Champignonsahne · Chinakohlsalat mit Äpfeln

Zeit			
5'	Zutaten und Arbeitsgeräte bereitstellen		
10'	Kalbsschnitzel vorbereiten	Nudelwasser aufsetzen	Salatsoße vorbereiten
15'	Fett erhitzen	Zwiebeln und Pilze vorbereiten	Äpfel vorbereiten
20'			
30'	Kalbsschnitzel anbraten, würzen, auf Platte anrichten	Garzeit Nudeln Tisch decken	Chinakohl und Staudensellerie vorbereiten
15'			
40'	Kalbsschnitzel warm stellen	Zwiebel-Pilz-Soße herstellen	Salat fertigstellen
45'	10'		
20'	anrichten und essen		
25'	aufräumen		
90'			

Kalbsschnitzel in Champignonsahne

4 Kalbsschnitzel à 150 g	abwaschen und trocken tupfen
2 EL Öl	in einer Pfanne erhitzen Kalbsschnitzel darin auf jeder Seite 3 Min. braten
Salz, Pfeffer	Kalbsschnitzel würzen auf einer Platte anrichten, warm stellen
1/2 Bund Lauchzwiebeln	putzen, waschen, in 2 cm breite Stücke schneiden
2 Karotten	schälen, waschen, in feine Scheiben schneiden
400 g Champignons	putzen, kurz abbrausen blättrig schneiden und in verbliebenem Bratenfett mit dem Gemüse 8 Min. dünsten
Salz, Pfeffer 1 TL Thymian	würzen
4 EL Weißwein oder Brühe 4 EL Crème fraîche	zugeben und kurz aufkochen über die Kalbsschnitzel geben
200 g bunte Nudeln	nach Grundrezept (S. 36) garen

Zucchinibrot · Biskuitplätzchen · Pikante Waffeln

Zeit			
5'	Zutaten und Arbeitsgeräte bereitstellen		
10'	Backofen auf (200°C; 170°C) vorheizen	Teig Waffeln vorbereiten	2 Backbleche vorbereiten
15'	Teig Biskuitplätzchen herstellen		
20'			Teig Zucchinibrot herstellen
10'	Backzeit Biskuitplätzchen Backofen auf 180°C (150°C) reduzieren		
30'			
40'	Plätzchen fertigstellen Tisch decken	Backzeit Waffeln	Backzeit Zucchinibrot
25'			
50'			Zucchinibrot schneiden und zuckern
55'		Waffeln bestäuben	
20'	anrichten und essen		
90'	15'	aufräumen	

Zucchinibrot

3 mittlere Zucchini	waschen, schälen, grob raspeln
3 Eier 1 Tasse Zucker 3 MS Vanillemark 1 TL Zimt 1 MS Salz	mit dem Rührgerät sehr schaumig schlagen
1 Tasse Öl	unterrühren Zucchini zugeben
3 Tassen Mehl 1 P. Backpulver 2 Tassen gemahlene Haselnüsse	mischen und unter den Teig heben
	Backblech mit Backpapier auslegen Teig gleichmäßig verteilen bei 180°C (150°C) 20-25 Min. backen nach dem Backen auf ein Brett stürzen in Rauten oder Quadrate schneiden
1 TL Puderzucker	darüber streuen

Biskuitplätzchen

2 Eier 1 MS Salz 85 g Zucker	so lange schlagen, bis eine cremige Masse entstanden ist
85 g Mehl 1/2 P. Backpulver	mischen und unter die Eimasse ziehen

Chinakohlsalat mit Äpfeln

1 Zitrone	auspressen
1/2 kl. Kopf Chinakohl	äußere Blätter entfernen zum Reinigen ins Wasser tauchen, nochmals längs halbieren, Strunk entfernen Blätter quer in Streifen schneiden
250 g Staudensellerie	putzen, waschen, Stiele quer in dünne Scheiben schneiden
2 Äpfel (350 g)	waschen, vierteln, entkernen, quer in dünne Spalten schneiden mit 2 EL Zitronensaft beträufeln und mit dem Staudensellerie zum Chinakohl geben
2 Becher Joghurt (3,5 %) *Salz, Pfeffer* *1/2 TL Zucker* *1 TL Meerrettich*	gut miteinander verrühren
	restlichen Zitronensaft untermischen über den Salat geben

Backen:
Backblech mit Backpapier belegen
mit zwei Teelöffelchen kleine Portionen
auf das Blech setzen, dabei reichlich
Abstand halten, damit die Plätzchen
nicht ineinander laufen
bei 200°C (🔄 170°C) ca. 7-9 Min.
backen

4 EL Himbeermarmelade nach dem Backen jeweils zwei Plätzchen
mit Marmelade zusammensetzen

Pikante Waffeln

6 EL Milch *1 TL Trockenhefe* *3 Eier* *1/4 TL Salz* *2 MS Pfeffer* *3 Tropfen Tabasco*	gut schaumig rühren
100 g Butter	zerlassen und in den Teig rühren
200 g Mehl *4 EL geriebener Emmentaler*	mischen und unter die anderen Zutaten heben
	Waffeleisen vorheizen, leicht fetten (wenn nötig) Teig daraufgeben und pro Waffel 3-4 Min. backen
1 TL Paprika edelsüß	Waffel ausgedampft bestäuben

63

Rote-Bete-Suppe · Gefülltes Gemüse · Naturreis-Wildreis-Beilage · Quarkcreme mit Früchten

	5′	Zutaten und Arbeitsgeräte bereitstellen		
10′	25′	Gemüse vorbereiten Gemüse füllen Auflaufform vorbereiten	Kräuter, Zwiebel und Käse schneiden Hackfleischteig mischen und kneten	Reis einweichen Früchte pürieren
20′				
30′				
40′	15′	Ofen vorheizen (220°C; ⊛ 190°C) Brühe mischen	Gemüse in Auflaufform schichten, Brühe aufgießen Rote Bete vorbereiten	Quarkcreme zubereiten Reiswasser zusetzen
50′	40′	Garzeit Gemüse	Garzeit Suppe Tisch decken	Garzeit Reis Creme in Portionsgläser füllen, garnieren, kühl stellen
60′				
70′			Rote Bete raspeln	
80′				
			Suppe fertigstellen	
90′	5′	Kräuter aufstreuen Soße abschmecken		Reis anrichten
	25′	anrichten und essen		
135′	20′	aufräumen		

Rote-Bete-Suppe

750 g kl. Rote Bete	dünn schälen 1 Knolle beiseite legen, Rest fein würfeln
3/4 l Wasser 3 TL Gemüsebrühe-Instant	darin die Rote-Bete-Würfel ca. 35 Min. kochen
	restliche Rote Bete fein raspeln die gegarte Rote Bete im Mixer pürieren
250 g saure Sahne	untermischen, erneut erhitzen
Salz, Pfeffer, 1 Pr. Zucker, evtl. Zitronensaft	abschmecken
1 Bund Schnittlauch	waschen, trocken schwenken, in Röllchen schneiden die Suppe mit den Rote-Bete-Raspeln verrühren, in Tassen füllen
4 TL saure Sahne	in die Mitte geben mit Schnittlauch bestreut servieren

Gefülltes Gemüse

4-6 Stück Gemüse z. B. Paprikaschoten, Auberginen, Zucchini, Tomaten	gründlich waschen Zucchini und Auberginen halbieren, von den Tomaten und Paprikaschoten den Deckel abschneiden aushöhlen, Fruchtfleisch würfeln
1/2 Zwiebel 2 EL Kräuter	fein schneiden
100 g Käse	fein würfeln
300 g Rinderhackfleisch 1/2 TL Salz 1 MS Pfeffer 1 MS Thymian 1 MS Rosmarin	Hackfleischteig mit Zwiebel, Kräutern und Käse mischen in vorbereitete Gemüsehälften füllen
1/2 EL Öl 2 EL Semmelbrösel	Auflaufform fetten und ausbröseln
1/8 l heißes Wasser 1 MS Pfeffer 2 EL Tomatenmark 1/2 TL Kräutersalz	Gemüse einschichten, Brühe mischen und über das Gemüse gießen bei 220°C (⊛ 190°C) ca. 40 Min. in der Röhre backen (mittlere Schiene)
2 EL gehackte Kräuter	über das Gemüse streuen

64

Naturreis-Wildreis-Beilage

1 Tasse Naturreis	in kaltem Wasser quellen lassen
3 EL Wildreis	nach ca. 40 Min. Quellwasser in
3 Tassen Wasser	Kochtopf abgießen
1 TL Curry	Quellwasser würzen
1/2 TL Salz	zum Kochen bringen
	Reis zugeben, ca. 40 Min. auf kleiner Stufe köcheln lassen

Quarkcreme mit Früchten

100 g Erdbeeren oder Himbeeren	4-6 Früchte zum Garnieren auswählen, Beeren waschen und pürieren
1 TL Zitronensaft	zugeben
1 TL flüssiger Süßstoff	
200 g Magerquark	unter die Fruchtmasse ziehen, in Portionsschälchen füllen, mit Früchten garnieren

Waldorfsalat · Gurkensalat · Blattsalat · Karottenfrischkost · Käsebrioche · Hähnchenragout mit Hirse

	5′	Zutaten und Arbeitsgeräte bereitstellen		
10′		Gurkensalat herstellen	Hirse einweichen Blattsalat und Soße vorbereiten	Waldorfsalat zubereiten Karottenfrischkost zubereiten
20′	25′			
30′				
40′		Hefeteig vorbereiten Backofen vorheizen (220°C; ⊛ 190°C) Teig Käsebrioche fertigstellen	Ragout zubereiten Gemüse für Hirse zubereiten	Tisch decken
50′	30′			
60′				
70′		Garzeit Käsebrioche Gurkensalat garnieren	Garzeit Ragout Soße an Blattsalat Garzeit Hirse	Salat abschmecken Walnüsse unterrühren
80′	30′			Salatteller zusammenstellen
90′		Käsebrioche schneiden	Ragout fertigstellen Hirse abschmecken	
	25′	anrichten und essen		
135′	20′	aufräumen		

Waldorfsalat

1 Joghurt natur 2 EL Öl 1/2 TL Kräutersalz 2 MS Senf 1 MS Zucker Saft einer 1/2 Zitrone }	Salatsoße zusammenrühren abschmecken
1/2 Sellerieknolle	waschen, putzen, schälen
1 Apfel	waschen, schälen, Kernhaus entfernen
	beides in der Küchenmaschine fein raspeln, Sellerie-Apfel-Masse sofort unter die Salatsoße ziehen zugedeckt ruhen lassen
	Salat abschmecken
2 EL gehackte Walnüsse	unterrühren

Gurkensalat

1 Stengel Dill 1/2 Bund Schnittlauch }	waschen, auslesen und fein schneiden
3 EL Öl 3 EL Essig 1/2 TL Kräutersalz 1 MS Pfeffer }	mischen Kräuter dazugeben
1 mittelgroße Salatgurke	waschen, schälen und in Scheiben hobeln, unter die Salatsoße mischen, ziehen lassen
1 TL gezupfter Dill	garnieren

Hähnchenragout mit Hirse

250 g Hähnchenbrust	in Streifen schneiden
3 EL Öl	erhitzen, Geflügel anbraten
1 Zwiebel	schälen, fein hacken und zum Fleisch geben, glasig werden lassen
1 EL Mehl	zufügen
1/4 l Brühe	aufgießen
1/2 TL Curry Salz Pfeffer Thymian	würzen 15-20 Min. garen lassen nach der Garzeit abschmecken
1/2 Dose Erbsen-Karotten-Gemüse }	zugeben
1 Tasse Hirse 1 Lorbeerblatt 2 Tassen Gemüsefond }	einweichen
1 EL Lauch	waschen, fein schneiden
1/2 Karotte	waschen, putzen, fein hacken
1 EL Öl	beides andünsten
	eingeweichte Hirse dazugeben langsam erhitzen und zugedeckt bei niedriger Wärmezufuhr 20 Min. quellen lassen, die Hirse ist fertig, wenn alle Flüssigkeit aufgesaugt ist
Kräutersalz 1 EL gehackte Petersilie }	abschmecken

Blattsalat

200 g Feldsalat oder Kopfsalat oder Friseé oder Radicchio	putzen, mehrere Male gründlich waschen
1 Knoblauchzehe	Salatschüssel ausreiben
1/2 TL Senf 2 MS Zucker oder Honig 2 EL Rotwein 3 EL Essig 3 EL Gemüsefond 6 EL Öl	mischen
	kurz vor dem Essen den Salat unter die Salatsoße ziehen und anrichten

Karottenfrischkost

1 Joghurt natur 2 EL Öl Saft einer 1/2 Zitrone Salz Pfeffer	Salatsoße herstellen
4-6 Karotten	waschen, putzen
1 Apfel	waschen, schälen, Kernhaus entfernen
	beides in der Küchenmaschine fein raspeln und sofort mit der Salatsoße mischen
1/4 Stange Lauch	waschen, putzen und in feine Ringe schneiden 2/3 unter den Salat geben, mit dem Rest den Salat garnieren

Käsebrioche

1/2 TL Zucker 20 g Hefe 1 EL lauwarmes Wasser	in einer kleinen Schüssel verrühren und 10 Min. an warmem Ort gehen lassen
2 Eier 1 TL Senf 1/2 TL Kräutersalz 1 MS Pfeffer	schaumig rühren
50 g Butter	zerlassen
1 Zwiebel	hacken und in der Butter glasig werden lassen
	unter den Teig rühren
50 g Weizenvollkornmehl	mit vorbereiteter Hefe unter den Teig mischen
50 g Gouda	in kleine Würfel schneiden dem Teig zufügen
1 TL Öl 1 TL Mehl	flache Auflaufform oder kleine Tortenform ausfetten und mehlen
	Teig hineingießen und verteilen bei 220°C (190°C) ca. 30 Min. backen nach dem Backen in Dreiecke schneiden und zum Salatteller servieren

Variation (oberes Bild): Gurkensalat mit Joghurtsoße

Rote-Bete-Frischkost · Rinderrouladen mit Herzoginkartoffeln · Pfirsichdessert

Zeit		Arbeitsschritte		
	5′	Zutaten und Arbeitsgeräte bereitstellen		
10′		Garzeit Kartoffeln	Rouladen zubereiten	Salatsoße mischen
20′	25′	Käse reiben, Blech auslegen		Rote Bete vorbereiten
30′				
40′		Backofen vorheizen (200°C; ⊛ 170°C) Herzoginkartoffeln herstellen	Garzeit Rouladen Pfirsichdessert zubereiten kühl stellen	Salat mischen ziehen lassen Früchte und Nüsse vorbereiten
50′	30′			
60′				
70′		Garzeit Herzoginkartoffeln Tisch decken	Pfirsichdessert garnieren	
80′	30′			
90′			Rouladensoße abschmecken	Salat anrichten
	25′	anrichten und essen		
135′	20′	aufräumen		

Rote-Bete-Frischkost

100 g Dickmilch 2 EL Orangensaft 1 TL Meerrettich 1/4 TL Salz 1 MS Pfeffer	mit dem Schneebesen mischen
200 g Rote Bete	waschen, schälen, grob raspeln und mit der Salatsoße mischen
1 Apfel	schälen, in Spalten schneiden
1 Orange	schälen, in Stücke schneiden
einige Salatblätter	waschen
	den Rote-Bete-Salat auf den Salatblättern mit Apfel- und Orangenstücken anrichten
1 EL gehackte Walnüsse	darübergeben

Rinderrouladen mit Herzoginkartoffeln

3 - 4 kleine Rinderrouladen á 120 g	waschen, mit Küchenpapier trocken tupfen
Salz Pfeffer	würzen
1 MS Senf 1 TL Tomatenmark	Rouladen bestreichen
1 EL Champignonscheiben	darauf verteilen
Holzspießchen	Rouladen zusammenrollen und feststecken
3 EL Öl	erhitzen und die Rouladen rundherum kräftig anbraten
1/4 l Wasser	aufgießen
2 Tomaten und Saft aus der Dose	mit der Gabel zerdrücken und beigeben
1 Zwiebel	fein hacken
2 MS Rosmarin Salz Pfeffer	würzen
	Rouladen 60 Min. kochen lassen Soße mit Salz und Pfeffer abschmecken

	Herzoginkartoffeln:
600 g Kartoffeln	waschen und als Pellkartoffeln kochen (im Dampfdrucktopf 25 Min.) nach dem Kochen schälen und durchpressen
1/8 l Milch *Salz* *1 MS Pfeffer* *1 MS Muskat*	erhitzen über die durchgepreßten Kartoffeln geben
1 TL Butter	zugeben
	zu einem festen Kartoffelbrei verarbeiten
	Backblech mit Backpapier auslegen Kartoffelbrei in einen Spritzbeutel füllen und mittelgroße Häufchen spritzen
1 EL geriebener Käse	darüberstreuen bei 200°C (🜂 170°C) im Backofen 25 Min. backen auf einer Platte mit den Rouladen servieren

Pfirsichdessert

3 - 4 Pfirsichhälften aus der Dose	je eine Hälfte auf einen Kuchenteller setzen
1/2 Tafel Vollmilchschokolade	im Wasserbad schmelzen
125 g Speisequark *1 EL Kakao dunkel*	untermischen
etwas Zucker	abschmecken
	die Schokoladen-Quark-Masse in eine Tortenspritze füllen auf die Pfirsichhälften spritzen
1 EL Schokospäne	garnieren

	5'	Zutaten und Arbeitsgeräte bereitstellen		
10'	10'	Fleisch und Suppengrün vorbereiten	Fisch vorbereiten	Salat vorbereiten und mischen
20'	15'	Bouillon im Dampfdrucktopf zusetzen		Dressing vorbereiten
30'				Kartoffeln vorbereiten und auf Blech legen
40'	10'	Garzeit Bouillon Schnittlauch schneiden	Käse reiben Herd vorheizen (200°C; 170°C)	
50'	20'		Gemüse vorbereiten und andünsten	
60'			Fisch und Gemüse in Auflaufform schichten	
70'	30'		Garzeit Fischauflauf Tisch decken	Blech in die Backröhre geben
80'		Suppe durchpassieren Fleisch schneiden Ei-Muskat-Masse zufügen	Deckel abnehmen	Garzeit Kümmelkartoffeln Sonnenblumenkerne rösten
90'	10'	Schnittlauch aufstreuen	Auflauf portionieren	Salat mit Dressing mischen Sonnenblumenkerne aufstreuen
	25'	anrichten und essen		
135'	20'	aufräumen		

Bouillon mit Einlage

300 g mageres Rindfleisch	kurz abbrausen und abtupfen
1 Bund Suppengrün	putzen, waschen, grob schneiden
1 l Wasser	Fleisch und Suppengrün kalt zusetzen im Dampfdrucktopf ca. 50 Min. garen
	Fleisch herausnehmen und fein schneiden
	Suppe durchpassieren
1 Ei	verquirlen, in die heiße Brühe
1 Pr. Muskat	einlaufen lassen
1 TL Schnittlauch	fein schneiden, aufstreuen

Mailänder Fischauflauf

800 g Fischfilet, z. B. Kabeljau, Goldbarsch	säubern
1 TL Zitronensaft	Fisch ca. 10 Min. säuern
1 Pr. Knoblauchsalz	Fisch würzen und in ca. 2 cm breite
1 Pr. Pfeffer	Streifen schneiden
250 g frische Champignons	halbieren
3 Zwiebeln	Ringe schneiden
300 g Zucchini	Scheiben schneiden
1 EL Butter	schmelzen, Gemüse 10 Min. andünsten
1 TL Kräuter der Provence	zugeben
	Gemüse und Fisch in Auflaufform schichten
1 kl. Dose geschälte Tomaten	zufügen
100 g Emmentaler	reiben, aufstreuen
	bei 200°C (170°C) ca. 30 Min. garen Deckel 10 Min. vor Ende der Garzeit abnehmen

Kümmelkartoffeln

8 kl. Kartoffeln	mit Schale gründlich waschen, längs halbieren
1 EL Öl	Schnittflächen der Kartoffeln bestreichen
1 EL Kümmel	Schnittflächen bestreuen
	Kartoffeln auf mit Backpapier belegtes Blech mit der Schnittfläche nach unten setzen
	bei 200°C (⊛ 170°C) ca. 30 Min. garen

Fitneß-Salat

150 g Blattsalat, z. B. Spinat, Feldsalat, Radicchio	waschen, gut abtropfen lassen
1 kl. Kohlrabi 1 Möhre 1 Bund Radieschen	grob raspeln
100 g Champignons	vierteln
1/2 Salatgurke	in Scheiben schneiden
	Salat mischen
2 EL Sojabohnensprossen	zufügen
4 EL Sonnenblumenkerne	kurz rösten
2 EL Essig 1 TL Senf 1 Pr. Salz 1 Pr. Pfeffer 2 Tropfen Süßstoff	Dressing mischen, den Salat zugeben Sonnenblumenkerne aufstreuen

Variation (oberes Bild): Fisch-Tomaten-Auflauf

5'	Zutaten und Arbeitsgeräte bereitstellen		
10'	Gemüse für Heilbutt vorbereiten		Kaltschale kochen
20'			abkühlen lassen
30'	Backofen vorheizen (175°C; ⊙ 150°C)	Tomaten und Pilze vorbereiten	
55' 40'	Gemüse in Bratenbeutel füllen Heilbutt vorbereiten, in Bratenbeutel legen, verschließen		Tisch decken
50' 60'	Kartoffeln vorbereiten	Eierstich vorbereiten	
5' 70'	Garzeit Heilbutt Garzeit Kartoffeln	Wasserbad aufkochen	
		Eierstich stocken lassen	
20' 80'		Suppe kochen	Quarkkugeln herstellen Kaltschale mit Quarkkugeln anrichten, garnieren
5' 90'	Kartoffeln pellen, in Petersilie schwenken	Suppe fertigstellen	
30'	anrichten und essen		
135' 15'	aufräumen		

Hühnerbrühe mit Kräuter-Eierstich · Heilbutt auf buntem Gemüse · Beerenkaltschale mit Quarkkugeln

Hühnerbrühe mit Kräuter-Eierstich

1 Bund Petersilie	waschen, bis auf einige Blättchen sehr fein hacken
2 Eier 5 EL Milch gehackte Petersilie	verquirlen
Salz, Muskat	abschmecken eine flache Auflaufform dünn einfetten und die Eimasse einfüllen, eine große Pfanne mit Wasser füllen, aufkochen, Form hineinstellen zugedeckt 20 Min. stocken lassen
2 Tomaten	mit kochendem Wasser überbrühen, häuten, entkernen und würfeln
50 g Champignons	putzen, waschen, blättrig schneiden
1 TL Öl	in einer Pfanne erhitzen Pilze darin andünsten
1/2 l Wasser 1 Glas (370 ml) Hühnerbrühe mit Fleisch	zufügen, aufkochen
Salz, Pfeffer	abschmecken Eierstich in Rauten schneiden und aus der Form nehmen, mit Tomatenwürfeln und Petersilie in die Brühe geben

Heilbutt auf buntem Gemüse

300 g Möhren	schälen, waschen, in sehr dünne Streifen schneiden
2 Kohlrabi mit Grün (ca. 300 g)	schälen, schöne Blätter beiseite legen Kohlrabi vierteln, dann in dünne Scheiben schneiden Blätter abspülen, in feine Streifen schneiden
100 g Sellerieknolle	schälen, in feine Stifte schneiden
1 kl. Stange Lauch (150 g)	putzen, waschen, in feine Ringe schneiden
2 gelbe Rüben	schälen, in feine Stifte schneiden
	das Gemüse in einem großen Bratenbeutel verteilen
Salz, Pfeffer, etwas Piment	würzen
30 g Butter	in Flöckchen darauf verteilen
500 g Schwarzer Heilbutt	kalt abspülen, trocken tupfen
etwas Salz und Pfeffer	Fisch damit einreiben und in den Bratenbeutel auf das Gemüse legen, Bratenbeutel gut verschließen und auf der untersten Schiene im vorgeheizten Backofen bei 175°C (⊙ 150°C) 30 Min. garen den Fisch auf einer vorgewärmten Platte mit dem Gemüse und dem Saft servieren

	Petersilienkartoffeln:
8 kl. neue Kartoffeln (ca. 400 g)	gründlich waschen, in wenig Salzwasser ca. 25-30 Min. garen kalt abschrecken, pellen
1/2 Bund gehackter Petersilie	Kartoffeln darin schwenken

Beerenkaltschale mit Quarkkugeln

	Kaltschale:
300 g Beerenfrüchte (frisch oder TK)	putzen, waschen
1/4 l Wasser	Beeren aufkochen
1 EL Puddingpulver Vanillegeschmack 3 EL Wasser	glatt rühren, mit einem Kochlöffel in die kochenden Früchte einrühren, aufkochen
1 EL Zucker einige Tropfen Süßstoff Zitronensaft	abschmecken abkühlen lassen auf vier Teller verteilen
	Quarkkugeln:
1 Vanilleschote	längs aufschneiden, Mark herauskratzen
250 g Magerquark Zimt einige Tropfen Süßstoff	mit dem Mark verrühren
2 Eiklar	steif schlagen, unter den Quark heben mit 2 angefeuchteten Löffeln 8 Kugeln formen, jeweils 2 Kugeln auf die Kaltschalen setzen
Melisseblättchen	verzieren

Kohlrouladen mit Kartoffelbrei

*6 Krautblätter
(zur Auswahl
Weiß- oder Rotkraut)* — Krautkopf von den äußeren Blättern befreien und ca. 5 Min. in kochendes Wasser legen, Blätter vorsichtig lösen, nach Bedarf nochmals kurz blanchieren

Füllung I:

150 g gemischtes Hackfleisch — in einer Pfanne ohne Fett anbraten

1/2 Zwiebel — fein hacken und kurz andünsten zum Hackfleisch geben

*1 Ei
1/2 TL Salz
2 MS Pfeffer
1/2 TL Paprika* } in einer Schüssel mischen vorbereitetes Hackfleisch zugeben mit einer Gabel verrühren

1-2 EL Semmelbrösel — nach Bedarf beigeben

Salz — abschmecken

Füllung II:

1/2 Zwiebel — fein hacken

1 TL Öl — erhitzen, Zwiebel kurz andünsten

100 g grober Dinkel- oder Grünkernschrot — zufügen

200 ml Instant-Brühe — aufgießen und 15-20 Min. bei geringer Hitzezufuhr quellen lassen

1 kl. Apfel — waschen, schälen, fein reiben

1 EL Quark — mit Apfel und Dinkelbrei vermischen

*1 TL Suppenwürze
2 MS Pfeffer
1/2 TL Majoran* } untermischen

Salz — abschmecken

blanchierte Krautblätter füllen und feststecken

1 EL Öl — in eine Auflaufform gießen Kohlrouladen hineinlegen

*1/8 l Apfelsaft
1/2 TL Salz* } mischen und über die Kohlrouladen gießen

im Backofen bei 180°C (150°C) 30 Min. schmoren lassen

Kartoffelbrei:
Grundrezept S. 37

Kohlrouladen mit Kartoffelbrei · Bananenschiffchen · Hawaii-Drink

Zeit	Aufgabe		
5'	Zutaten und Arbeitsgeräte bereitstellen		
25'	Kraut blanchieren, Füllung I vorbereiten	Füllung II vorbereiten	Tisch decken
30'	Ofen vorheizen (180°C; 150°C), Kohlrouladen zubereiten	Garzeit Kartoffeln	Bananenschiffchen zubereiten
30'	Garzeit Kohlrouladen, Drink herstellen	Kartoffelbrei herstellen	Nachtisch garnieren
25'	anrichten und essen		
20'	aufräumen		

135'

Bananenschiffchen

4 Bananen in fleckenloser Schale	gründlich waschen, Stiel abschneiden an der nach innen gebogenen Seite mit dem Messer die Schale entfernen Frucht mit einem Teelöffel vorsichtig herausholen
Saft einer 1/2 Zitrone	die Schale auspinseln und in eine Nachtischschale setzen
	Frucht in dünne Scheiben schneiden
2 EL Mandelblättchen *Saft einer 1/2 Zitrone*	untermischen
	die Masse in die Bananenschalen zurückfüllen
3 - 4 Stücke Vanilleeis	kurz vor dem Essen Bananenschiffchen damit garnieren

Hawaii-Drink

pro Glas:

1/2 Glas Orangensaft *1/4 Glas Apfelsaft* *1/4 Glas Ananassaft* *1 TL Zitronensaft*	mischen und in Sektgläser füllen
2 Stücke Ananas *2 Stücke Kiwi*	Früchte vorbereiten, auf kleine Holzspieße stecken und damit den Drink garnieren
	der Hawaii-Drink wird als Aperitif gereicht

Selleriesuppe mit Käsehaube

300 g Sellerieknolle 1 Staude Bleichsellerie 1 Bund Suppengrün	putzen, waschen, fein schneiden
2 EL Butter	schmelzen, Gemüse andünsten
1 l heißes Wasser 1 TL Gemüsebrühe-Instant 1 Pr. Salz 1 Pr. Pfeffer	mischen, zufügen
	ca. 15 Min. garen Gemüse im Mixer pürieren
1/8 l Sahne	zufügen, vorsichtig nochmals erhitzen
1/8 l Sahne	steif schlagen
100 g Blauschimmelkäse	zerbröckeln, mit der Sahne vermischen
	Suppe in Tassen oder Teller füllen, Käsehaube auf die Suppe geben
1 Bund Petersilie	fein hacken, aufstreuen
Paprika	Suppe würzen

Selleriesuppe mit Käsehaube · Topfenpalatschinken

	5′	Zutaten und Arbeitsgeräte bereitstellen		
10′	10′	Gemüse vorbereiten und andünsten Brühe zubereiten und aufgießen	Fülle für Palatschinken zubereiten	Teig zubereiten Ofen vorheizen (200°C; ♨ 170°C) Palatschinken ausbacken
20′	15′	Garzeit Suppe Sahne schlagen Käse zerbröckeln	Petersilie fein hacken Suppentassen vorwärmen Tisch decken	Palatschinken füllen, rollen, einschichten
30′		Gemüse pürieren		
35′	5′	Suppe garnieren		Auflaufform aus der Röhre nehmen
	15′	anrichten und essen		
60′	10′	aufräumen		

Hamburger à la Vollwert

3/8 l Wasser	zum Kochen bringen
1 1/2 TL Gemüsebrühe-Instant	dazugeben
6 EL Grünkern	10 Min. in der Brühe kochen
9 EL Grünkernschrot	dazugeben, 10 Min. bei schwacher Hitze kochen, öfter umrühren
1 Bund Petersilie	waschen, zerkleinern
1 kl. Zwiebel	schälen, würfeln
1 Ei	mit Petersilie und Zwiebel unter die abgekühlte Grünkernmasse geben zu 4 Frikadellen formen
2 EL Sonnenblumenöl	Frikadellen darin knusprig braten
8 Scheiben Vollkorntoast	von beiden Seiten toasten Bratlinge auf 4 Toasts legen
8 Scheiben grüne Gurke 4 Scheiben Fleischtomaten 4 Blätter Salat	auf die Frikadellen legen mit den anderen 4 Toastscheiben bedecken

Tomatensalat

8 Tomaten	waschen, in Scheiben schneiden
4 Stiele Basilikum	waschen, trocken schwenken, Blätter von den Stielen zupfen

Hamburger à la Vollwert · Tomatensalat · Rot-weißer Traum

	5′	Zutaten und Arbeitsgeräte bereitstellen		
10′	10′	Garzeit Grünkern	Tomaten und Basilikum vorbereiten Zwiebel und Petersilie vorbereiten Salatsoße anrühren	Sauerkirschen andicken abkühlen lassen Toastscheiben toasten Vanillequark zubereiten
20′	10′	Garzeit Grünkernmasse		
30′		Bratlinge herstellen, braten Toast belegen	Salat ziehen lassen, anrichten	Dessert einschichten Tisch decken
40′	15′			
	15′	anrichten und essen		
60′	5′	aufräumen		

Topfenpalatschinken

200 g Mehl 1/4 l Milch 1/8 l Sahne 3 Eier 1 Pr. Salz 1 Pr. Zucker	zu einem glatten, dünnflüssigen Teig rühren
4 EL Butterschmalz	zerlassen, dünne Pfannkuchen ausbacken

Füllung:

125 g Butter	schmelzen
150 g Zucker 4 Eier Mark einer Vanilleschote 250 g Quark 1/8 l saure Sahne	Schaummasse rühren
100 g Rosinen	unterheben
	Masse gleichmäßig auf Palatschinken streichen, aufrollen, in Auflaufform schichten, bei 200°C (⊛ 170°C) 10 Min. überbacken

4 EL Öl 2-3 EL Essig Salz, Pfeffer	zu einer Soße rühren, Tomaten und Basilikum zufügen, vorsichtig unterheben, 5-10 Min. durchziehen lassen
Salatblätter	4 Glasteller damit auslegen Tomatensalat darauf anrichten

Rot-weißer Traum

1/2 Glas Sauerkirschen	abtropfen lassen Saft in einen Topf geben, aufkochen
1 gestr. EL Puddingpulver Vanillegeschmack 3 EL Wasser 2 TL Zucker	glattrühren
	in den kochenden Saft rühren, aufkochen, Kirschen zugeben, abkühlen lassen
1/4 l Milch 1/2 P. Puddingpulver Vanillegeschmack	daraus nach Packungsanweisung eine Creme herstellen (ohne Kochen!)
250 g (Sahne-)Quark 1/8 l Milch	glattrühren, Vanillecreme unterheben
	in vier hohe Dessertgläser abwechselnd Kirschen und Vanillequark schichten kühl stellen
Sahnetupfen Schokoladenraspeln	Dessert damit verzieren

Variation: Hamburger im Vollwertbrötchen

Kartoffelpuffer mit Kräuterrührei · Bananen-Avocado-Creme

Zeit	Tätigkeit		
5'	Zutaten und Arbeitsgeräte bereitstellen		
10'	Kartoffeln schälen, reiben Puffermasse zubereiten	Avocado vorbereiten	Joghurtcreme zubereiten
20'		Eier aufschlagen, verrühren	
20'			Bananen schälen, mit Avocado pürieren
		Rührei stocken lassen	
30'	Garzeit Kartoffelpuffer		Walnüsse hacken
15'		Tisch decken	Creme anrichten
40'		Ei aufteilen Petersilie darüberstreuen	
15'	anrichten und essen		
60' / 5'	aufräumen		

Kartoffelpuffer mit Kräuterrührei

1000 g Kartoffeln	schälen, reiben
2 Eier 10 EL Vollkornhaferflocken	unter die Kartoffelmasse rühren
2 EL Sonnenblumenöl	in einer Pfanne erhitzen
	jeweils 4 EL Puffermasse dazugeben und von beiden Seiten knusprig braten
4 Eier	einzeln aufschlagen in einen Krug geben und gut verrühren
1 Bund Petersilie	waschen, zerkleinern
	die verrührten Eier in einer mit Öl erhitzten Pfanne bei kleiner Hitze stocken lassen
	Ei aufteilen und auf die Puffer geben Petersilie darüberstreuen

Kohlrabipuffer · Champignons à la Crème · Beeren-Kefir-Shake

Zeit	Tätigkeit		
5'	Zutaten und Arbeitsgeräte bereitstellen		
10'	Kartoffeln vorbereiten Pufferteig rühren	Kohlrabi vorbereiten Champignons vorbereiten	Himbeeren antauen Frühlingszwiebeln vorbereiten
15'			Tisch decken
20'			
	Garzeit Puffer	Champignonsoße herstellen	
30'			Shake zubereiten und kühl stellen
15'			Eis einfüllen, Shake zugeben, kühl stellen
35'			
15'	anrichten und essen		
60' / 10'	aufräumen		

Kohlrabipuffer

500 g Kohlrabi	putzen, waschen, schälen, grob raspeln
750 g Kartoffeln	waschen, schälen, fein reiben, gut ausdrücken
	beides in eine Schüssel geben
2 Eier 4 EL Mehl 1 TL Thymian 1 TL Salz 1/4 TL Pfeffer	zufügen und alles zu einem Teig verrühren
4 EL Öl	in einer Pfanne erhitzen
	mit einer kleinen Kelle portionsweise Teig einfüllen, flach drücken
	von jeder Seite 2-3 Min. backen
	herausnehmen, abtropfen lassen, warm stellen

Bananen-Avocado-Creme

300 g Vollmilchjoghurt 2-3 EL Honig	miteinander verrühren
1 Vanillestange	aufschlitzen, Mark herauskratzen unter den Joghurt rühren, auf vier Schüsselchen verteilen
1 reife Avocado	mit dem Sparschäler schälen, halbieren und Kern entfernen
4 reife Bananen	schälen und mit der Avocado pürieren Fruchtpüree auf den Joghurt setzen
3-4 EL Walnüsse	hacken und Creme damit garnieren

Champignons à la Crème

250 g Champignons	putzen, in Scheiben schneiden
wenig Zitronensaft	darüber träufeln
1 Bund Frühlingszwiebeln	waschen, putzen, das Grün in Ringe schneiden, Rest würfeln
1 EL Butterschmalz	erhitzen Pilze darin anbraten Frühlingszwiebeln zugeben, kurz mitbraten
1/2 TL Senf 1/8 l Wasser 1 TL Gemüsebrühe-Instant 1/8 l Sahne	hinzufügen und so lange einkochen lassen, bis die Masse dicklich wird

Beeren-Kefir-Shake

1 P. TK-Beeren 2 EL Puderzucker 2 Becher Kefir (á 500 g)	antauen, mit dem Pürierstab pürieren
etwas Mineralwasser	dazugeben
4 Kugeln Vanilleeis	in vier Gläser geben mit dem Shake auffüllen

Zucchinipuffer mit Zitronendip

Zucchinipuffer mit Zitronendip · Ananasquarkspeise

5'	Zutaten und Arbeitsgeräte bereitstellen		
10'	Zucchini vorbereiten	Kartoffeln vorbereiten	Tisch decken
15'		Eimasse rühren	
20'	Pufferteig herstellen		
15'	Garzeit Puffer	Zitronendip zubereiten	Dessert zubereiten und anrichten
30'			
35'			
15'	anrichten und essen		
60' 10'	aufräumen		

500 g Zucchini	waschen, trocken tupfen, grob raspeln
250 g Kartoffeln	waschen, schälen, fein reiben, gut ausdrücken
	beides vermischen
4 Eier 8 EL kernige Haferflocken 6 EL Instant-Flocken 1 TL Salz 2 MS Pfeffer	zum Zucchini-Kartoffel-Gemisch geben und zu einem Teig rühren
4 EL Öl	in einer Pfanne erhitzen portionsweise Teig einfüllen, flach drücken von jeder Seite 2-3 Min. backen abtropfen lassen (auf Küchenkrepp) und warm stellen

Zwiebel-Käse-Puffer mit Pfeffersahne

Zwiebel-Käse-Puffer mit Pfeffersahne · Kopfsalat · Limonadenkuchen

5'	Zutaten und Arbeitsgeräte bereitstellen		
10'	Zwiebeln und Käse vorbereiten	Ofen vorheizen (200°C; ⌀ 170°C)	Kuchenteig herstellen
15'	Pufferteig rühren	Backblech fetten	
		Pfeffersahne zubereiten	
20'			Backzeit Kuchen
15'	Garzeit Puffer	Kopfsalat vorbereiten	
30'		Marinade zubereiten	Tisch decken
35'		Salat anrichten	auskühlen lassen
15'	anrichten und essen		Kuchen schneiden und aufteilen
60' 10'	aufräumen		

500 g Zwiebeln	schälen, auf einer Reibe grob reiben oder in feine Streifen schneiden
100 g Gouda mittelalt	entrinden, grob reiben
4 Eier 5 EL kernige Haferflocken 4 EL Mehl 1/2 TL Salz 1/4 TL schwarzer Pfeffer	mit dem Käse zu den Zwiebeln geben und alles gut verrühren
4 EL Öl	in einer Pfanne erhitzen mit einer kleinen Kelle portionsweise Teig in das heiße Fett geben, flach drücken von jeder Seite 2-3 Min. goldbraun backen abtropfen lassen und warm stellen insgesamt 12 Stück backen

Pfeffersahne:

1 Becher Crème fraîche Salz, schwarzer Pfeffer aus der Mühle	pikant abschmecken jeweils 1 TL auf den Puffer geben

	Zitronendip:
1/2 Becher Crème fraîche	
1/2 Becher Joghurt	
1 EL Zitronensaft	verrühren, abschmecken
2 TL Sahnemeerrettich	
Salz, Pfeffer, evtl. etwas Dill	
	dazu schmecken Räucherlachsscheiben ganz hervorragend

Ananasquarkspeise

1 kl. Dose Ananasstücke	abtropfen lassen, Saft auffangen einige Stücke zum Garnieren beiseite legen
250 g Magerquark	
1 EL Zucker	mit Ananassaft (ca. 1/8 l) glattrühren
	Ananasstücke unterheben in Portionsschälchen füllen
1/8 l Sahne	steif schlagen, in einen Spritzbeutel füllen und auf jedes Schälchen einen Sahnetupfer spritzen mit den Ananasstückchen garnieren
Schokostreusel	darüber streuen

Kopfsalat

1 Kopfsalat oder jeder andere Blattsalat	putzen, waschen, abtropfen lassen und klein zupfen
	auf Tellern anrichten Essig-Öl-Marinade herstellen (S. 33) und über den Salat geben

Limonadenkuchen

4 Eier	
175 g Zucker	
1 P. Vanillinzucker	mit dem Handrührgerät schaumig rühren
1/8 l Öl	
1/8 l Orangenlimonade	hinzugeben und unterrühren
400 g Mehl	
1 P. Backpulver	mischen, ebenfalls unterrühren
	den Teig gleichmäßig auf ein gefettetes Backblech streichen und ca. 20 Min. bei 200°C (🔥 170°C) backen auskühlen lassen in Rechtecke oder Rauten schneiden
	Tip: Vor dem Backen noch gut abgetropfte Mandarinen oder Cocktailfrüchte auf den Teig geben.

81

Brokkolicremesuppe

1/2 l Salzwasser	aufkochen
1 P. TK-Brokkoli	8-10 Min. garen einige Röschen abtrennen, beiseite stellen
1/4 l Milch, 2 TL Gemüsebrühe -Instant	zugeben, alles pürieren
1/8 l Sahne	zugießen
Salz, wenig Pfeffer, 1 Pr. Muskat	abschmecken
	Röschen in die Suppe geben
Sahnetupfen	garnieren

Müsliklöße

1 Vanilleschote	aufschneiden, das Mark herausschaben
3/4 l Milch 1 Pr. Salz	mit Vanilleschote und Mark in einen Topf geben und aufkochen
3-4 EL Honig	einrühren
225 g Vollkorngrieß	einstreuen, umrühren, bei schwacher Hitze 5 Min. ausquellen, abkühlen lassen
2 Eier	verquirlen
100 g Früchtemüsli	zusammen mit den Eiern unter den Grießbrei rühren
	mit nassen Händen oder 2 Eßlöffeln 8-10 Klöße formen

Käsespätzle

3 l Salzwasser	zum Kochen bringen
250 g Mehl	sieben
4 Eier 1 Pr. Salz 1/8 l Milch oder Wasser	abwechselnd zufügen und unterkneten (Knethaken), bis der Teig zäh ist
	Teig portionsweise mit Spätzlehobel oder -drücker ins kochende Wasser geben, ca. 2 Min. garen, mit dem Schaumlöffel herausnehmen, in einem Sieb abtropfen lassen
1 TL Butter	Auflaufform fetten
200 g Käse	reiben
	Spätzle und Käse schichtweise einfüllen
1 Pr. Salz 1 Pr. Paprika	würzen bei 200°C (170°C) ca. 10 Min. überbacken
2 Zwiebeln	in Ringe schneiden
1 EL Butter	zergehen lassen Zwiebeln anrösten, auf fertige Käsespätzle verteilen
1/2 Bund Petersilie	fein hacken, aufstreuen

Brokkolicremesuppe · Müsliklöße · Aprikosensoße mit Himbeeren

	5′	Zutaten und Arbeitsgeräte bereitstellen		
10′	10′	Milch für Klöße aufkochen / Klößemasse kochen	Tisch decken	Himbeeren auftauen / Wasser für Aprikosen aufkochen
20′		abkühlen lassen		Aprikosen überbrühen, häuten, entsteinen
30′	20′		Wasser für Klöße aufkochen	
		Klöße formen		
40′		in das kochende Wasser geben und garziehen	Wasser für Brokkoli aufkochen	Soße herstellen, auf Tellern verstreichen
50′	20′		Brokkoli garen / Suppe fertigstellen	
55′				
	20′	anrichten und essen		
90′	15′	aufräumen		

Käsespätzle · Eisbergsalat mit Radieschen · Drink »Muntermacher«

	5′	Zutaten und Arbeitsgeräte bereitstellen		
10′	20′	Spätzlewasser aufsetzen / Teig zubereiten	Käse reiben / Auflaufform fetten	Früchte auspressen / Zitronenscheiben schneiden
20′				
30′	15′	Garzeit Spätzle / Herd vorheizen (200°C; 170°C)	Tisch decken	
40′				
50′	15′	Spätzle in die Auflaufform schichten, überbacken / Zwiebelringe zugeben / mit Petersilie garnieren	Zwiebelringe rösten / Petersilie hacken	
55′				Drink mischen und einfüllen, garnieren
	20′	anrichten und essen		
90′	15′	aufräumen		

82

2-3 l Wasser	in einem großen Topf aufkochen
	Klöße hineingeben und bei schwacher Hitze ca. 20 Min. garziehen lassen die Klöße mit einer Schaumkelle herausnehmen und auf die vorbereiteten Teller geben

Aprikosensoße mit Himbeeren

250 g TK-Himbeeren	nebeneinanderliegend auftauen lassen
1 l Wasser	aufkochen
1 kg Aprikosen	waschen, mit einem Messer einritzen, mit dem kochenden Wasser übergießen, dann die Haut abziehen, entsteinen und mit dem Pürierstab pürieren
1-2 EL Honig 2 TL Zitronensaft	abschmecken
	je 2-3 EL Soße auf einem Teller verteilen Klöße darauflegen die Himbeeren darüberstreuen

Eisbergsalat mit Radieschen

1 Kopf Eisbergsalat	putzen, waschen, mundgerechte Stücke schneiden
1 Bund Radieschen	putzen, waschen, achteln, über den Salat streuen
30 g Käse	fein reiben
1 Becher Joghurt 1 EL Essig 1 Pr. Pfeffer 1 Pr. Salz 2 EL Frischkäse, körnig	Zutaten zu einem Dressing mischen, unterheben
2 EL Schnittlauch	fein schneiden, aufstreuen

Drink »Muntermacher«

4 Orangen 1 Zitrone	auspressen
1/4 l Apfelsaft 1/4 l Mineralwasser	zufügen, in Trinkgläser füllen, mit Zitronenscheiben garnieren

Tofuschnitten auf Pilzragout

	5'	Zutaten und Arbeitsgeräte bereitstellen		
10'		Reis einweichen Pilze vorbereiten	Tofu schneiden, marinieren	Tisch decken
	15'			
20'				
		Garzeit Reis	Pilzragout herstellen	Früchte vorbereiten Schokolade im Wasserbad schmelzen lassen
30'	25'			
40'			Tofu braten, auf Pilzragout anrichten	Früchtespieße zubereiten
50'	10'	Reis abgießen und Kräuterreis mischen		
55'				
	20'	anrichten und essen		
90'	15'	aufräumen		

(Seitenleiste: Tofuschnitten auf Pilzragout · Kräuterreis · Schokoladenfrüchtespieße)

Tofuschnitten auf Pilzragout

250 g Tofu natur	in 1 cm dicke Scheiben schneiden
6 EL Öl 1 TL Curry 1/2 TL Kräutersalz 2 MS Pfeffer	mischen und Tofuscheiben damit marinieren 10 Min. stehen lassen
200 g frische Champignons	waschen, putzen und in Scheiben schneiden
1 Zwiebel	fein hacken
2 EL Öl	erhitzen, Zwiebel andünsten, Pilze zugeben
1/2 TL Jodsalz 2 MS Pfeffer	würzen
3 EL Crème fraîche	unterrühren, abschmecken
1 EL gehackte Petersilie	darüberstreuen
	Öl von den Tofuscheiben in eine Pfanne geben, erhitzen und die Tofuscheiben von beiden Seiten kräftig anbraten
2 EL Zitronensaft	Zitronensaft über die Tofuschnitten träufeln und die Flüssigkeit einkochen lassen die Säure (Zitronensaft, Essig, Weißwein) nach dem Anbraten bewirkt, daß die Tofuschnitten mehr Festigkeit bekommen und nicht auseinanderbrechen die Tofuschnitten auf Champignongemüse anrichten

Gratinierte Blumenkohlbratlinge

	5'	Zutaten und Arbeitsgeräte bereitstellen		
10'		Wasser für Blumenkohl aufsetzen Blumenkohl vorbereiten	Kartoffeln vorbereiten	Pudding für Dessert kochen abkühlen
	15'			
20'				
		Garzeit Blumenkohl		Mandarinen abtropfen lassen Zwieback zerkleinern
30'	10'			
		Bratlingsmasse herstellen Garzeit Bratlinge	Vanillecreme herstellen Dessert fertigstellen	
40'	20'			
			Gemüse zubereiten	
50'		Ofen vorheizen (225 °C; ⊙ 200 °C)		Tisch decken
55'	5'	Bratlinge überbacken		
	20'	anrichten und essen		
90'	15'	aufräumen		

(Seitenleiste: Gratinierte Blumenkohlbratlinge · Erbsen-Möhren-Gemüse · Mandarinen mit Vanillecreme)

Gratinierte Blumenkohlbratlinge

1 l Wasser 1/2 TL Salz	zum Kochen bringen
400 g Blumenkohl	putzen, in Röschen teilen und im kochenden Salzwasser knapp gar kochen, dann zerkleinern
200 g Kartoffeln	waschen, schälen, grob raffeln, fest ausdrücken, zum Blumenkohl geben
80 g Haferflocken 80 g Paniermehl 40 g Mehl 2 Eier 1 TL Salz 2 MS Pfeffer 1 Pr. Muskat	zufügen
	alles zu einem Teig verrühren, pikant abschmecken zu 4 frikadellenähnlichen Bratlingen formen und flachdrücken
Öl	in einer Pfanne erhitzen Bratlinge von jeder Seite schön braun braten
4 Scheiben Käse	auf die Bratlinge legen und im vorgeheizten Ofen bei 225 °C (⊙ 200 °C) überbacken, bis der Käse zerlaufen ist dazu können Baguettescheiben gereicht werden

Kräuterreis

1 1/2 Tassen Vollkornreis	in reichlich Salzwasser 15 Min. einweichen
	Herdplatte einschalten, Reis ca. 25 Min. kochen lassen, abgießen
2 EL Öl	erhitzen
1 kl. Zwiebel	fein hacken und andünsten
	gekochten Reis zugeben
2 EL gehackte Petersilie	untermischen

Schokoladenfrüchtespieße

200 g Trauben	waschen, entstielen
1 Kiwi 1 Banane	schälen, in dicke Scheiben schneiden
1 Apfel	schälen und in große Stücke schneiden
Saft einer 1/2 Zitrone	alle Früchte damit beträufeln
150 g Kuvertüre	Früchte mit einer Gabel einzeln in die Schokolade tauchen und auf Holzspieße stecken
	Früchtespieße auf Kuchenteller legen und mit Früchten ohne Schokolade garnieren

Erbsen-Möhren-Gemüse

1 P. TK-Erbsen mit Möhren 2 TL Margarine	dünsten
Salz, Pfeffer 1 Pr. Zucker	abschmecken
1 TL Soßenbinder hell	einstreuen, umrühren, aufkochen lassen
1 EL Kräuter fein gehackt	kurz vor dem Servieren darüberstreuen

Mandarinen mit Vanillecreme

1 Dose Mandarin-Orangen	abtropfen lassen
4 Scheiben Zwieback (Vollkorn)	zerkleinern
1/2 l Milch 1 P. Puddingpulver Vanillegeschmack	nach Packungsanweisung eine Creme kochen, abkühlen lassen
1 Becher Vollmilch-Joghurt (150 g)	unter die abgekühlte Creme heben
	Creme, 2/3 des Zwiebacks und Mandarinen auf Tellern anrichten
	restliche Zwiebackbrösel darüberstreuen

Minestrone

	5′	Zutaten und Arbeitsgeräte bereitstellen
	10′	Gemüse vorbereiten und andünsten / Herd vorheizen (180°C; 150°C) / Suppenbrühe mischen / Blätterteig antauen / Käse reiben / Ei trennen
	20′ 25′	Blätterteigstangen füllen und formen bestreichen und auf Blech legen
	30′	Brühe aufgießen / Nudeln zugeben
	40′ 15′	Kräuter vorbereiten / Garzeit Suppe
		Tisch decken / Käsestangen in die Röhre stellen
	50′ 10′	Parmesankäse reiben
	55′	Stangen etwas abkühlen lassen
	20′	anrichten und essen
90′	15′	aufräumen

Minestrone

2-3 Möhren	
1/2 Lauch	
3 Tomaten	
1 Paprikaschote	Gemüse gründlich putzen und waschen in Scheiben oder in mundgerechte Stücke schneiden
150 g Bohnen	
1/4 Blumenkohl	
1 Stück Sellerie	
2 kl. Zucchini	
2 Zwiebeln	
1 EL Butter	schmelzen, Gemüse kurz andünsten
3/4 l Wasser	zum Kochen bringen
1/2 TL Salz	
1 Pr. Pfeffer	Brühe mischen, Gemüse damit aufgießen
1 MS Rosmarin	
1 MS Thymian	
100 g Suppennudeln	zugeben, 10 Min. garen
2 EL Kräuter	fein hacken, vor dem Servieren aufstreuen
Parmesankäse	nach Belieben bei Tisch aufstreuen

Kabeljaufilet im Tomatenbett mit Petersilienkartoffeln

	5′	Zutaten und Arbeitsgeräte bereitstellen
	10′	Ofen vorheizen (200°C; 170°C) / Fisch vorbereiten / Kartoffeln schälen / Mandelkrokant herstellen / Äpfel zubereiten
	20′ 20′	Gemüse vorbereiten, in Auflaufform füllen / Fisch auflegen / Löffelbiskuits vorbereiten
	30′	Garzeit Fisch / Garzeit Kartoffeln / Tisch decken / Dessert einfüllen / kühl stellen
	40′ 30′	
	50′	
	55′	Dill hacken / garnieren / Butter bräunen / Petersilie hacken / Sahne-Dickmilch herstellen / Dessert fertigstellen
	20′	anrichten und essen
90′	15′	aufräumen

Kabeljaufilet im Tomatenbett mit Petersilienkartoffeln

1 kg Tomaten	kreuzweise einritzen, die Stielansätze keilförmig herausschneiden, mit kochendem Wasser überbrühen, abschrecken, Haut abziehen, in Scheiben schneiden und würfeln
1 Gemüsezwiebel	schälen, vierteln, in Scheiben schneiden
40 g Margarine	in einem Topf erhitzen, Zwiebeln darin andünsten / Tomaten zufügen / kochen lassen, bis die Flüssigkeit fast vollständig verdampft ist
Salz, Pfeffer	kräftig würzen / alles in eine Auflaufform geben
350 g Kabeljaufilet (oder Rotbarsch) im Stück	waschen, trocken tupfen
Zitronensaft	Fisch beträufeln
Salz, Pfeffer	würzen
	Fisch auf das Tomatengemüse legen im vorgeheizten Ofen bei 200°C (170°C) ca. 20-30 Min. auf der zweiten Schiene von unten backen
1 Bund Dill	waschen, trocken schwenken, hacken
4 Zitronenscheiben	zusammen mit Dill garnieren

Käsestangen aus Blätterteig

4 Scheiben TK-Blätterteig	ca. 10 Min. antauen lassen
100 g Emmentaler	fein reiben
1 Ei	trennen
	Blätterteigscheiben auf bemehlter Unterlage zu gleich großen Quadraten auswellen
	2 Scheiben jeweils am Rand mit Eiklar bestreichen und in der Mitte mit Käse bestreuen
	die anderen Scheiben genau auflegen, am Rand gut festdrücken und nochmals leicht auswellen
	in ca. 2 cm breite Streifen schneiden und an beiden Enden entgegengesetzt drehen
	mit Eigelb bestreichen
	Backblech mit Backpapier belegen, Stangen auflegen und ca. 10 Min. bei 180°C (150°C) goldgelb backen

Petersilienkartoffeln:

8 Kartoffeln	waschen, schälen
1/4 l Wasser 1/2 TL Salz	Kartoffeln ca. 20-25 Min. garen, abdampfen
1/2 Bund Petersilie	waschen, trocken schwenken, hacken
1 EL Butter	ganz leicht bräunen, über die Kartoffeln gießen Kartoffeln mit Petersilie bestreuen

Apfelspeise »Crunchy«

40 g Mandeln	grob hacken
1 EL Zucker 1 EL Wasser	in einer Pfanne goldbraun schmelzen, Mandeln unterrühren
Backpapier, Öl	Backpapier bepinseln
3 Äpfel	schälen, entkernen, klein schneiden
100 ml Wasser 2 EL Zucker 1/2 Zimtstange	aufkochen Äpfel 5 Min. dünsten, abtropfen lassen
1 EL Himbeergelee	unterrühren
10-12 Löffelbiskuits	eine Schüssel damit auslegen
2 EL Apfelsaft	darüberträufeln Äpfel darüber verteilen, abkühlen lassen
1/8 l Sahne	halbsteif schlagen
300 g Sahne-Dickmilch	glattrühren, Sahne unterheben, auf die Äpfel schichten, kühl stellen
1 EL Himbeergelee	zusammen mit Mandelkrokant verzieren

Chili sin Carne

je 1 grüne, rote und gelbe Paprikaschote	waschen, Kernhaus entfernen und in ca. 1 cm breite Stücke schneiden
300 g Kartoffeln (ca. 3 Stück)	waschen, schälen, in kleine Würfel (ca. 1 cm) schneiden
2 Zwiebeln	schälen und in Halbmonde schneiden
3 EL Öl	in einem Topf erhitzen, zunächst Zwiebeln und Kartoffeln (ca. 5 Min.), dann Paprikastücke (nochmals 5 Min.) andünsten
1–2 Knoblauchzehen	schälen und ins Gemüse pressen
2 EL Tomatenmark	dazugeben
200 ml Gemüsebrühe	Gemüse ablöschen, umrühren, 10 Min. bei mittlerer Hitze garen
1 kl. Dose Kidney-Bohnen 1 kl. Dose Tomaten	zum Gemüse geben
je 1 Pr. Salz, Zucker, Cayennepfeffer 1 TL Provence-Kräuter	würzen, nochmals 5 Min. köcheln lassen

Grünkernbratlinge

200 g Grünkernschrot 0,4 l Wasser 1 Lorbeerblatt 1 Gemüsebrühwürfel	zusammen aufkochen und etwa 10 Min. auf kleiner Flamme ausquellen lassen dann Lorbeerblatt entfernen
1 Zwiebel	schälen und fein würfeln
1 EL Butterschmalz	in einer Pfanne erhitzen Zwiebeln darin glasig dünsten
1/2 Bund Petersilie	waschen, fein hacken und kurz mitdünsten dann unter den Grünkernschrot mischen etwas abkühlen lassen
2 Eier Salz, Pfeffer	miteinander verquirlen und unter den Grünkernschrot mischen
	mit den Händen große oder kleinere Bratlinge formen
3 EL Öl	in der Pfanne erhitzen Bratlinge im heißen Fett ausbacken

Möhren-Lauch-Gemüse

1 kl. Zwiebel	schälen und fein würfeln
300 g Möhren	schälen und in dünne Scheiben schneiden
1–2 Stangen Lauch	putzen, gründlich waschen, in dünne Scheiben schneiden

Ambrosia-Creme

3 Blatt rote Gelatine	ca. 10 Min. in kaltem Wasser einweichen
1 Becher Sahne	steif schlagen
2 Becher Naturjoghurt 2 EL Honig 1 P. Vanillinzucker Saft einer Zitrone 1 EL Rum	in einer Rührschüssel schaumig rühren
	Gelatine auflösen (S. 37) mit dem Handrührgerät unter die Masse rühren, Sahne unterheben
	Creme in Dessertschälchen füllen und zum Stocken ca. 1/2 Std. in den Kühlschrank stellen

150 g Champignons	Stielansätze anschneiden und kurz abbrausen
2 EL Butterschmalz	in einem Topf erhitzen zuerst Zwiebeln und Möhren etwa 5 Min. dünsten dann Lauch und Pilze zufügen und nochmals 5 Min. dünsten
1/8 l Instant-Gemüsebrühe	aufgießen noch 5 Min. zugedeckt garen
100 g Crème fraîche	unter das Gemüse rühren
evtl. Salz, Pfeffer	abschmecken
1/2 Bund Petersilie	waschen, fein hacken vor dem Servieren über das Gemüse streuen

Orangen-Quark-Körbchen

2 große Orangen	heiß abwaschen, trocken reiben halbieren, Fruchtfleisch herauslösen und in kleine Stücke schneiden
250 g Sahnequark evtl. 1 EL Milch 1-2 EL Ahornsirup oder Honig	Quark glatt rühren, süßen, Orangenstückchen unterheben
	in die ausgehöhlten Orangenhälften füllen
2 EL Walnußkerne	grob hacken Quark damit bestreuen

Spinatpfannkuchen

250 g Mehl 1/2 l Milch Salz 3 Eier	}	zu einem Pfannkuchenteig verrühren
2-3 EL Butterschmalz		in einer Pfanne erhitzen, nacheinander 8 Pfannkuchen backen
2 kl. Zwiebeln		schälen und in Würfel schneiden
2 EL Butterschmalz		in einem Topf erhitzen Zwiebeln darin glasig dünsten
2 P. TK-Blattspinat (à 450 g)		angetaut dazugeben, 10 Min. bei geringer Hitze zugedeckt garen
Salz, Pfeffer, Muskat		würzen
500 g Tomatenpüree mit Tomatenstücken 1 Pr. Cayennepfeffer	}	miteinander verrühren
250 g mittelalter Gouda		raspeln
		einen Pfannkuchen in eine feuerfeste runde Form legen darauf jeweils 1/8 des Spinats, der Tomatensoße und des Käses geben so fortfahren, bis alle Zutaten verbraucht sind, wobei die letzte Schicht Käse sein muß
		Pfannkuchen im vorgeheizten Backofen bei 230°C (200°C) auf der 2. Einschubleiste von unten 20 Min. backen

Wirsingomelette

1/2 Wirsing (ca. 600 g)		waschen, halbieren, Strunk entfernen quer in 2 cm breite Streifen schneiden
1 Zwiebel		schälen und würfeln
1 1/2 EL Öl		in einem breiten Topf erhitzen Zwiebel darin andünsten
1 Fleischtomate		waschen, würfeln mit den Wirsingstreifen zu den Zwiebeln geben
1 Gemüsebrühwürfel 2-3 EL Wasser	}	zum Gemüse geben und 20 Min. zugedeckt dünsten, dabei öfter umwenden (der Wirsing soll weich, aber noch knackig sein)
2 EL Butter		unter das Gemüse ziehen
1 TL Majoran 1/4 TL Koriander 1/2 TL Muskat	}	würzen und abschmecken
2 EL Butterschmalz		in 1-2 Pfannen erhitzen Gemüse hineingeben
6 Eier 1/2 TL Kräutersalz	}	verquirlen und über den Wirsing geben
		Pfanne abdecken und Omelettes bei geringer Hitze stocken lassen
1/2 Bund Petersilie		waschen, hacken vor dem Servieren über die Omelettes streuen

---

Spinatpfannkuchen · Chicoréesalat mit Orangen und Äpfeln

Zeit	Zeit	Arbeitsschritte		
	5'	Zutaten und Arbeitsgeräte bereitstellen		
10'	5'	Pfannkuchenteig herstellen	Zwiebeln schneiden	Käse raspeln
20'	15'	Garzeit Pfannkuchen	Tomatensoße würzen Zwiebeln und Spinat dünsten	Salatsoße herstellen Backofen vorheizen (230°C; 200°C)
30'	5'	alle Zutaten in Auflaufform schichten	Tisch decken	Mandelstifte anrösten
40'	20'	Garzeit Spinatpfannkuchen		Salatzutaten waschen, schneiden Salat fertigstellen
50'				
	20'	anrichten und essen		
90'	20'	aufräumen		

Wirsingomelette · Käsekartoffeln · Apfeldessert mit Zwetschgen

Zeit	Zeit	Arbeitsschritte		
	5'	Zutaten und Arbeitsgeräte bereitstellen		
10'	10'	Gemüse vorbereiten	Kartoffeln waschen und aufsetzen	Haferflocken rösten
20'	20'	Garzeit Gemüse Tisch decken	Garzeit Kartoffeln Tisch decken	Nüsse hacken Sahne schlagen Obst schneiden
30'				
40'	15'	Gemüse und Eier mischen stocken lassen	Kartoffeln pellen und raspeln, fertigstellen	Dessert fertigstellen
50'				
	20'	anrichten und essen		
90'	20'	aufräumen		

Chicoréesalat mit Orangen und Äpfeln

40 g Mandelstifte	in einer Pfanne ohne Fett goldbraun rösten abkühlen lassen
3 Orangen	1 Orange auspressen die beiden anderen schälen, in Spalten schneiden
2 Äpfel	schälen, vierteln, entkernen in Spalten schneiden mit den Orangenspalten mischen
3 Chicoréekolben (500 g)	putzen, waschen, längs halbieren, Strunk herausschneiden Blätter in Streifen schneiden zu den Früchten geben
200 g Crème fraîche *1 Becher Vollmilchjoghurt* *1 TL Zucker* *Salz, Pfeffer*	in einer kleinen Schüssel mit dem Orangensaft gut verrühren sofort über den Salat geben
	Salat vor dem Servieren mit den gerösteten Mandeln bestreuen

Käsekartoffeln

2–3 Kartoffeln pro Person	waschen und nach Grundrezept im Dampfdrucktopf (S. 36) garen, dann heiß schälen
200 g mittelalter Gouda	raspeln Kartoffeln in eine vorgewärmte Schüssel raspeln, dabei immer wieder Käseraspel dazwischengeben
1–2 EL Butter	in Flöckchen darübergeben
1/4 Bund Schnittlauch	waschen, in Röllchen schneiden vor dem Servieren darüberstreuen

Apfeldessert mit Zwetschgen

1/2 EL Butter	in einer Pfanne erwärmen
4 EL Haferflocken	in der Butter knusprig rösten
1 Becher Sahne	steif schlagen, kühlen
50 g Haselnüsse	grob hacken
8 Zwetschgen	waschen, entsteinen, in Stücke schneiden
2 Äpfel	waschen, vierteln, Kernhaus entfernen, raspeln, mit Zwetschgen mischen
1 EL Honig *1/2 TL Zimt*	unter die Früchte mischen
	Schlagsahne unter die Früchte heben, dann abwechselnd mit den gerösteten Haferflocken in Dessertschüsselchen füllen

Überbackene Sahne-Champignons auf Hirse

	5′	Zutaten und Arbeitsgeräte bereitstellen		
10′	15′	Garzeit Hirse	Auflaufform fetten	Gelatine einweichen
			Pilze und Lauchzwiebeln vorbereiten	Dessert vorbereiten
20′		Backofen vorheizen (200°C; ⊙ 170°C)	Petersilie hacken	
	5′	Auflaufform füllen	Guß für Auflauf vorbereiten	Joghurtmasse anfrieren lassen
30′	15′	Garzeit Pilz-Zwiebel-Masse	Salatsoße vorbereiten	Dessert fertigstellen, kühlen
40′		Guß vorbereiten	Möhren und Kohlrabi vorbereiten	
50′	15′	Guß über Pilz-Zwiebel-Masse geben, fertigbacken	Salat fertigstellen	Tisch decken
55′				
	20′	anrichten und essen		
90′	15′	aufräumen		

Überbackene Sahne-Champignons auf Hirse

150 g Hirse	zusammen aufkochen
1/2 l Instant-Gemüsebrühe	15 Min. bei geringer Hitze ausquellen lassen
	dann in eine gefettete Auflaufform füllen
350 g Champignons	putzen und kurz unter fließend kaltem Wasser abbrausen
	große Köpfe halbieren bzw. vierteln
1 Bund Lauchzwiebeln	putzen, waschen und in Ringe schneiden
3 EL Öl	in einer Schüssel mit den Pilzen und den Zwiebelringen vermischen
1/2 TL Salz	
1 Pr. Pfeffer	würzen
	Champignon-Zwiebel-Masse auf der Hirse verteilen
	im vorgeheizten Backofen bei 200°C (⊙ 170°C) 15 Min. backen
1 Bund Petersilie	waschen und fein hacken
100 g Crème fraîche	
100 g Sahne	
2 Eier	gut vermengen
100 g geriebener Käse	
etwas Salz, Pfeffer	
	Petersilie unterheben
	über den Auflauf gießen und weitere 15 Min. backen

Gefüllte Zucchini mit Tomatensoße

	5′	Zutaten und Arbeitsgeräte bereitstellen		
10′	5′	Quinua vorbereiten	Gemüse vorbereiten	Auflaufform fetten
	10′	Garzeit Quinua		Backofen vorheizen (220°C; ⊙ 190°C)
20′				Soßenzutaten vorbereiten
	5′	Salatsoße zubereiten	Gemüse dünsten	
30′	10′	Salatzutaten waschen, schneiden	Käse und Quinua mit Gemüse mischen	Tisch decken
			Zucchini füllen	
40′		Salat fertigstellen	Garzeit Zucchini	Soße herstellen
	15′			
50′				
	20′	anrichten und essen		
90′	20′	aufräumen		

Gefüllte Zucchini mit Tomatensoße

100 g Quinua	im Haarsieb waschen
Anmerkung: Quinua ist eine Getreideart	in einem Topf ohne Fett kurz anrösten
200 ml Wasser	dazugeben, aufkochen lassen und auf ausgeschalteter Herdplatte 10 Min. ausquellen lassen
2 mittelgroße Zucchini	waschen, Stielansatz entfernen, der Länge nach halbieren
	das Fruchtfleisch mit einem Teelöffel herauskratzen (ca. 1 cm Rand stehenlassen)
	Fruchtfleisch fein hacken
1 Zwiebel	
1 Knoblauchzehe	schälen und fein hacken
2 Tomaten	
1 grüne Paprikaschote	waschen und fein würfeln
1 EL Butterschmalz	Zwiebel und Knoblauch glasig dünsten
	Zucchinifleisch, Tomaten- und Paprikawürfel dazugeben
Salz, Pfeffer	Gemüse würzen und bei mittlerer Hitze 5 Min. ohne Deckel köcheln lassen
100 g geriebener Käse	zusammen mit den gegarten Quinua-Körnern unter das Gemüse mischen
	in die Zucchinihälften füllen
	Zucchinis in eine gefettete feuerfeste Form oder auf ein Backblech legen
	auf der untersten Schiene bei 220°C (⊙ 190°C) ca. 15 Min. backen

Möhren-Kohlrabi-Rohkost

250 g Möhren 1 Kohlrabi (ca. 250 g)	schälen und mit der Rohkostreibe grob raspeln
Saft einer Orange 4 EL Zitronensaft Salz, Pfeffer 2 TL Zucker, 4 EL Öl	gut miteinander verrühren sofort über den Salat geben
1/2 Bund Schnittlauch	waschen, hacken, unterheben
100 g Cashewkerne	halbieren, über den Salat streuen

Kirsch-Joghurt-Creme

4 Blatt weiße Gelatine	in kaltem Wasser einweichen
1 Glas Sauerkirschen	abtropfen lassen, Saft auffangen
10 Löffelbiskuits	in Stücke brechen, in 4 Gläser füllen 1/8 l des Kirschsafts und 3/4 der Kirschen auf die Gläser verteilen
3 Becher Vollmilchjoghurt à 150 g 4 EL Puderzucker	in einer Schüssel mit dem Schneebesen des Handrührgeräts gut verrühren Gelatine nach Grundrezept (S. 37) auflösen, unter die Joghurtmasse rühren
1 Becher Sahne	steif schlagen, unter die Masse heben die Creme für 5 Min. ins Gefrierfach stellen und etwas anfrieren lassen dann die Creme aufschlagen und in die Gläser verteilen, restliche Kirschen zum Garnieren verwenden

Tomatensoße:

6 Fleischtomaten	überbrühen, häuten (S. 22), würfeln
1 Zwiebel	schälen und fein würfeln
1 EL Butterschmalz	Zwiebel glasig dünsten, Tomaten zugeben, unter Rühren kurz mitschmoren
3/8 l Gemüsebrühe	hinzugießen
je 1 Pr. Salz, Zucker, Pfeffer	würzen, 8-10 Min. bei milder Hitze ohne Deckel einkochen lassen
2 EL frische Kräuter	waschen, hacken, untermischen

Eisberg-Melonen-Salat

1 kl. Eisbergsalat	putzen, unzerteilten Kopf waschen, vierteln und in 1 cm breite Streifen schneiden
1 Honigmelone	vierteln, entkernen das Fruchtfleisch aus der Schale lösen und in mundgerechte Stücke schneiden
1/4 Salatgurke	waschen, schälen, der Länge nach halbieren, dünne Scheiben schneiden, alle Zutaten in einer Schüssel mischen
5-6 EL Zitronensaft 1/2 TL Salz 1 Pr. Pfeffer 1/2 TL Zucker 6 EL Öl	mit dem Schneebesen in einer kleinen Schüssel verrühren und unter den Salat ziehen
1 Bund Schnittlauch	waschen, in Röllchen schneiden und über den Salat streuen

Gärtnerinnenhäppchen · Hirselaibchen · Lauch-Rahmgemüse · Sahnegrieß mit Erdbeeren

Zeit				
5'	Zutaten und Arbeitsgeräte bereitstellen			
10'	Quellzeit Hirse	Lauch putzen, waschen, schneiden	Quellzeit Grieß	
20'				
25'			abkühlen lassen	
30'				
	Gemüse schneiden Hirse-Gemüse-masse zubereiten	Gärtnerinnen-häppchen zubereiten und anrichten	Früchte waschen, putzen	
40'				
25'				
50'			Quarkmasse herstellen	
			Früchte pürieren	
60'	Garzeit Hirselaibchen	Lauch-Rahm-gemüse zubereiten	Nachtisch fertigstellen	
70'	30'		Tisch decken	
80'				
85'				
	30'	anrichten und essen		
135'	20'	aufräumen		

Gärtnerinnenhäppchen

pro Person:

einige Salatblätter — waschen

einige Radieschen
etwas Petersilie } waschen, schneiden
etwas Schnittlauch

2-3 Scheibchen Gebäck,
man kann in Scheiben
geschnittene Brötchen,
Hörnchen oder Salz-
stangen verwenden — Brötchen senkrecht schneiden

folgendermaßen belegen:

je ein Salatblatt darauflegen

50 g Kräuterquark
oder Frischkäse — aufspritzen,
mit Radieschenscheiben, Petersilie und Schnittlauch garnieren

einige Sonnen-
blumenkerne — darüber streuen

2-3 Häppchen werden auf einem Kuchenteller angerichtet und serviert

Hirselaibchen

1 1/2 Tassen Hirse
3 Tassen } zum Kochen bringen, umrühren
Instant-Gemüsebrühe

Herdplatte ausschalten und Hirse
20 Min. quellen lassen
sie ist dann fertig, wenn alle Flüssigkeit aufgesaugt ist

1 Bund Petersilie — hacken
1 kl. Zwiebel — fein würfeln
2 Karotten — fein raspeln

Hirsebrei und Gemüse mischen

1/2 TL Kräutersalz
1 MS Pfeffer } würzen und abschmecken
1 MS Muskat

gleichmäßig große Laibchen formen

6 EL Öl — die Laibchen in einer Pfanne darin ausbacken

Lauch-Rahmgemüse

2 Stangen Lauch	putzen, gründlich waschen und in 1/2 cm dicke Scheiben schneiden
2 EL Öl	Lauch darin kurz andünsten
1 EL Mehl	zugeben, umrühren
1/4 l Wasser	aufgießen
1 TL Brühe-Instant 1/2 TL Kräutersalz 2 MS Pfeffer 2 MS Curry	würzen und ca. 5 Min. kochen lassen, danach abschmecken
1/2 Becher Sahne	kurz vor dem Essen (Gemüse darf nicht mehr kochen) zufügen und die Hirselaibchen auf dem Lauch-Rahmgemüse servieren

Sahnegrieß mit Erdbeeren

1/4 l Milch 40 g Zucker oder Honig 1 P. Vanillinzucker	zum Kochen bringen
20 g Grieß	einstreuen und bei schwacher Hitze 15 Min. zugedeckt quellen lassen auskühlen lassen
1/8 l Sahne (ca. 1/2 Becher)	schlagen
125 g Speisequark Saft einer halben Zitrone	nach und nach mit dem Grießbrei unterrühren
etwas Zucker	abschmecken Grießbrei in den Kühlschrank stellen
250 g Erdbeeren	waschen, 3-4 schöne Früchte zur Garnierung zurücklegen die restlichen Früchte im Mixbecher der Küchenmaschine pürieren
1 TL Puderzucker	3-4 Kuchenteller leicht damit besieben, Fruchtpüree auf die eine Hälfte des Tellers halbkreisförmig verteilen, Grieß-Quarkmasse mit zwei Eßlöffeln oder einem Eisportionierer zu Klößchen formen (2-3 Stück pro Portion) und auf das Fruchtpüree setzen
	mit einer Gabel einige Streifen Erdbeerpüree in die freie Kuchentellerhälfte ziehen und den Nachtisch mit je einer fächerförmig geschnittenen Erdbeere garnieren

	5'	Zutaten und Arbeitsgeräte bereitstellen		
10'	15'	Nudelteig herstellen	Garzeit Vanillecreme	Tisch decken
20'		Teig ruhen lassen Füllung zubereiten	kühlen	
30'	20'		Sahne und Eischnee schlagen	
40'		Maultaschen formen und füllen	Sauerkirschen und Creme einfüllen	Maultaschen formen und füllen
50' 60'	20'			
70' 80' 85'	25'	Garzeit Maultaschen	Schokospäne herstellen Nachtisch garnieren	Sahnesoße herstellen
	30'	anrichten und essen		
135'	20'	aufräumen		

(Seitenleiste: Maultaschen · Sahnesoße · Vanillecreme mit Sauerkirschen)

Maultaschen

Teig:

250 g Mehl
2 EL Öl
2 MS Salz
1 Ei
50-80 ml Wasser
} mischen

Teig etwa fünf Minuten kneten, bis er fest, glatt und elastisch ist, je nach Bedarf dabei noch ein wenig Wasser oder Mehl einarbeiten, Teig zugedeckt mindestens 20 Min. ruhen lassen

etwas Streumehl — Teig portionsweise darauf dünn auswellen

Füllung:

100 g Tofu
100 g grüne Gemüse (Spinat, Wirsing, Lauch)
50 g Goudakäse
} durch den Fleischwolf drehen

2 MS Pfeffer
3 MS Kräutersalz
1 MS Muskat
1 Hauch Nelken gemahlen
1 Ei
} untermischen, abschmecken

Teig füllen:

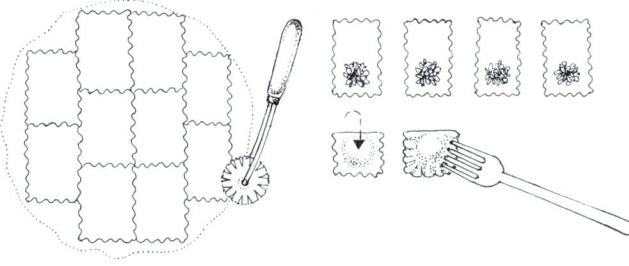

reichlich Salzwasser — Maultaschen 20-25 Min. in siedendem Wasser garziehen lassen

Restfülle in die Sahnesoße geben

Sahnesoße

1/2 Zwiebel	fein hacken
1 EL Öl	Zwiebel darin glasig werden lassen
1/8 l Instant-Gemüsebrühe	aufgießen
1/2 Becher Crème fraîche	mit dem Schneebesen unterrühren
Pfeffer, Salz, Muskat	würzen
1 EL gehackte Petersilie	Sahnesoße in eine Soßenschüssel füllen damit garnieren und servieren
	zu den Maultaschen mit Sahnesoße paßt gut ein grüner Salat (Seite 81).

Vanillecreme mit Sauerkirschen

4 Blatt Gelatine	in kaltem Wasser einweichen
1/2 Vanilleschote	halbieren und das Mark herauskratzen
1/4 l Milch, 40 g Zucker, 2 Eigelb	mit dem Vanillemark unter ständigem Rühren zum Erhitzen bringen, jedoch ohne zu kochen
	wenn die Masse leicht cremig wird, von der Herdplatte nehmen Gelatine ausdrücken und kräftig unterrühren Creme im Wasserbad erkalten lassen, dabei immer wieder mit dem Schneebesen durchrühren, um zu vermeiden, daß sich eine Haut bildet
2 Eiklar	steifschlagen
1/2 Becher Sahne	schlagen
	ist die Creme ausgekühlt, werden Sahne und Eischnee untergehoben
1/2 Glas Sauerkirschen	in Nachtischgläser füllen, einige zur Garnierung aufheben, Vanillecreme gleichmäßig darauf verteilen und in den Kühlschrank stellen
50 g Schokolade oder Kuvertüre	im Wasserbad schmelzen und auf einem Teller verstreichen, fest werden lassen (3-4 Min. im Kühlschrank), danach mit einer Spachtel oder einem Backwender große Schokospäne abziehen, damit den Nachtisch großzügig belegen pro Nachtisch je eine Sauerkirsche obenauf setzen

	5'	Zutaten und Arbeitsgeräte bereitstellen		
10'	25'	Hefeteig zubereiten Tomaten zerdrücken und würzen	Gemüse zubereiten und abkühlen lassen	Bohnenkaffee kochen, kühl stellen Gelatine einweichen
20'				
30'				
40'	30'	Ofen vorheizen (200°C; 170°C) Backblech fetten Teig auswellen und auf Blech verteilen Tomatenmasse aufstreichen, Käse aufstreuen, Gemüse verteilen, würzen	Käse reiben Lollo Rosso vorbereiten Dressing zubereiten Nüsse reiben	Sahne schlagen, kühl stellen Gelatine auflösen, unterziehen, kühl stellen Portionsgläser vorbereiten
50'				
60'				
70'	25'	Garzeit Pizza	Tisch decken	Creme fertigstellen und garnieren
80'				
90'	5'	Pizza portionieren	Salat anmachen	
	25'	anrichten und essen		
135'	20'	aufräumen		

Gemüsepizza · Lollo-Rosso-Salat mit Joghurtdressing · Mokkacreme

Gemüsepizza

375 g Mehl	sieben, Mehlmulde bilden
1 Pr. Salz	zugeben
20 g Hefe	in Mehlmulde bröseln
1 TL Zucker	über die Hefe streuen
3 EL lauwarme Milch	über die Hefe gießen, ruhen lassen
1/8 l lauwarmes Wasser 4 EL Öl	mischen, unter den Teig kneten, wenn er sich von der Schüssel löst, nochmals ruhen lassen
1 EL Öl	Blech bestreichen, Teig auswellen und gleichmäßig verteilen

Belag:

1 Dose geschälte Tomaten	mit einer Gabel zerdrücken
1/2 TL Oregano	Tomatenmasse würzen
200 g Käse	reiben
2-3 Zucchini 200 g Champignons	putzen, waschen, in feine Scheiben schneiden
2-3 Zwiebeln	in Ringe schneiden
1/2 Stück Lauch	in feine Streifen schneiden
1 EL Butter	schmelzen, vorbereitetes Gemüse kurz andünsten, abkühlen lassen Belag gleichmäßig auf Teig verteilen
1 TL Oregano	würzen

Backzeit: 25 Min.
Backtemperatur: 200°C 170°C

Lollo-Rosso-Salat mit Joghurtdressing

1 Kopf Lollo-Rosso-Salat	putzen, gründlich waschen und trocken tupfen auf einer Platte anrichten
2 EL Öl	über den Salat träufeln
150 g Joghurt 1 Pr. Salz 1 MS Honig 1 MS Senf 1 EL Zitronensaft 1 TL Zucker	ein Dressing rühren, kurz vor dem Servieren über den Salat verteilen
1 EL gemahlene Haselnüsse	Salat bestreuen

98

Mokkacreme

2 Tassen kalter Kaffee *2 TL Zucker*	Kaffee süßen, 4 EL davon zum Auflösen der Gelatine wegnehmen
4 Blatt weiße Gelatine	in kaltem Wasser quellen lassen, gut ausdrücken, mit heißem Kaffee auflösen, unter den Kaffee mischen, kühl stellen, bis der Rand geliert
1 Becher Schlagsahne	unter Gelatine ziehen, in Portionsschalen verteilen
2 EL Raspelschokolade	Creme damit garnieren

	5′	Zutaten und Arbeitsgeräte bereitstellen		
10′		Mürbeteig für Pastetchen herstellen	Gelatine einweichen	Nudelteig herstellen, ruhen lassen
20′	20′		Apfelmus herstellen	
30′		Teig ausrollen Ofen vorheizen (180 °C; ⊛ 150 °C) Pastetchen ausstechen	Apfelcreme zubereiten, auskühlen lassen Sahne schlagen und unterheben	Spinat auftauen Füllung zubereiten
40′	15′			
50′		Garzeit Mürbeteig-pastetchen		
	15′			Rolle füllen und einwickeln
60′		Tisch decken	Apfel zur Garnierung vorbereiten Pastetchen füllen und anrichten	Garzeit Teigrolle Tomatensoße zubereiten
70′	30′			
80′				
85′				
	30′	anrichten und essen		
135′	20′	aufräumen		

(Seitenbeschriftung: Gefüllte Teigrolle in Tomatensoße · Feine Apfelcreme in Mürbeteigpastetchen)

Gefüllte Teigrolle in Tomatensoße

Teig:

125 g Weizen-vollkornmehl
1 Ei
2 EL Wasser
1 EL Öl
2 MS Salz

vermischen und zu einem festen, geschmeidigen Teig kneten
20 Min. abgedeckt ruhen lassen

Füllung:

300 g TK-Spinat — auftauen

125 g Quark
2 EL geriebener Käse
2 MS frisch gemahlener Pfeffer

mit dem Spinat mischen, abschmecken

einen großen Topf mit Wasser zum Kochen aufstellen

1/2 TL Salz — Wasser salzen

Teig zu einer großen Platte dünn ausrollen,
Spinat-Käse-Füllung aufstreichen, zusammenrollen, Enden umschlagen

Rolle fest in eine Stoffserviette oder in ein sauberes Geschirrtuch einwickeln, Enden mit einem festen Küchenzwirn zubinden

Teigrolle in kochendes Salzwasser legen
30 Min. kochen lassen

Tomatensoße:

1 Zwiebel
1 Knoblauchzehe
1 EL Öl
1 kl. Dose Tomaten
2 MS Thymian
1 TL Basilikum
2 MS frisch gemahlener Pfeffer
2 EL gehackte Petersilie

alle Zutaten im Mixbecher der Küchen-maschine zu einer Tomatensoße mixen

Soße in einem Töpfchen zum Kochen bringen,
3 Min. kochen lassen,
abschmecken,
in eine flache Schüssel gießen

Teigrolle nach Ende der Garzeit aus-wickeln,
in 1 cm dicke Scheiben schneiden,
in der Tomatensoße anrichten

Feine Apfelcreme in Mürbeteigpastetchen

Creme:

4 Blatt Gelatine oder	
2 EL Agar Agar	10 Min. in kaltem Wasser einweichen*
2 säuerliche Äpfel	waschen, schälen, Kernhaus entfernen, in Stücke schneiden
4 EL Wasser	Äpfel ca. 8-10 Min. weich kochen
	Gelatine ausdrücken und mit den Äpfeln mixen
2 EL Zucker Saft einer halben Zitrone 1 MS Zimt 1 TL Trinkschokolade	darunter mischen, abschmecken
	im Wasserbad auskühlen lassen
1/2 Becher Sahne	schlagen und unter die ausgekühlte, leicht festgewordene Apfelcreme heben kühl stellen

Mürbteigpastetchen:

120 g Mehl 50 g Butter 20 g Zucker oder Honig 1 Ei	mischen und zu einem festen Teig verkneten
	je nach Bedarf noch etwas Mehl unterkneten
	Teig dünn ausrollen
	Kreise, ⌀ ca. 7 cm (eine Kaffeetasse oder ein Trinkglas mit diesem Durchmesser aussuchen), ausstechen und über Pastetenförmchen bei 180°C ca. 10 Min. backen
	gleich nach dem Backen vorsichtig das Teigschüsselchen von der Form lösen und auskühlen lassen
	Apfelcreme in einen Spritzbeutel füllen und in das Pastetchen spritzen
	3-4 Pastetchen auf einen Kuchenteller setzen
1 Apfel	Pastetchen mit blättrig geschnittenen Apfelachteln garnieren
	Pastetenförmchen kann man leicht selbst herstellen
	dazu braucht man etwas dickere Alufolie, Bleistift und Schere
	auf die Alufolie Kreise (⌀ ca. 7 cm) zeichnen
	ausschneiden und über einen Salzstreuer stülpen und festdrücken

*Agar Agar wird mit 2 EL Wasser angerührt und unter das noch heiße Apfelmus gemischt

	5′	Zutaten und Arbeitsgeräte bereitstellen		
10′	5′	Hefevorteig anrühren, gehen lassen	Gemüsebrühe aufkochen	Äpfel vorbereiten
20′	20′	Zutaten für Hauptteig bereitstellen	Grünkern und Lorbeerblatt zufügen	
			Quellzeit Suppe	
30′				Sud zum Dünsten bringen
				Äpfel dünsten
40′	15′	Hauptteig kneten, nochmals gehen lassen		
50′	15′	Hefeteigscheiben herstellen	Sauerrahm mit restl. Zutaten mischen, zufügen, beiseite stellen	Pappe Mühlespiel zuschneiden
		Ofen vorheizen (220°C; ⌬ 190°C)		Äpfel zugedeckt kühl stellen
60′		Milch kochen		Marzipanmasse für Mühlespiel vorbereiten
		Dampfnudeln einschichten		
70′	30′	Backzeit Dampfnudeln	Tisch decken	Mühlespiel fertigstellen
80′			Kräuter schneiden	
			Suppe erhitzen	Sahne schlagen
90′			Suppe abschmecken, garnieren	Sahne unterziehen
	25′	anrichten und essen		
135′	20′	aufräumen, Mühlespiel verpacken		

Grünkern-Rahmsuppe

1 l Instant-Gemüsebrühe	aufkochen
100 g Grünkern, fein geschrotet	einrühren
1 Lorbeerblatt	zufügen, 20 Min. ausquellen lassen, gelegentlich umrühren
50 g Sauerrahm 3 EL Weißwein 1 Pr. Pfeffer 1 Pr. Muskat 1 MS Salz	mischen, zufügen
1 Zweig Basilikum	schneiden, kurz vor dem Servieren zufügen
	Lorbeerblatt entfernen

Mühlespiel aus Marzipan

	ein Stück Pappe 24 x 24 cm ausschneiden
	ein Mühlespiel als Vorlage
600 g Marzipanrohmasse 200 g Puderzucker 1 P. Citro-back	gut verkneten
2 EL Kakao	mit 1/3 der Masse verkneten (für die Linien)
	den Rest in 4 gleiche Portionen teilen
1 EL Kakao	mit einer Portion für die schwarzen Steine verkneten
	eine Portion für die weißen Steine zurücklegen
	die restlichen zwei Portionen zwischen Klarsichtfolie auf der Pappe zu einem Quadrat von 22 x 22 cm vorsichtig ausrollen
	das hellbraune Marzipan für die Linien dünn ausrollen
	schmale Streifen (höchstens 1/2 cm breit) nach Vorlage des Mühlespiels ausschneiden
1 Eiklar	die Streifen damit bepinseln und auf die ausgerollte Platte kleben
	restliches weißes und braunes Marzipan ca. 1 cm dick ausrollen
	aus jedem Teig 9 Steine ausstechen (mit einem in Mehl getauchten Ring oder Flaschenschraubverschluß)
	mit einem richtigen Mühlestein ein Muster hineindrücken
1 Eiklar	die Steine auf einer Seite bepinseln und auf dem Spielfeld verteilen
	zum Verpacken: durchsichtige Geschenkfolie, mit einer dicken, bunten Schleife zubinden

Dampfnudeln mit gedünsteten Zimtäpfeln

Hefeteig:

Hefeteig nach Grundrezept (S. 31) herstellen
Teigplatte von ca. 1 cm Stärke auswellen, mit einem Glas (oder einer Ausstechform) Scheiben von etwa ⌀ 6 cm ausstechen und nochmals auf einer leicht bemehlten Unterlage gehen lassen

1/8 l Milch 50 g Butter 1 EL Zucker 1 Pr. Salz	aufkochen, in eine feuerfeste Auflaufform oder in eine eiserne Kasserolle gießen

Nudeln dicht aneinander einsetzen, mit Deckel verschließen, bei 220°C (⊛ 190°C) 30 Min. backen

Zimtäpfel:

6 Äpfel   waschen, schälen, entkernen, in mundgerechte Stücke schneiden

1/4 l Wasser Zitronensaft 1 P. Vanillinzucker 1 EL Zucker 1 Stange Zimt 2 Nelken	Sud mischen, aufkochen Äpfel zufügen und ca. 10 Min. weich dünsten abkühlen lassen

1/2 Becher Sahne   steif schlagen, unter die abgekühlte Masse ziehen

zu Dampfnudeln schmeckt auch Vanillecreme (S. 105)

Tomatensuppe mit Käseschneeklößchen

750 g reife Tomaten	überbrühen, Haut abziehen, vierteln, entkernen, fein schneiden
2 Zwiebeln	fein würfeln
2 EL Butter	erhitzen, Zwiebeln glasig dünsten, Tomaten hinzufügen, ca 5 Min. dünsten
1/4 l Wasser 1/2 TL Thymian 1 MS Rosmarin 1 MS Pfeffer 1 MS Oregano	mischen, zufügen, kurz aufkochen

Käseschneeklößchen:

1/4 Bund Petersilie	fein hacken
30 g Gouda	reiben
1 Eiklar	steif schlagen
1 MS Salz	zufügen
	Zutaten vorsichtig mischen mit 2 Teelöffeln kleine Klößchen abstechen, auf die heiße, nicht kochende Suppe geben, zugedeckt 3-4 Min. ziehen lassen
1/2 TL Basilikum	aufstreuen

Tomatensuppe mit Käseschneeklößchen · Hirse-Apfel-Auflauf mit Vanillecreme

Zeit				
5′	Zutaten und Arbeitsgeräte bereitstellen			
10′ / 25′	Tomaten zubereiten Zwiebeln vorbereiten Gemüse andünsten	Äpfel vorbereiten Auflaufform fetten Ofen vorheizen (200°C; ⌀ 170°C)	Hirse vorbereiten Hirsebrei zubereiten, abkühlen lassen	
10′	Brühe zubereiten und zufügen	Hirsemasse herstellen, mit Äpfeln in Auflaufform schichten	Vanillecreme zubereiten	
	Garzeit Suppe	Backzeit Auflauf	Creme abkühlen lassen	
40′	Petersilie hacken Käse reiben		Tisch decken	
10′	Schneeklößchen zubereiten und garen	Auflauf portionieren	Creme in Glasschüsseln füllen	
25′	anrichten und essen			
135′ / 20′	aufräumen			

104

Hirse-Apfel-Auflauf mit Vanillecreme

250 g Hirse	kurz mit warmem Wasser überbrausen
3/4 l Milch *1 Pr. Salz*	aufkochen, Hirse zufügen, 25 Min. quellen lassen, dabei öfter umrühren
500 g Äpfel	schälen, entkernen, in dünne Scheiben schneiden
2 EL Sultaninen	untermischen
2 Eiklar	Eischnee zubereiten
2 Eigelb *1 EL Honig* *etwas geriebene Zitronenschale*	cremig rühren, unter den Eischnee rühren

Eicrememasse unter die erkaltete Hirse heben, die Hälfte der Masse in gefettete Auflaufform füllen, Äpfel darüber verteilen und restliche Hirsemasse darübergeben
bei 200°C (170°C) 50 Min. überbacken

Vanillecreme:

50 g Zucker *2 Eigelb*	schaumig rühren
1/2 l Milch	zufügen
1 Vanilleschote	Mark herauskratzen
2 EL Stärkemehl	alle Zutaten verrühren, unter Rühren aufkochen, bis Masse dicklich wird, abkühlen lassen

105

FRANKREICH: Ratatouille mit Reis

Zeit			
5'	Zutaten und Arbeitsgeräte bereitstellen		
10'	Aubergine und Zucchini vorbereiten	Zwiebel schneiden Reis aufsetzen	Tomaten und Paprika vorbereiten
10'			
20'	Gemüse andünsten, ablöschen und garen	Garzeit Reis	Knoblauch schälen Tisch decken
20'			
30'			
35'			
15'	anrichten und essen		
10'	aufräumen		
60'			

Ratatouille mit Reis

2 Zwiebeln	schälen, in feine Ringe schneiden
1 kl. Aubergine 1 Zucchini	waschen, Stielansätze entfernen, in ca. 1/2 cm dicke Scheiben schneiden
1 Knoblauchzehe	schälen und sehr fein hacken
1 gelbe Paprikaschote	waschen, halbieren, Kerngehäuse entfernen, in Stücke schneiden
3 Tomaten	waschen, Stielansätze entfernen und in Achtel schneiden
3–4 EL Öl	in einem breiten Topf erhitzen bei mittlerer Hitze Zwiebeln und Gemüse in der angegebenen Reihenfolge andünsten
1/8 l Wasser oder Weißwein	ablöschen
je 1/2 TL Oregano, Basilikum und Thymian Salz, Pfeffer	würzen

---

ITALIEN: Nudelparty mit verschiedenen Soßen Dreifruchtbowle

Zeit			
5'	Zutaten und Arbeitsgeräte bereitstellen		
10'	Dreifruchtbowle vorbereiten	Erbsen garen Gewürze und Fisch vorbereiten	Zutaten für Soße à la Carbonara vorbereiten
15'	Wasser für Nudeln aufkochen	Tisch decken	
20'			
30'	Garzeit Nudeln	Garzeit Thunfisch-Erbsen-Soße	Garzeit Soße à la Carbonara
15'	Bowle fertigstellen		
35'			
15'	anrichten und essen		
10'	aufräumen		
60'			

Nudelparty mit verschiedenen Soßen

300 g Nudeln (Spaghetti, Bandnudeln, Makkaroni oder Penne – oder auch gemischt)	nach Vorschrift garen (S. 36) die Soßen extra dazu reichen dazu schmecken Blattsalate oder gemischter Salat in Essig-Öl-Marinade (S. 33)

Thunfisch-Erbsen-Soße:

1 P. (300 g) TK-Erbsen	nach Packungsvorschrift garen
1 Bund glatte Petersilie 4 Stengel Basilikum	waschen, trocken schwenken, fein hacken
2 kl. Sardellenfilets	wässern, trocken tupfen, hacken
1 Dose Thunfisch in Öl	abtropfen lassen, zerpflücken
1/8 l Sahne 1/8 l Milch	Gemüse und Fisch in einem Topf aufkochen lassen
	abgetropfte Erbsen dazugeben
Salz, Pfeffer, Zitronenschalenaroma	abschmecken

	die Ratatouille etwa 20 Min. mit geschlossenem Deckel bei geringer Hitze dünsten
1 Knoblauchzehe	schälen und kurz vor Ende der Garzeit ins Gemüse pressen

Reis:

200 g Parboiled-Reis *300 ml Wasser* *1 Brühwürfel*	Reis nach Grundrezept (S. 36) garen

Soße à la Carbonara:

2 Scheiben Kochschinken	würfeln
1 EL Margarine	in einem Topf erhitzen, Kochschinken darin ca. 3 Min. dünsten
1 EL Mehl	überstäuben, gut verrühren
1/8 l Milch *1/8 l Wasser*	nach und nach zugeben, zwischendurch immer wieder aufkochen
Salz, Pfeffer, Paprika edelsüß evtl. 1/2 TL Brühe-Instant	abschmecken
50-75 g Sahne-schmelzkäse	in der Soße schmelzen

Dreifruchtbowle

1/2 l Maracujasaft *1/2 l Orangensaft* *1/2 l Grapefruitsaft*	verrühren
1 Dose Mandarin-Orangen *1 kl. Glas Sauerkirschen*	abtropfen lassen, zugeben
250 g frische oder TK-Himbeeren	zugeben
Mineralwasser (0,7 l)	auffüllen

Variation: Tortellini mit Thunfisch

GRIECHENLAND: Gyros · Pita · Tzatziki

	5'	Zutaten und Arbeitsgeräte bereitstellen		
10'		Schnitzelfleisch vorbereiten	Öl und Gyros-Gewürz mischen	Eissalat vorbereiten
15'			Zwiebel schneiden	Knoblauchzehe vorbereiten
20'			Backofen vorheizen (200°C; ☼ 170°C)	Schlangengurken-scheiben würfeln
				Schnittlauch hacken
30'	10'	Öl erhitzen, Fleisch braten mit Salatstreifen mischen	Pitabrote aufbacken	Tzatziki fertigstellen
			Taschen einschneiden	
35'	5'	Tisch decken	Pitabrote füllen	Tisch decken
	15'	anrichten und essen		
60'	10'	aufräumen		

Gyros

350 g Schnitzelfleisch	waschen, trocken tupfen, in Streifen schneiden
2 EL Öl *1-2 EL Gyros-Gewürz*	verrühren, über das Fleisch geben, ca. 10 Min. ziehen lassen
1 Zwiebel	schälen, in feine Streifen schneiden, zum Fleisch geben
1 EL Öl	in einer großen Pfanne erhitzen, das Fleisch darin ca. 8 Min. braten
3-4 Blatt Eisbergsalat	waschen, trocken schwenken, in Streifen schneiden, schnell mit dem Gyros mischen

Pita

4 kl. Pitabrote oder 1 gr. Fladenbrot	im vorgeheizten Backofen bei 200°C (☼ 170°C) 8-10 Min. aufbacken
	eine tiefe Tasche einschneiden, Gyros-Salat-Mischung und Tzatziki einschichten

GRIECHENLAND: Griechischer Bauernsalat · Knoblauchbrot

	5'	Zutaten und Arbeitsgeräte bereitstellen		
10'		Kopfsalat, Tomaten, Gurke und Zwiebeln vorbereiten	Schafskäse würfeln	Knoblauchbutter herstellen
20'	20'		Marinade herstellen	Brot schneiden
30'	10'	Salat mischen und garnieren	Tisch decken	Fladenbrot toasten und bestreichen
35'				
	15'	anrichten und essen		
60'	10'	aufräumen		

Griechischer Bauernsalat

1 Kopf grüner Salat	putzen, ganze Blätter waschen und abtropfen lassen
1/2 Salatgurke	mit heißem Wasser abschrubben, in ca. 1/2 cm dicke Scheiben schneiden
4 Fleischtomaten	waschen, halbieren, dabei Stielansatz entfernen, in dicke Scheiben schneiden
2 kl. Zwiebeln	schälen, in feine Ringe schneiden
	alle Salatzutaten vorsichtig mischen in tiefen Tellern anrichten
150 g Schafskäse	in ca. 1 cm große Würfel schneiden auf dem Salat verteilen
10 Oliven *4 eingelegte Peperoni (mild)*	auf dem Salat verteilen
Saft einer Zitrone *1/2 TL Salz* *1 Pr. Pfeffer* *1 TL gerebelter Oregano* *4-5 EL Öl*	mit dem Schneebesen in einer kleinen Schüssel verrühren und über den Salat gießen

108

Tzatziki

1 Knoblauchzehe	schälen, durch eine Knoblauchpresse drücken
3 Scheiben Schlangengurke	in sehr feine Würfel schneiden
1 Becher Joghurt (150 g) 1/2 Becher Crème fraîche	glattrühren
2 EL gehackter Schnittlauch	zusammen mit Knoblauch und Gurken unterrühren
Salz und Pfeffer	abschmecken
	wer mag, kann zusätzlich Zwiebelringe einschichten
	Variation: Statt des Eisbergsalats kann man Krautsalat (S. 112) einschichten.

Knoblauchbrot

75 g weiche Butter	in einer flachen Schüssel mit der Gabel auseinanderdrücken
1/2 TL Kräutersalz	darüberstreuen
2 - 4 Knoblauchzehen	schälen, fein hacken oder durchpressen, zur Butter geben
1/4 Bund Dill 1/4 Bund Schnittlauch	waschen, fein hacken und gut mit der Butter und dem Knoblauch vermengen
1/2 Fladenbrot (oder 1/4 Baguette)	aufschneiden, im Backofengrill einige Minuten toasten
	mit der Knoblauchbutter bestreichen, sofort servieren

CHINA: Chinapfanne · Gratinierte Früchte

5′	Zutaten und Arbeitsgeräte bereitstellen		
10′	Lauch, Champignons, Möhren und Sojabohnensprossen vorbereiten	Fleisch vorbereiten	Früchte für Dessert vorbereiten und einfüllen
20′		Schaummasse herstellen	
30′ 5′	Garzeit Fleisch	Tisch decken	Schaummasse auf Früchte verteilen
40′ 10′	Brühe und Gemüse dazugeben, weiterdünsten		Früchte gratinieren
15′	anrichten und essen		
60′ 5′	aufräumen		

Chinapfanne

400 g Schweinelende	in feine Streifen schneiden
1 Stange Lauch	putzen, waschen und in feine Streifen schneiden
250 g frische Champignons	putzen, vierteln
2 mittelgroße Möhren	waschen, schälen und mit dem Juliennereißer in feine Streifen teilen
125 g Sojabohnensprossen	waschen, gut abtropfen lassen
2 EL Sojaöl	in einer Pfanne erhitzen das Fleisch etwa 5 Min. braten
1/8 l Instant-Gemüsebrühe	aufgießen das vorbereitete Gemüse nach und nach in die Pfanne geben noch einmal 5 Min. dünsten mit Sojasoße abschmecken

---

CHINA: Chinasuppe mit Glasnudeln · Rinderfiletstreifen süß-scharf mit Reis · Kiwi-Cocktail

5′	Zutaten und Arbeitsgeräte bereitstellen		
10′	Rinderfilet vorbereiten	Wasser für Reis aufkochen	Gemüse für Suppe putzen
15′	Gemüse für Filet vorbereiten Ananas abtropfen	Garzeit Reis Obst für Dessert zubereiten und kühl stellen	
20′			
30′ 15′	Fleisch braten Gemüse dünsten fertigstellen	Tisch decken Cocktail fertigstellen	Gemüse für Suppe dünsten, kochen Wasser für Glasnudeln aufkochen Nudeln überbrühen
35′			
15′	anrichten und essen		
60′ 10′	aufräumen		

Chinasuppe mit Glasnudeln

1 rote Paprikaschote	heiß abwaschen, putzen, in dünne Streifen schneiden
1 Stange Porree	putzen, in dünne Ringe schneiden, gründlich waschen
250 g frische Sojakeime	gründlich abbrausen
1 EL Öl	Paprika und Porree 5 Min. dünsten, Sojakeime kurz mitdünsten
1 Glas Hühnersuppe mit Fleisch (Fertigprodukt)	mit Wasser auf 1 l auffüllen, zugießen, aufkochen und 5 Min. köcheln lassen
50 g Glasnudeln	in ein Sieb geben, mit kochendem Wasser überbrühen, mit einer Schere etwas kleinschneiden, in die Suppe geben und erhitzen
Pfeffer, Sojasoße und Sambal Oelek	pikant abschmecken

Rinderfiletstreifen süß-scharf mit Reis

400 g Rinderfilet	waschen, trocken tupfen, in Streifen schneiden
250 g Möhren	putzen, waschen, dünn schälen, in Scheiben schneiden
2 kl. Stangen Lauch	putzen, waschen, Ringe schneiden
2 EL Butterschmalz	in einer Pfanne erhitzen Fleisch kräftig anbraten, herausnehmen

Gratinierte Früchte

250 g frische oder TK-Himbeeren	waschen bzw. auftauen und abtropfen lassen
350 g Aprikosen (ersatzweise Dose)	waschen, trocken reiben, halbieren, entsteinen, Fruchtfleisch in Spalten schneiden
	mit den Himbeeren auf vier ofenfeste Portionsförmchen verteilen
1 Eigelb 2 EL Zucker 1/2 TL Zitronenschalenaroma	mit den Quirlen des Handrührgerätes schaumig schlagen
75 g Doppelrahmfrischkäse 5 EL Sahne	verrühren
	mit der Eimasse mischen
Eiklar	steif schlagen unter die Creme heben und auf die Früchte verteilen
	unter dem Grill oder auf höchster Stufe im Backofen goldgelb überbacken
Zimt	darüberstäuben sofort servieren

Salz und Pfeffer	würzen Gemüse in der Pfanne kurz andünsten
1/4 l Wasser 2 TL Klare-Brühe-Instant	zugießen, 5 Min. köcheln lassen
1 Dose (580 ml) Ananasstücke	abtropfen lassen, Saft auffangen Ananasstücke mit Fleisch wieder in die Pfanne geben
2 EL Sojasoße 2 MS Sambal Oelek	zusammen mit Ananassaft abschmecken
1 EL grüner Pfeffer (eingelegt)	unterrühren
	Reis:
200 g Langkornreis oder Basmati-Reis 1 TL Brühe-Instant	nach Vorschrift garen (S. 36)

Kiwi-Cocktail

6 Kiwis, 2 Bananen	schälen und in Stücke schneiden
2-3 TL Zitronensaft 2 EL Honig	mit Obst in einem Mixbecher pürieren, auf 4 Cocktailgläser verteilen
Mineralwasser (Lemon)	auffüllen
1 ungeschälte Kiwi	waschen, trocken tupfen, in 8 Scheiben schneiden, bis zur Mitte einschneiden jedes Glas mit 2 Kiwischeiben garnieren

KROATIEN: Ćevapčići mit Kartoffelbrei · Trauben-Bananen-Spieße

	5′	Zutaten und Arbeitsgeräte bereitstellen		
10′	5′	Kartoffeln vorbereiten		Kuvertüre schmelzen abkühlen lassen
20′		Garzeit Kartoffeln Tisch decken	Paprika, Gemüsezwiebel und Zucchini vorbereiten	
	25′		Hackfleischmasse zubereiten	Weintrauben und Banane vorbereiten auf Spieße stecken Kuvertüre erwärmen darübergießen
30′			Rollen formen	
			Ćevapčići braten	trocknen lassen
40′	10′	Kartoffelbrei zubereiten		
45′				
	10′	anrichten und essen		
60′	5′	aufräumen		

Ćevapčići mit Kartoffelbrei

1000 g Kartoffeln	schälen, als Salzkartoffeln garen (S. 36)
400 g Hackfleisch (halb Rind, halb Schwein)	
1 roter Paprika 1 grüner Paprika	waschen, putzen und in kleine Würfel schneiden
1 Gemüsezwiebel	schälen, in feine Würfel schneiden
1/2 Zucchini	schälen, in feine Würfel schneiden
1 Ei	mit dem Hackfleisch und dem Gemüse vermengen
Salz, Pfeffer Paprika, edelsüß	die Masse abschmecken
	fingergroße Rollen formen
3 EL Sonnenblumenöl	in einer Pfanne erhitzen die Rollen etwa 5 Min. darin braten
1/4 l Milch	erwärmen aus den Salzkartoffeln, etwas Kartoffelwasser und der erwärmten Milch den Kartoffelbrei zubereiten
1 Bund Petersilie	waschen, zerkleinern
2 EL Sonnenblumenkerne	mit der Petersilie unter den fertigen Kartoffelbrei rühren mit dem Ćevapčići servieren

TÜRKEI: Lahmaçun · Krautsalat

	5′	Zutaten und Arbeitsgeräte bereitstellen		
10′	5′	Backofen vorheizen (200°C; ⌚ 170°C)	Zwiebel hacken Paprika würfeln	Kohl schneiden Marinade herstellen
20′	15′	Teig herstellen, ausrollen 2 Backbleche einfetten Fladen auflegen Belag aufstreichen	Belag herstellen, abschmecken	Salat mischen, ziehen lassen Gurke und Tomate schneiden
30′	10′	Lahmaçuns backen		Tisch decken
35′				
	15′	anrichten und essen		
60′	10′	aufräumen		

Lahmaçun

Teig:

100 g Quark 5 EL Milch 5 EL Öl 1/4 TL Salz 200 g Mehl 1/2 P. Backpulver	Quark-Öl-Teig herstellen (S. 30)
	mit bemehlten Händen 8 Kugeln formen, flachdrücken, rund ausrollen
Margarine	2 Backbleche einfetten je 4 Teigfladen auf ein Blech legen

Belag:

1 Zwiebel	schälen, sehr fein würfeln
1/2 grüne Paprikaschote	putzen, sehr fein würfeln
150 g Rinderhack 1 EL Margarine 1 P. Tomatenfruchtfleisch (Kräuter) 1/2 TL Salz, Pfeffer, Paprika 1 TL Oregano	mit Zwiebel und Paprika gut vermischen gleichmäßig auf die Teigfladen verteilen und glattstreichen
	im vorgeheizten Ofen bei 200°C (⌚ 170°C) 8-10 Min. backen
	der Teig darf nicht zu hart werden, sonst läßt er sich nicht aufrollen

Trauben-Bananen-Spieße

100 g dunkle Kuvertüre	
50 g weiße Kuvertüre	einzeln im Wasserbad schmelzen kalt werden lassen, bis sie fast fest ist
200 g blaue Weintrauben 200 g grüne Weintrauben	waschen, trocken reiben
1 Banane	in Scheiben schneiden
8 Holzspieße	auf 4 davon abwechselnd blaue und grüne Weintrauben (der Länge nach) und Bananenscheiben stecken, auf die anderen 4 nur Trauben
	die beiden Kuvertüren noch einmal schmelzen die Bananen-Spieße mit dunkler Kuvertüre bestreichen
25 g gehackte Pistazien	darüberstreuen auf einem Rost trocknen lassen
	die weiße Kuvertüre in einen Gefrierbeutel füllen eine Ecke abschneiden restliche Spieße damit garnieren

Krautsalat

1/4 Kopf Weißkohl	putzen, Strunk entfernen, in feine Streifen schneiden mit dem Fleischklopfer oder den Händen etwas mürbe stampfen
2 EL Wasser, 2 EL Essig, 1/4 TL Salz, 1 MS Pfeffer, 2 Pr. Zucker	miteinander verrühren, abschmecken
1 EL Öl	unterrühren
	Marinade mit dem Kohl mischen, durchziehen lassen jeweils 1-2 EL Krautsalat auf die gebackene Lahmaçun geben, verstreichen und aufrollen zusätzlich können Tomaten- und Gurkenscheiben gereicht werden

ISRAEL: Hackfleischbällchen · Petersilien-Mandel-Kartoffeln · Tomaten-Gurken-Salat

Zeit			
5'	Zutaten und Arbeitsgeräte bereitstellen		
10'	Tisch decken	Kartoffeln waschen, schälen, schneiden	Kartoffeln vorbereiten und in die Mikrowelle stellen
15'			
20'			Hackfleischteig herstellen Bällchen formen
	Gemüse waschen, putzen Salatsoße mischen	Kartoffeln anbraten und dünsten	
30'			
15'			
40'	Gemüse schneiden Salat mischen und abschmecken	Petersilie hacken Petersilien-Mandel-kartoffeln fertigstellen abschmecken	Bällchen in Mehl wenden und ausbacken
20'			
50'			
55'			
20'	anrichten und essen		
90' 15'	aufräumen		

Hackfleischbällchen

2 mittelgroße Kartoffeln	waschen, schälen, in Scheiben schneiden
3-4 EL Wasser	darüber gießen und in der Mikrowelle (600 Watt) 6-8 Min. garen Kartoffelscheiben mit einer Gabel zerdrücken
150 g gemischtes Hackfleisch 1 Ei Salz, Pfeffer 2 EL Sonnenblumenkerne	Kartoffeln damit mischen Masse zu kleinen Bällchen formen
1 TL Mehl	Bällchen leicht darin wenden
Öl	Hackfleischbällchen knusprig ausbacken oder fritieren

AMERIKA: Cucumber Soup · Sandwich Reuben · Fruit Temptation

Zeit			
5'	Zutaten und Arbeitsgeräte bereitstellen		
10'	Brote bestreichen	Gurke und Zwiebel vorbereiten	Äpfel vorbereiten, mixen
15'			
20'			
	Sandwich belegen	Suppe vorbereiten Garzeit Suppe	Orangen und Kiwis schneiden
30'			
15'	Backofen vorheizen (200°C; 170°C)		
40'	Garzeit Sandwich Tisch decken	Dill hacken Suppe fertigstellen, anrichten	Nachtisch fertigstellen
20'			
50'			
55'			
20'	anrichten und essen		
90' 15'	aufräumen		

Cucumber Soup

1/2 Salatgurke	waschen, schälen
1 Zwiebel	schälen
1 EL Öl 1/4 l Wasser 50 g Geflügelwurst 2 EL Zitronensaft Salz Pfeffer	Gurke und Zwiebel damit mixen
	in einem Topf kurz erhitzen 3 Min. kochen lassen abschmecken
1 Becher Joghurt natur 2 Stengel Dill	kurz vor dem Essen (Suppe darf nicht mehr kochen) mit dem Schneebesen unter die Suppe ziehen
	mit Dill und einer rohen Gurkenscheibe garnieren

Sandwich Reuben

6-8 Scheiben Brot Butter	Scheiben beidseitig mit Butter bestreichen
	die Hälfte der Brote auf ein Backblech legen
1/4 Dose Sauerkraut (ca. 150 g)	darauf verteilen

Petersilien-Mandel-Kartoffeln

3 - 4 große Kartoffeln	waschen, schälen und in 2 cm große Würfel schneiden
3 EL Öl	erhitzen
2 EL Mandelblättchen	mit den Kartoffeln im Öl anbraten
1/8 l Brühe 1/2 TL Salz	aufgießen, salzen 15 Min. bei geschlossenem Deckel garen
1/2 Bund Petersilie	waschen, fein hacken noch 2 Min. im Topf mitdünsten

Tomaten-Gurken-Salat

1/2 Salatgurke 2 große Fleischtomaten	waschen, nach Bedarf schälen und in Würfel schneiden
1 kl. Zwiebel	schälen und in Ringe schneiden
3 EL Öl 3 EL Essig 3 MS frischgemahlener Pfeffer 1/2 TL Salz	alle Gemüse damit mischen 5 Min. durchziehen lassen abschmecken

3 - 4 Scheiben gekochter Schinken 3 - 4 Scheiben Käse (Gouda, Emmentaler oder Butterkäse)	damit belegen
	obenauf jeweils das zweite gebutterte Brot setzen
	im Backofen bei 200°C (🔥 170°C) ca. 8 Min. backen (Unterseite soll leicht braun sein) danach das Brot wenden und weitere 5 Min. backen noch heiß servieren

Fruit Temptation

2 Äpfel Granny Smith	waschen, schälen, Kernhaus entfernen
Saft einer Zitrone 1 EL Zucker oder Sirup	Äpfel damit mixen
2 Orangen	schälen und in Würfel schneiden
2 Kiwis	schälen und in 1/2 Scheiben teilen
	Apfelmix auf Kuchenteller verteilen, Orangen und Kiwis darauf anrichten
1 EL Mandelblättchen	Dessert damit garnieren

ITALIEN: Pizza Prosciutto e funghi · Insalata verde · Spaghettieis

	5′	Zutaten und Arbeitsgeräte bereitstellen		
10′	15′	Mürbeteig herstellen, auf das Backblech wellen	Backofen vorheizen (250°C; ⊛220°C) Backblech fetten Salatsoße vorbereiten	Zwiebeln und Knoblauch vorbereiten
20′	5′	Mürbeteigboden vorbacken	Tomatensoße zubereiten	Belagzutaten vorbereiten
30′	15′	Mürbeteigboden belegen	Salat waschen, fertigstellen	Soße fürs Dessert herstellen
40′	10′	Garzeit Pizza	Tisch decken	Spaghettieis fertigstellen
50′	20′	anrichten und essen		
90′	20′	aufräumen		

Pizza Prosciutto e funghi

200 g Mehl 1 Ei 2 EL Wasser 1/2 TL Salz 1 TL Paprikapulver 100 g weiche Butter	rasch zu einem Mürbeteig verkneten auf ein gefettetes Backblech drücken, mit einer Teigrolle glattrollen
	im vorgeheizten Backofen bei 250°C (⊛220°C) 5 Min. auf der untersten Einschubleiste vorbacken
2 Zwiebeln 2 Knoblauchzehen	schälen und würfeln
2 EL Öl	in einer Pfanne erhitzen Zwiebeln und Knoblauch darin glasig dünsten
250 g Tomatenpüree	zugeben und 5 Min. einkochen lassen
Salz, Pfeffer 2 TL Oregano	Soße würzen, abschmecken
	die Soße gleichmäßig auf dem Teig verteilen
200 g gekochter Schinken	in Streifen schneiden
150 g Champignons	putzen, kurz abbrausen, blättrig schneiden
5 Tomaten	waschen, Stielansätze entfernen und in Scheiben schneiden

ITALIEN: Spaghetti Bolognese · Insalata mista · Apfelsahne

	5′	Zutaten und Arbeitsgeräte bereitstellen		
10′	10′	Zwiebel schneiden	Apfel vorbereiten	Salatsoße herstellen
20′	10′	Hackfleisch und Zwiebeln anbraten	Sahne schlagen Salzwasser zum Kochen aufsetzen	Salat, Tomaten und Gurke waschen und schneiden
30′	10′	restliche Zutaten zugeben	Zitrone auspressen	Tisch decken
40′	15′	Soße köcheln	Garzeit Spaghetti	Dessert fertigstellen
50′	20′	anrichten und essen		
90′	20′	aufräumen		

Spaghetti Bolognese

Hackfleischsoße:

1 Zwiebel	schälen und würfeln
2 EL Öl	in einer tiefen Pfanne oder einem breiten Topf erhitzen
250 g Rinderhack	mit den Zwiebeln darin anbraten, dabei mit dem Kochlöffel das Hackfleisch zerteilen und immer wieder wenden
1 EL Mehl	darüberstäuben, unterrühren
1/8 l heiße Fleischbrühe	unter Rühren dazugeben, aufkochen lassen, dann auf mittlere Hitze herunterschalten
4 EL Tomatenmark 1 kl. Dose Tomaten	unterrühren
1 Pr. Zucker, Salz, Pfeffer je 1 TL Oregano, Thymian	würzen, abschmecken und ohne Deckel ca. 15 Min. einkochen lassen

Spaghetti:

2 l Wasser 1 TL Salz 250 g Spaghetti 1 EL Öl	Spaghetti nach Grundrezept garen (S. 36)

150 g Mozzarella	würfeln
	Schinkenstreifen, Champignons, Tomatenscheiben und zuletzt Mozzarellawürfel auf dem Teigboden verteilen auf der obersten Einschubleiste bei 250°C (🔥 220°C) 10 Min. backen.

Insalata verde

1/2 Kopf Eisbergsalat	zerpflücken, ganze Blätter waschen, abtropfen lassen, dann in mundgerechte Stücke zerteilen
Vinaigrette	nach Grundrezept (S. 33) zubereiten über den Salat gießen

Spaghettieis

1 P. Vanilleeis (400 g)	durch die Kartoffelpresse in vorbereitete Glasschälchen drücken
2 Kiwis	schälen
250 g Erdbeeren	kurz abbrausen, Stielansätze entfernen
	Kiwi und Erdbeeren im Mixer pürieren, über das Spaghettieis gießen
4 TL Kokosraspeln	über die Soße streuen

Insalata mista

1/2 Kopf Eisbergsalat	ganze Blätter waschen, abtropfen lassen, in mundgerechte Stücke teilen
2 Tomaten	waschen, achteln, dabei Stielansätze entfernen
1/4 Salatgurke	schälen und in Scheiben schneiden
2 EL Essig 1/2 TL Salz 1 Pr. Pfeffer 3 EL (Oliven-)Öl	mit dem Schneebesen in einer kleinen Schüssel verrühren und über den gemischten Salat geben

Apfelsahne

1/2 Zitrone	auspressen
1 Becher Sahne	steif schlagen
1 Apfel	waschen, vierteln, Kerngehäuse entfernen, in eine mittelgroße Schüssel hinein raspeln
	Zitronensaft über den geraspelten Apfel geben
1 TL Honig oder Ahornsirup	Apfelraspel damit süßen, dann alles unter die Sahne heben, auf Glasschälchen portionieren und kühl stellen

ITALIEN: Risotto di estate · Sommerliches Mixgetränk

	5'	Zutaten und Arbeitsgeräte bereitstellen		
10'	10'	Zwiebeln, Knoblauch, Pilze und Tomaten schneiden	Schinken würfeln Petersilie hacken	
20'	10'	Öl erhitzen, Zutaten andünsten, ablöschen		Ränder der Trinkgläser vorbereiten
30'		Garzeit Risotto	Tisch decken	Mixgetränk herstellen, kühlen
40'	15'			
50'	5'	Erbsen zugeben		
	5'	mit Petersilie und Käse bestreuen		
	20'	anrichten und essen		
90'	20'	aufräumen		

Risotto di estate

1/2 Zwiebel, 1 Knoblauchzehe	schälen und fein würfeln
3 Tomaten	waschen und in Würfel schneiden
150 g Champignons	putzen, waschen, vierteln
75 g Schinken	würfeln
2 EL Olivenöl	in einer großen Pfanne oder einem breiten Topf erhitzen
200 g Parboiled-Reis	zusammen mit Zwiebeln und Knoblauch glasig dünsten
	Schinkenwürfel, Champignons und Tomaten unterrühren
1/2 l Fleischbrühe	aufgießen und zugedeckt bei kleinster Hitze 15-20 Min. ausquellen lassen
1 Tasse TK-Erbsen	unter den Risotto rühren, noch 5 Min. weitergaren
	den Risotto in eine Schüssel geben
2 EL geriebener Parmesan, 1 EL gehackte Petersilie	vor dem Servieren über den Risotto streuen

ITALIEN: Pasta tripolo · Insalata di peperoni

	5'	Zutaten und Arbeitsgeräte bereitstellen		
10'	5'	Wasser aufkochen Käse reiben	Zwiebel für Füllung schneiden	Backofen vorheizen (200°C; 170°C)
20'	10'	Nudeln kochen, abschrecken, abtropfen	Füllung zubereiten und in Spritzbeutel füllen in Cannellonis spritzen, in die Form legen	Paprikaschoten waschen grüne und gelbe Paprikaschoten enthäuten, in Streifen schneiden Backofentemperatur erhöhen (220°C; 190°C)
30'	15'	Auflaufform einfetten Spaghetti und Tortellini einfüllen, mit Sahne begießen	Tomatensoße herstellen über Pasta gießen, mit Käse bestreuen	Marinade rühren Salat mischen
40'		Garzeit Pasta	Tisch decken	kühl stellen
50'	20'			
55'				Salat in Paprikahälften füllen
	20'	anrichten und essen		
90'	15'	aufräumen		

Pasta tripolo

Füllung:

1 kl. Zwiebel	schälen, fein würfeln
1 EL Öl	in einer Pfanne erhitzen, Zwiebel darin glasig dünsten
75 g TK-Spinat	dazugeben, bei schwacher Hitze auftauen lassen
25 g Parmesan, 100 g Rinderhack	untermischen
Salz, Pfeffer, wenig Muskat	abschmecken
	in einen Spritzbeutel ohne Tülle füllen

Pasta:

2-3 l Wasser, 1 TL Salz, 1 TL Öl	in einem großen Topf aufkochen
6 Cannelloni	5 Min. garen mit einer Schaumkelle herausnehmen, abschrecken, nebeneinanderliegend abtropfen lassen die Füllung einspritzen
100 g Tortellini, 100 g Spaghetti	jeweils 10 Min. garen
1 P. Tomatenfruchtfleisch	erwärmen
Salz, Pfeffer, Oregano	kräftig abschmecken
Margarine	eine Auflaufform einfetten die Nudeln nebeneinander einfüllen

Sommerliches Mixgetränk

2 EL Zitronensaft 1 EL Kokosraspel	jeweils in eine flache Schale geben
	den oberen Rand der Trinkgläser zunächst in den Zitronensaft tauchen, dann in die Kokosraspelschale, so daß eine Randverzierung entsteht
1/2 l Orangensaft 1/4 l Ananassaft 5 EL Zitronensaft 1-2 EL Himbeersirup 5 EL Vanille- oder Zitroneneis	in den Mixer geben und gut durchmixen, dann in die vorbereiteten Gläser füllen und kühlen

1 Becher Sahne	die Nudeln begießen die Tomatensoße darüber gießen
100 g Käse	grob reiben und darüber streuen
	im vorgeheizten Ofen bei 220°C (☻ 190°C) so lange backen, bis der Käse leicht gebräunt ist

Insalata di peperoni

	Backofen auf 200°C (☻ 170°C) vorheizen
2 rote Paprikaschoten	waschen, trocken tupfen, mit Stiel längs halbieren, Kerngehäuse und Trennwände entfernen
2 grüne und 2 gelbe Paprikaschoten	waschen, trocken tupfen, im Backofen so lange erhitzen, bis die Schale braun wird und reißt
kaltes Wasser	heiße Schoten kurz einlegen die Schote halbieren, putzen und in Streifen schneiden
2 Knoblauchzehen oder 1/2 kl. Zwiebel	schälen, sehr fein hacken, mit Paprikastreifen mischen
3 EL Olivenöl Salz, Pfeffer	vermischen, über die Paprikastreifen gießen
	im Kühlschrank ziehen lassen
	kurz vor dem Servieren in die vorbereiteten roten Paprikahälften füllen

UNGARN: Gebackene Auberginen · Szegediner Gulasch · Quarkschnitten Rákóczi

	5'	Zutaten und Arbeitsgeräte bereitstellen		
10'	5'	Zwiebeln, Fleisch, Speck vorbereiten	Fleisch grob würfeln	Ofen vorheizen (180°C; ⊛ 150°C)
		1. Garzeit Gulasch	Dressing für Auberginen mischen	Springform fetten Knetteig zubereiten, vorbacken
20'			Auberginen vorbereiten	Quarkfülle zubereiten, aufstreichen
30'		Gulasch mehrmals umrühren		Backzeit der Quarkschnitten
30'			Pellkartoffeln zusetzen	
40'		Tisch decken	Auberginen ausbacken	
50'	15'	Sauerkraut zufügen 2. Garzeit Gulasch		
55'		Gulasch abschmecken	Auberginen auf vorgewärmten Tellern anrichten Dressing zufügen	Schnitten mit Vanillinzucker bestreuen
	20'	anrichten und essen		
90'	15'	aufräumen		

Gebackene Auberginen

600 g Auberginen	waschen, Stiel entfernen, abtrocknen, in dünne Scheiben schneiden
1 Pr. Kräutersalz 1 Pr. Pfeffer Zitronensaft	würzen
2 EL Mehl	Auberginen darin wenden
4 EL Öl	erhitzen, Auberginen ausbacken

Dressing:

4 EL saure Sahne oder Joghurt 1 TL Kräuter Zitronensaft 1 Pr. Knoblauchsalz	mischen, zu den Auberginen reichen

Szegediner Gulasch

200 g Zwiebeln	fein schneiden
50 g Räucherspeck	würfeln, anbraten, Zwiebeln goldgelb rösten
500 g Schweinefleisch	grob würfeln, anbraten
1 EL Paprika 1 Pr. Pfeffer 1 MS Kümmel 1 Knoblauchzehe 2 EL Tomatenmark	würzen Fleisch 30 Min. garen

---

BULGARIEN: Bulgarische Moussaka · Paprikasalat

	5'	Zutaten und Arbeitsgeräte bereitstellen		
10'	10'	Bohnen waschen, putzen, schneiden	Zwiebel würfeln Öl erhitzen	Salatsoße herstellen Schafskäse würfeln
20'		Garzeit Bohnen Backofen vorheizen (200°C; ⊛ 170°C)	Zwiebel und Hackfleisch anbraten Tomaten achteln	Staudensellerie und Paprikaschoten waschen, schneiden Petersilie waschen und hacken
30'	20'	Auflaufzutaten mischen mit Käse bestreuen		
40'	5'	in eine Auflaufform füllen	Käse reiben	Salat anrichten, durchziehen lassen
50'	10'	Garzeit Auflauf	Tisch decken	Käsewürfel über den Salat streuen
	20'	anrichten und essen		
90'	20'	aufräumen		

Bulgarische Moussaka

750 g grüne Bohnen	waschen, putzen in etwa 4 cm lange Stücke schneiden
2 EL Öl	in einem breiten Topf erhitzen Bohnen tropfnaß dazugeben, auf kleiner Flamme mit geschlossenem Deckel 15–20 Min. dünsten
1 Zwiebel	schälen, würfeln
2 EL Öl	in einer Pfanne erhitzen
500 g Hackfleisch	mit den Zwiebelwürfeln anbraten, bis das Hackfleisch gebräunt ist
Salz, Pfeffer	Hackfleisch würzen
3 Tomaten	waschen, Stielansätze entfernen und in Achtel schneiden
2 Becher Joghurt	mit dem Hackfleisch und den Tomaten unter die fertig gedünsteten Bohnen mischen abschmecken und in eine gefettete Auflaufform füllen
150 g geriebener Käse	Auflauf mit dem Käse bestreuen im vorgeheizten Backofen 10 Min. überbacken 200°C (⊛ 170°C)

120

500 g Sauerkraut	untermischen
1/8 l Wasser	aufgießen
1/8 l Sauerrahm	zugeben
	weitere 15 Min. garen
	mit Pellkartoffeln (S. 36) servieren

Quarkschnitten Rákóczi

100 g Mehl	sieben
80 g Butter 50 g Puderzucker 1 Ei 1 EL Sauerrahm 1 MS Backpulver	Knetteig zubereiten, ausrollen, in gefettete Springform geben, 10 Min. bei 180°C (150°C) vorbacken
500 g Quark 150 g Zucker 25 g Grieß 2 Eigelb 2 Eiklar	cremig rühren Eischnee schlagen, unterheben auf vorgebackenen Boden streichen ca. 35 Min. bei 180°C (150°C) backen
Vanillinzucker	darüber streuen

Paprikasalat

250 g Staudensellerie	waschen und putzen, dabei das Grün zur Seite legen Staudensellerie in feine Scheiben schneiden
je 1 grüne, rote und gelbe Paprikaschote	waschen, putzen und vierteln, dabei das Kernhaus entfernen dann quer in schmale Streifen schneiden
3 EL Essig 1/2 TL Salz 1 Pr. Pfeffer 1/2 TL Zucker 7 EL Öl	in einer mittelgroßen Schüssel zu einer geschmeidigen Soße verrühren
1/2 Bund glatte Petersilie	waschen, Blättchen abzupfen gemeinsam mit dem Selleriegrün fein hacken unter die Soße heben Salat anrichten und mit der Soße begießen durchziehen lassen
150 g Schafskäse	in Würfel schneiden vor dem Servieren über den Salat streuen

INDIEN: Geflügelcurry mit Bananen · Kokosreis · Orangencreme

	5′	Zutaten und Arbeitsgeräte bereitstellen		
10′		Fleisch und Zwiebeln vorbereiten	Vanillepudding kochen, kühl stellen	Orangenpudding kochen, kühl stellen
20′	20′		Ananas vorbereiten	Sahne schlagen, kühl stellen	Orangen für Dessert vorbereiten
			Wasser für Reis aufsetzen	
30′		Fleisch und Zwiebeln braten Curry fertigstellen	Garzeit Reis	Tisch decken
40′	30′		Bananen für Curry vorbereiten	Orangencreme fertigstellen
50′			Kokos bräunen	
55′				
	20′	anrichten und essen		
90′	15′	aufräumen		

Geflügelcurry mit Bananen

2 Zwiebeln	schälen, fein würfeln
400 g Putenbrust oder Hähnchenschnitzel	waschen, trocken tupfen, in größere Streifen schneiden
1 Dose Ananasscheiben	abtropfen lassen, Saft auffangen
3 EL Öl	in einer Pfanne erhitzen das Fleisch portionsweise anbraten, herausnehmen Zwiebelwürfel glasig dünsten
1-2 EL Curry	einstreuen und gut verrühren
1/8 l Ananassaft 1/8 l Wasser 1 TL Hühnerbrühe-Instant	mit dem Fleisch dazugeben und 5 Min. bei schwacher Hitze garen
1 Becher Crème fraîche	zusammen mit Ananasstücken zugeben und heiß werden lassen
Salz, Pfeffer, 1 Pr. Zucker	abschmecken
2 EL Soßenbinder hell	einstreuen, umrühren, 1 Min. kochen
2 Bananen	schälen, schräg in Scheiben schneiden, zum Curry geben

INDIEN: Bananencanapés · Indisches Reiscurry mit Aprikosen · Nuß-Joghurt-Soße

	5′	Zutaten und Arbeitsgeräte bereitstellen		
10′		Garzeit Reis Gemüse vorbereiten	Aprikosen schneiden Fleisch schneiden	Sonnenblumenkerne und Sesam rösten
	15′			Nuß-Joghurt-Soße herstellen
20′				
30′	20′		Fleisch und Gemüse anbraten und dünsten	Bananencanapés herstellen Backofen vorheizen (200°C; ⊛ 170°C)
40′				
	5′	Reiscurry fertigstellen	Aprikosen zugeben fertiggaren	Garzeit Bananencanapés
50′	5′	Tisch decken		
	20′	anrichten und essen		
90′	20′	aufräumen		

Bananencanapés

1 reife Banane 1 EL Zitronensaft 1 EL Rum	mit einer Gabel oder dem Pürierstab pürieren
1/2 TL Salz etwas Cayennepfeffer	würzen und abschmecken
4 Scheiben Toastbrot Butter	buttern und dick mit dem Bananenmus bestreichen
4 Scheiben Käse	Toastbrot damit bedecken
Paprikapulver	auf den Käse stäuben
	Bananencanapés auf ein mit Backpapier belegtes Blech setzen
	im Backofen grillen oder bei 200°C (⊛ 170°C) backen, bis der Käse zerläuft

Indisches Reiscurry mit Aprikosen

250 g Langkorn-Vollreis 1/2 l Salzwasser	nach Grundrezept (S. 36) 30 Min. ausquellen lassen
3 Lauchzwiebeln	putzen, waschen schräg in 2 cm lange Stücke schneiden
1 Staudensellerie	putzen, waschen Stiele in schmale Scheiben schneiden
1/4 Chinakohl	äußere Blätter entfernen, Chinakohl zum Reinigen in Wasser tauchen Strunk entfernen, Blätter quer in schmale Streifen schneiden

Kokosreis

150 g Basmati-Reis	nach Vorschrift garen (S. 36)
1 EL Fett	in einer Pfanne erhitzen
40 g Kokosraspel	goldbraun rösten
	den Reis in 4 Förmchen füllen, auf vorgewärmte Teller stürzen, mit Kokos bestreuen

Orangencreme

1/4 l Milch 1/2 P. Puddingpulver Vanillegeschmack	nach Packungsanweisung kochen, abkühlen lassen
1/4 l Orangensaft 1/2 P. Puddingpulver Vanillegeschmack	auf die gleiche Weise kochen, abkühlen lassen
1/4 l Sahne	steif schlagen, kühl stellen
2 Orangen	heiß abwaschen, trocken tupfen eine halbe Orange in 4 Scheiben schneiden, bis zur Mitte einschneiden die restlichen Orangen filetieren, 8 Filets zur Garnierung beiseite legen die erkalteten Puddings verrühren die Hälfte der Sahne unterheben, die Orangenfilets ebenfalls in Gläser füllen, mit Sahne und Orangenfilets garnieren die Orangenscheiben als Reiter an den Gläsern befestigen

50 g Butterschmalz	in einer großen Pfanne erhitzen
400 g Hühnerbrustfilets oder Putenschnitzel	in feine Streifen schneiden und portionsweise darin anbraten
	herausnehmen und warm stellen, dann im verbliebenen Bratfett das Gemüse ebenfalls portionsweise anbraten Fleisch zugeben und 10 Min. dünsten
1 kl. Dose Aprikosen	abtropfen lassen, Saft auffangen Aprikosen in Spalten schneiden, zum Gemüse geben, 5 Min. mitdünsten
1-2 EL Curry (mild) 3 EL Aprikosensaft	unter das Gemüse mischen, den gegarten Reis unterheben, abschmecken
40 g Sonnenblumenkerne 20 g geschälte Sesamsaat	ohne Fett hellbraun rösten und über das Reiscurry streuen

Nuß-Joghurt-Soße

1 Becher Sauerrahm 1 Becher Joghurt 1-2 TL Zitronensaft 1/4 TL Kräutersalz	mit dem Schneebesen glattrühren
1/2 TL Gomasio 1 Pr. Pfeffer 1 Pr. Koriander	würzen und abschmecken
4 EL gehobelte Haselnüsse	einen Teil unterheben den Rest zum Garnieren verwenden

SPANIEN: Empanadas

	5′	Zutaten und Arbeitsgeräte bereitstellen		
10′	5′	Backofen vorheizen (225°C; 200°C)	Backblech mit Backpapier belegen	Blätterteigscheiben antauen lassen
20′	10′	Zucchini und Tomaten schneiden Zucchini anbraten	Dill hacken Käse zerbröckeln Pinienkerne rösten	Zwiebel und Pilze schneiden mit Hackfleisch anbraten Spinat mitdünsten
30′	5′	Füllungen fertigstellen, abschmecken und würzen		
	10′	Füllungen auf Blätterteigscheiben verteilen, schließen		
40′	15′	Garzeit Empanadas	Tisch decken	Tisch decken
50′				
	20′	anrichten und essen		
90′	20′	aufräumen		

Empanadas

Füllung 1:

3 Tomaten	waschen, in Stückchen schneiden, dabei Stielansätze entfernen
100 g Schafskäse	grob zerbröckeln
1/4 Bund Dill	waschen, verlesen, fein hacken in einer Pfanne erhitzen
1 kl. Zucchini	waschen, Stielansätze abschneiden in kleine Würfel schneiden, im heißen Öl kurz anbraten
	dann alle vorbereiteten Zutaten dazugeben und kurz mit anbraten
etwas Salz, Pfeffer	würzen und abschmecken

Füllung 2:

1–2 EL Butterschmalz	in einem breiten Topf erhitzen
150 g Hackfleisch	darin anbraten, bis es gleichmäßig braun ist
1 Zwiebel	schälen, fein würfeln mit anbraten
150 g Champignons	putzen, kurz abbrausen in kleine Würfel schneiden, mit anbraten
150 g TK-Blattspinat	auftauen, dazugeben so lange köcheln lassen, bis die Flüssigkeit weitgehend verdunstet ist

CHINA: Eierblumensuppe · Süß-saures Schweinefleisch

	5′	Zutaten und Arbeitsgeräte bereitstellen		
10′	15′	Tomaten häuten Zwiebeln schneiden Gemüse andünsten und aufgießen	Schweinefleisch vorbereiten und einlegen zugedeckt ziehen lassen	Gemüsearten für das Schweinefleischgericht vorbereiten
20′	10′	Rinderfilet vorbereiten und zufügen	Pilze einweichen	Tisch decken
30′	10′	Kräuter vorbereiten Eier verquirlen	Brühe mischen Fleisch anbraten Gemüse zufügen	
40′	10′	»Eierblumen« einlaufen lassen Suppe würzen	Brühe zugießen	Wasser für Glasnudeln kochen
50′	5′	mit Kräutern garnieren	Pilze zufügen	Glasnudeln garen, absieben, würzen
55′	20′	anrichten und essen		
90′	15′	aufräumen		

Eierblumensuppe

4 Tomaten	überbrühen und häuten in Würfel schneiden
3 Zwiebeln	fein würfeln
1 EL Erdnuß- oder Maisöl	erhitzen Gemüse andünsten
1 l Instant-Hühnerbrühe	zugießen, aufkochen
100 g Rinderfilet	häuten, in sehr feine Scheiben schneiden, zugeben und ca. 5 Min. köcheln lassen
2 Eier	verquirlen, in die kochende Brühe laufen lassen, dabei mit einer Gabel kräftig rühren
2 EL Sojasoße 1 MS Salz 1 Pr. Pfeffer	würzen
Korianderblätter oder Schnittlauch	fein schneiden vor dem Servieren aufstreuen

Süß-saures Schweinefleisch

500 g mageres Schweinefleisch (aus der Oberschale)	in sehr dünne Scheiben schneiden

3 EL Pinienkerne	in einer Pfanne ohne Fett rösten dann zum Gemüse geben
2 EL Crème fraîche	unter die Pilz-Spinat-Masse rühren
Salz, Pfeffer, Muskat	würzen und abschmecken

Fertigstellung:

1 P. TK-Blätterteig (500 g/6 Scheiben)	auf einem Küchentuch auseinanderlegen und antauen lassen quer halbieren
	auf einer bemehlten Arbeitsfläche nur leicht auswellen, so daß Rechtecke von etwa 10 x 15 cm entstehen
	nicht zu viel Füllung darauf geben, Ränder mit etwas Wasser bestreichen und Teigrechtecke zusammenklappen, Ränder fest andrücken
	auf ein mit Backpapier belegtes Backblech legen
1 Eigelb 1 EL Milch	verquirlen und Empanadas damit bestreichen dabei die Ränder aussparen, damit das Gepäck aufgehen kann

Backzeit: 15 Min. bei 225°C (🌀 200°C)

3 EL Sojasoße 2 EL Essig 1 TL Zucker 1/2 TL Salz	mischen, Fleisch damit übergießen, zugedeckt ca. 30 Min. ziehen lassen, ab und zu umrühren
50 g Mu-Err (chinesische Pilze) 1/8 l kaltes Wasser	einweichen
2 Paprikaschoten 1 Stange Lauch	in Streifen schneiden
2 Möhren	in Scheiben schneiden
1/2 Salatgurke	fein hobeln
2 EL Öl	erhitzen Fleisch 2-3 Min. unter ständigem Rühren anbraten Gemüse zufügen und ca. 5 Min. köcheln lassen
1/4 l Instant-Fleischbrühe	zugießen 20 Min. garen
	5 Min. vor Ende der Garzeit Pilze zufügen

Chinesische Glasnudeln:

2 l Wasser 1 TL Salz	aufkochen
200 g Glasnudeln	zufügen, 5 Min. weich kochen absieben
Sojasoße	nach Belieben würzen

FRANKREICH: Coq au vin · Feldsalat mit Champignons

	5′	Zutaten und Arbeitsgeräte bereitstellen		
10′	5′	Hähnchenkeulen vorbereiten		
20′		Garzeit Hähnchenkeulen	Crème-fraîche-Gemisch zum Binden herstellen	Salatsoße herstellen Feldsalat und Champignons vorbereiten
30′	35′		Garzeit Reis	
40′				
50′	5′	Coq au vin binden	Tisch decken	Salat fertigstellen
	20′	anrichten und essen		
90′	20′	aufräumen		

Coq au vin

4 Hähnchenkeulen	abwaschen und mit Küchenkrepp trocken tupfen
1–2 EL Öl	in einem breiten Topf erhitzen, Hähnchenkeulen darin auf beiden Seiten anbraten, herausnehmen
50 g Speck	würfeln
100 g Champignons	waschen, putzen, mit dem Speck im verbliebenen Bratenfett anbraten
1/2 l Brühe 1/4 l Weißwein	ablöschen
1/2 TL Thymian 1 Pr. Pfeffer 1 Lorbeerblatt	zugeben
	zugedeckt ca. 35 Min. bei geringer Hitze schmoren lassen
1 1/2 EL Mehl 50 ml kaltes Wasser	im Schüttelbecher kräftig schütteln, bis keine Klümpchen mehr vorhanden sind
150 ml Crème fraîche 2 EL Tomatenmark	die restlichen Zutaten dazurühren
	in die Soße einrühren und noch 5 Min. weiterschmoren lassen
	vor dem Servieren Lorbeerblatt entfernen
1/2 Bund Petersilie	waschen, fein hacken, darüberstreuen

Reis:

200 g Parboiled-Reis	nach Grundrezept (S. 36) garen

FRANKREICH: Cordon bleu · Erbsen und Spargel mit Soße à la Hollandaise · Kiwi-Orangen-Grütze

	5′	Zutaten und Arbeitsgeräte bereitstellen		
10′		Fleisch vorbereiten Cordon bleus füllen und panieren	Tisch decken	Kiwi-Orangen-Grütze zubereiten
20′	35′		Backofen vorheizen (250°C; ⊛ 220°C)	kühl stellen
30′			Herzoginkartoffeln herstellen	Garzeit Erbsen und Spargel
40′				
50′	15′	Cordon bleus braten Champignon-Rahm-Soße zubereiten	Garzeit Herzoginkartoffeln	Dessert garnieren
55′				Soße zubereiten
	20′	anrichten und essen		
90′	15′	aufräumen		

Cordon bleu

4 Schnitzel vom Schwein oder Hähnchen (jedes ca. 120 g)	waschen, trocken tupfen, flach klopfen
Salz, Pfeffer	Schnitzel von beiden Seiten bestreuen, leicht verreiben
2 Scheiben Kochschinken	halbieren, auf je 1 Schnitzelhälfte legen
4 kl. Scheiben Käse	darauflegen Schnitzel zuklappen, mit Holzspießchen verschließen
1 Ei 3 EL Wasser	auf einem Teller verquirlen
ca. 10 EL Paniermehl	auf einen flachen Teller geben Cordon bleus zuerst in Ei, dann in Paniermehl wenden, gut andrücken
3 EL Butterschmalz	in einer großen Pfanne erhitzen Cordon bleus darin ca. 5 Min. von jeder Seite braten, warm stellen
1 Beutel Champignon-rahmsoße	zusammen mit Bratenfond eine Soße kochen
1 Orange	waschen, trocken reiben, halbieren von jeder Hälfte 2 Scheiben abschneiden, entgegengesetzt drehen, auf das Fleisch setzen
	dazu gibt es Herzoginkartoffeln (siehe S. 68)

Feldsalat mit Champignons

300 g Feldsalat	putzen und gut waschen
100 g Champignons	unter fließendem Wasser kurz abbrausen, putzen und in feine Scheiben schneiden
1 1/2 EL Essig je 1 Pr. Salz, Pfeffer und Zucker 3 EL Öl	Salatsoße herstellen und mit Feldsalat und Champignons vermengen

Erbsen und Spargel mit Soße à la Hollandaise

1 P. TK-Erbsen (300 g)	nach Packungsanweisung garen
3-4 Stangen Spargel	in 3-4 cm lange Stücke schneiden kurz vor Ende der Garzeit zu den Erbsen geben, mit erhitzen
Salz, Pfeffer, 1 Pr. Zucker	abschmecken
1/2 Beutel Buttersoße Hollandaise	nach Packungsanweisung zubereiten über das Gemüse geben
gehackte Petersilie	bestreuen

Kiwi-Orangen-Grütze

3 Kiwis	schälen, in Scheiben schneiden
1 Orange 1/2 Zitrone	auspressen
4 Orangen	filetieren, abtropfen, Saft auffangen
1/2 TL Ingwerpulver 50 g Zucker	zusammen mit der Hälfte der Orangen und dem Saft sowie Zitronensaft vorsichtig erhitzen, aufkochen
15 g Speisestärke 100 ml Wasser	verrühren, mit einem Kochlöffel in die Grütze rühren, aufkochen lassen
	restliche Orangen und Kiwischeiben unterheben, kühl stellen
Zitronenmelisse	garnieren

SCHWEIZ: Käsewähe · Erdbeerjoghurt

	5'	Zutaten und Arbeitsgeräte bereitstellen		
10'	20'	Teig für Käsewähe zubereiten / Form ausfetten / Teig hineingeben / Backofen vorheizen (200°C; ⊛ 170°C)	Belag für die Käsewähe herstellen, einfüllen	Erdbeeren waschen, pürieren / Joghurt zubereiten garnieren
20'				
30'	30'	Garzeit Käsewähe	Tisch decken	kühl stellen
40'				
50'				
55'				
	20'	anrichten und essen		
90'	15'	aufräumen		

Käsewähe

Teig:

200 g Mehl
90 g Butter oder Margarine
60 ml Wasser
1/2 TL Salz
— alle Zutaten mit dem Rührgerät zu einem glatten Teig verkneten

1/2 TL Butter — Tortenform 24 cm ⌀ ausfetten
1 TL Mehl — Form mehlen
den Teig gleichmäßig verteilen
Ränder 2 cm hochdrücken

Belag:

125 g geriebener Emmentaler
125 g geriebener Greyerzer Käse
1 feingehackte Zwiebel
3 TL Mehl
— vermischen

2 Eier
200 ml Milch
1 Becher Joghurt (150 g)
1/2 TL Salz
2 MS Muskat
— mit dem Schneebesen schaumig rühren / Käsemischung zufügen

Belag auf den vorbereiteten Teig verteilen
bei 200°C (⊛ 170°C) ca. 30 Min. backen
Käsewähe in Stücke schneiden und noch heiß servieren

MEXIKO: Sopa de maiz · Enchiladas mit Dips

	5'	Zutaten und Arbeitsgeräte bereitstellen		
10'	5'	Fladenteig anrühren	Tomaten-Chili-Dip und Avocado-Dip herstellen	Tisch decken
20'	20'	Quellzeit Fladenteig / Füllung vorbereiten / Ofen vorheizen (200°C; ⊛ 170°C)		
30'				Zwiebel, Chilischote, Koriander für Suppe vorbereiten / Suppe fertigstellen
40'	10'	Fladen backen und füllen		
50'	15'	Enchiladas überbacken		
55'				
	20'	anrichten und essen		
90'	15'	aufräumen		

Sopa de maiz

1 kl. Gemüsezwiebel — schälen, vierteln, in Streifen schneiden
1 EL Öl — Zwiebel darin glasig dünsten
1 Dose Maiskörner
1 EL Kurkuma — zugeben, kurz andünsten
3/4 l Wasser — Wasser aufgießen
3 TL Brühe-Instant — Brühe einrühren, ca. 10 Min. garen
1 rote Chilischote — putzen, waschen, entkernen, würfeln
die Suppe fein pürieren
1 kl. Dose Mais (140 g) — zugeben, noch einmal aufkochen
Salz, Pfeffer, Chili — würzen
1 Topf Korianderkraut — waschen, trocken schwenken, fein hacken, in die Suppe geben

Enchiladas mit Dips

125 g feiner Maisgrieß
100 g Mehl
3/8 l Wasser
— in einer Schüssel glattrühren

3 Eier — unterrühren, ca. 20 Min. quellen
2 EL Butterschmalz — portionsweise 8 Fladen goldgelb backen
3 mittelgroße Zwiebeln — schälen, würfeln, 1 EL beiseite legen
2 Knoblauchzehen — schälen, sehr fein hacken
1-2 rote Chilischoten — putzen, entkernen, Streifen schneiden
1 EL Margarine — Gemüse darin andünsten

Erdbeerjoghurt

250 g frische oder TK-Erdbeeren	waschen 3-4 schöne Früchte mit Blättern zum Garnieren zurücklegen bei den übrigen die Blätter entfernen
3-4 Becher Joghurt natur	mit den Früchten im Mixer pürieren
Zucker nach Geschmack	abschmecken in Nachtischgläser füllen und mit einer Erdbeere garnieren

1 gr. Dose Tomaten	zufügen, zugedeckt 10 Min. dünsten
Salz gem. Kreuzkümmel	pikant würzen
1 EL Butterschmalz	in einer Pfanne erhitzen
350 g Rinderhack	darin anbraten
Salz, Pfeffer	würzen
75 g schwarze Oliven	in Spalten vom Stein schneiden, 1/3 beseite stellen
100 g Cheddar-Käse	grob raspeln
100 g Frischkäse	darunter mischen, 1/3 beiseite stellen, die Hälfte der Soße, das Hack, Oliven und Käse auf die Fladen verteilen, aufrollen, in eine feuerfeste Form legen, 2 EL Soße, Rest Oliven und Käse darübergeben, bei 200°C (⊛ 170°C) ca. 15 Min. überbacken
1 Topf Korianderkraut	waschen, trocken schwenken, hacken über die Enchiladas streuen

Tomaten-Chili-Dip:

2 Lauchzwiebeln	putzen, waschen, in Ringe schneiden
1 EL Öl	Lauchzwiebeln andünsten mit der restlichen Tomatensoße mischen
2 Tropfen Tabasco	scharf abschmecken

Avocado-Zwiebel-Dip:

1 kl. Avocado	Fleisch herauslösen (S. 14), mit dem Rest Zwiebeln pürieren
2-3 EL Limettensaft	würzen, fertig pürieren

ENGLAND: Shepherd's Pie · Cole slaw · Trifle · Tea

Zeit		Arbeitsschritte		
	5'	Zutaten und Arbeitsgeräte bereitstellen		
10'	30'	Kartoffeln waschen zum Kochen aufstellen	Salatsoße herstellen	Obst vorbereiten, mischen
20'		Hackfleischsoße herstellen	Kraut und Karotten putzen	
30'		Kartoffelbrei zubereiten	Kraut und Karotten hobeln bzw. raspeln	Biskuits zerbrechen und mit Obstsalat in Nachtischgläser füllen
40'	10'	Käse reiben Auflaufform ausfetten	Salat mischen, abschmecken, Salat durchziehen lassen	Pudding kochen
50'	10'	Pie in die Auflaufform füllen		Pudding in Nachtischgläser füllen, kühl stellen
60'	25'	Garzeit Pie		
70'				Teewasser aufstellen
80'			Tisch decken	Sahne schlagen, Nachtisch garnieren
90'	10'	Pie anrichten	Salat in Portionsschüsseln füllen, garnieren	Tee kochen
	25'	anrichten und essen		
135'	20'	aufräumen		

Shepherd's Pie

2 Zwiebeln	in feine Scheiben schneiden
4 frische oder 1/2 Dose Tomaten	frische Tomaten waschen und in Würfel schneiden
2 EL Öl	erhitzen
200 g gemischtes Hackfleisch	anbraten, Zwiebeln zufügen und andünsten, Tomatenwürfel hinzugeben
1/2 TL Kräutersalz 2 MS Pfeffer 1/2 TL Paprika 1 MS Sambal Olek oder 3 Tropfen Tabasco	würzen und abschmecken Hackfleischsoße 10 Min. zugedeckt kochen lassen
8 mittelgroße Kartoffeln	als Pellkartoffeln 20 Min. im Schnellkochtopf garen
1/2 l Milch 1 EL Butter 1/2 TL Salz 1 MS Muskat	zusammen zum Kochen bringen
	gekochte Kartoffeln schälen, durchpressen und mit der heißen Milch übergießen und verrühren, abschmecken
1 EL Öl	Auflaufform damit ausfetten
	Kartoffelbrei und Hackfleischsoße schichtweise in die Form geben glatt streichen oberste Schicht Kartoffelbrei zum Garnieren ca. 4 EL Kartoffelbrei in eine Tortenspritze füllen und Pie damit garnieren
50 g Chesterkäse am Stück	reiben und über die Pie streuen
	in den kalten Backofen schieben und bei 200°C (170°C) ca. 25 Min. überbacken

Cole slaw

2 Joghurt 3 EL Öl 1/2 TL Kräutersalz 2 MS Pfeffer 1/2 TL Suppenwürze	mit dem Schneebesen Zutaten zu einer Salatsoße mischen, abschmecken
1/2 Kopf Weißkraut	putzen, vierteln, Strunk entfernen
3-4 Karotten	waschen, putzen in der Küchenmaschine Kraut fein hobeln und Karotten fein raspeln
	Salatgemüse und Salatsoße mischen, 30 Min. ziehen lassen, abschmecken, in Portionsschüsselchen füllen und mit Karottenstreifen garnieren

Trifle

1 Orange	Früchte waschen, schälen und
1 Apfel	klein schneiden
1 Banane	mit Zitronensaft und Zucker (Honig)
1 Mandarine	zu einem Obstsalat mischen
Saft einer 1/2 Zitrone	durchziehen lassen
1 EL Zucker oder Honig	
4 Biskuits oder Kekse	in hohe Nachtischgläser zerbrochene Biskuits füllen und Obstsalat verteilen etwas Obst zur Garnierung zurücklegen
1/4 l Milch	Pudding kochen und noch heiß über
1 TL Zucker oder Honig	den Obstsalat gießen
1/2 P. Puddingpulver Vanillegeschmack	auskühlen lassen
1/2 Becher Sahne	schlagen Nachtisch mit einem großen Sahnetupfen und Obst garnieren

Tea

1 l kalkfreies Wasser	zum Kochen bringen
4 gestr. TL Englische Teemischung oder Earl Grey	in ein Teesieb füllen Kanne mit heißem Wasser vorwärmen kochendes Wasser in die Kanne gießen und den Tee 4 Min. ziehen lassen

	5'	Zutaten und Arbeitsgeräte bereitstellen		
10'	30'	Fleisch schneiden und würzen ziehen lassen Garzeit Glasnudeln	Teig auftauen lassen Füllung für die Frühlingsrollen herstellen	Tisch decken
20'				
30'			Backofen vorheizen (200°C; ☼ 170°C)	
40'	30'	Gemüse vorbereiten	Teig ausrollen, füllen	Früchte vorbereiten
50'			Garzeit Frühlingsrollen	
60'				
70'	20'	Chop Suey zubereiten		Obstsalat zubereiten, garnieren
80'				
85'				
	30'	anrichten und essen		
135'	20'	aufräumen		

CHINA: Frühlingsrollen · Chop Suey mit Reis · Exotischer Fruchtsalat

Frühlingsrollen

1/2 P. TK-Blätterteig	auftauen lassen (ca. 15 Min)
	Füllung:
1 kleines Putenschnitzel	in feine Streifen schneiden
1 EL Öl	Fleisch darin anbraten
50 g Chinakohl 50 g Brokkoli 50 g Sojabohnenkeimlinge 1/2 rote Paprikaschote	waschen, putzen und klein schneiden
	zum Fleisch geben und 5 Min. dünsten
1 EL Sojasoße Salz Pfeffer	Füllung abschmecken
	auskühlen lassen
	Teigplatten in 4 Quadrate schneiden
1/2 TL Mehl	Quadrate darauf auf ca. 10 x 10 cm ausrollen
	Füllung auf dem Teig verteilen, Teig zusammenrollen, Enden umschlagen und auf ein befeuchtetes Backblech legen, Frühlingsrollen mit etwas Wasser bestreichen
	bei 200°C (☼ 170°C) goldgelb backen noch heiß servieren

Gebrauchsanleitung zum Essen mit Stäbchen

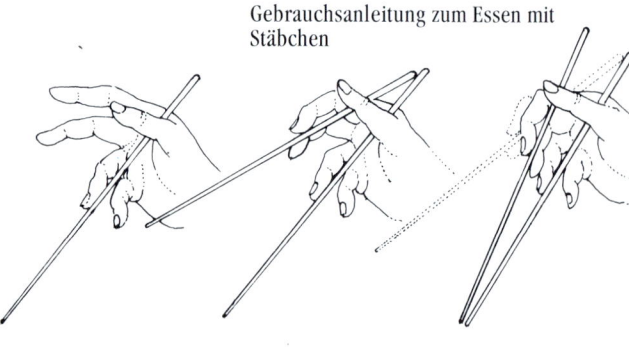

132

Chop Suey mit Reis

250 g mageres Schweine- oder Rindfleisch	in feine Streifen schneiden
1 EL Sojasoße 2 MS Pfeffer	würzen und einige Zeit zugedeckt durchziehen lassen
20 g Glasnudeln	im kochenden Salzwasser 5 Min. garen, durch ein Sieb abgießen, beiseite stellen
1 rote Paprikaschote 1 grüne Paprikaschote	waschen, entkernen, in feine Streifen schneiden
100 g frische Sojabohnenkeimlinge	gründlich waschen
1/2 Stange Lauch oder entsprechend Chinakohl	gründlich waschen und in 1/2 cm dicke Ringe schneiden
125 g frische Champignons	waschen, putzen, in Scheiben schneiden
3 EL Öl	erhitzen, Fleisch darin anbraten Gemüse zugeben und 5 Min. dünsten lassen
1/8 l Instant-Brühe	aufgießen
3 EL Sojasoße Salz, Pfeffer 2 MS Sambal Oelek	würzen, abschmecken Glasnudeln zufügen
	in einer Schüssel anrichten
2 EL Erdnußkerne	Chop Suey bestreuen
	dazu reicht man: 2 Tassen Reis, der in reichlich Wasser gargekocht wurde (S. 36)

Exotischer Fruchtsalat

1/2 Karambole (Sternfrucht)	waschen und in dünne Scheiben schneiden
4 Litschi	rotbraune Hülle entfernen, halbieren und entkernen
1/4 Ananas	halbieren, schälen, in Scheiben schneiden, harten Kern entfernen, in Stücke teilen
1 kl. Dose Mandarinen	abgießen, Saft aufbewahren
2 Kiwis	waschen, schälen und in gleichmäßige Scheiben schneiden
	Früchte auf einem Kuchenteller farblich abgestimmt anrichten
Saft von einer halben Zitrone 1 EL Fruchtsaft	mischen und Früchte damit beträufeln
8 Mikadostäbchen (Gebäck)	Fruchtsalat damit garnieren

FRANKREICH: Gratinée lyonnais · Estouffade de bœuf · Eclairs au chocolat

5'	Zutaten und Arbeitsgeräte bereitstellen		
10' / 25'	Brandteig herstellen	Speck und Bœuf vorbereiten, anbraten	Zwiebeln vorbereiten
20'			Suppe zubereiten
30'	Backofen vorheizen (200°C; ⌧ 170°C)		
40' / 10'	Teig auf das Backblech spritzen	Garzeit Bœuf	Garzeit Zwiebelsuppe
50' / 20'	Garzeit Eclairs / Schokoladenpudding zubereiten / Kuvertüre im Wasserbad schmelzen lassen		
60'		Tisch decken	Käsebrot überbacken
70' / 25'	Eclairs auskühlen lassen füllen und bestreichen	Champignongemüse zubereiten	Zwiebelsuppe abschmecken und garnieren
80'		Garzeit Nudeln	
85'		Bœuf fertigstellen	
30'	anrichten und essen		
135' / 20'	aufräumen		

Gratinée lyonnais

4-5 Zwiebeln	schälen und in Ringe schneiden
3 EL Öl	erhitzen und Zwiebeln darin glasig werden lassen
1 EL Mehl	zugeben
3/4 l Instant-Brühe	aufgießen
1 Knoblauchzehe 1/2 TL Salz 2 MS frischer Pfeffer 1 kl. Kräuterstrauß (Lorbeerblatt, Petersilie, Thymian)	würzen 30 Min. kochen lassen
1/2 Brötchen	in 3-4 Scheiben schneiden
2 EL geriebener Käse	darauf verteilen
	im Backofen bei 200°C (⌧ 170°C) überbacken, bis der Käse eine leicht braune Kruste bekommt
	Suppe abschmecken, in Suppentassen füllen, mit überbackenen Käsebrotscheiben anrichten

Estouffade de bœuf

100 g durchwachsener geräucherter Speck	in kleine Würfel schneiden
3 EL Öl	Speck im Schnellkochtopf anbraten herausnehmen, zur Seite stellen
300 g Rindfleisch	in 4 cm große Würfel schneiden im Schnellkochtopf von allen Seiten kräftig anbraten
2 große Zwiebeln	in Ringe schneiden und ebenfalls anbraten
1/4 l Instant-Brühe	aufgießen
1 Knoblauchzehe 1 EL Tomatenmark 2 MS frisch gemahlener Pfeffer 1/2 TL Salz	würzen im Schnellkochtopf 40 Min. schmoren lassen
125 g frische Champignons	waschen, putzen, halbieren
1 EL Butter	darin die Pilze anbraten Speckwürfel zufügen, 5 Min. dünsten
	nach Ende der Garzeit Schnellkochtopf öffnen, Pilzgemüse hinzugeben und abschmecken
	dazu Nudeln servieren – pro Person ca. 75-80 g Teigwaren (S. 36)

Eclairs au chocolat

1/8 l Wasser 1 MS Salz 25 g Butter	in einem Kochtopf zum Kochen bringen
75 g Mehl	dazugeben und mit dem Schneebesen so lange rühren, bis ein zusammenhängender Kloß entstanden ist Teig in eine Rührschüssel geben
2 Eier	nacheinander unterrühren
1 TL Backpulver	zum Schluß dazugeben
	Backblech mit Backpapier auslegen Teig in einen Spritzbeutel füllen und ca. 10 cm lange Streifen auf das Blech spritzen bei 200°C (☼ 170°C) ca. 20 Min. goldgelb backen

Füllung:

1/4 l Milch 1 Tafel Vollmilchschokolade	zum Kochen aufstellen
1/2 P. Schokoladenpudding 3 EL kalte Milch	anrühren und unter die kochende Milch mischen
	kurz aufkochen lassen und in eine Metallschüssel füllen Schokoladenpudding im Wasserbad auskühlen, ab und zu umrühren, damit keine Haut entsteht
	gebackene Eclairs auskühlen lassen Pudding in eine Tortenspritze geben, Eclairs von der Seite her füllen
50 g Schokoladenkuvertüre	im Wasserbad schmelzen und die Eclairs damit bestreichen

FRANKREICH: Chicorée in Currysahne · Provenzalischer Rinderschmorbraten mit Pilzen · Erbsen auf Herzoginkartoffeln · Crêpes mit Orangenmarmelade

	5'	Zutaten und Arbeitsgeräte bereitstellen		
10'		Fleisch anschmoren	Bratzutaten vorbereiten	Brühe für Braten mischen
20'	20'	Bratzutaten andünsten	Kartoffeln vorbereiten und zusetzen	Currysahne mischen
		Dampfdrucktopf schließen	Erbsen garen	
			Garzeit Kartoffeln	
30'	30'	1. Garzeit Schmorbraten		Teig für Crêpes zubereiten, abdecken
40'			Ofen vorheizen (200 °C; ⊕ 170 °C)	Marmelade anrühren
		Steinpilze einweichen	Herzoginkartoffeln zubereiten	
50'				Crêpes ausbacken, übereinanderschichten, abdecken
		Steinpilze zufügen	in die Backröhre stellen	
60'		2. Garzeit Schmorbarten	Garzeit Herzoginkartoffeln	Salat vorbereiten
70'	30'			
80'			Tisch decken	Crêpes füllen und rollen
				Salat anrichten
90'	5'	Soße zubereiten Fleisch schneiden	Herzoginkartoffeln anrichten	Crêpes in die warme Backröhre stellen
	25'	anrichten und essen		
135'	20'	aufräumen		

Chicorée in Currysahne

2 Stauden Chicorée	putzen, waschen, bitteren Kern herausschneiden, in Ringe schneiden
2 Äpfel	grob raspeln
1 Banane	in Scheiben schneiden
1/2 Zitrone	auspressen, über Gemüse und Obst träufeln
150 g saure Sahne 150 g Joghurt 1 TL Curry	cremig rühren
1/2 Knoblauchzehe	auspressen, zufügen
1 Bund Petersilie	fein hacken, unterheben
	Currysahne unterheben, sofort servieren

Provenzalischer Rinderschmorbraten mit Pilzen

	Dampfdrucktopf bereitstellen
800-1000 g Rindfleisch (Hüfte, Keule oder Schulter)	abtrocknen
Rosmarin Pfeffer	einreiben
2 EL Öl	erhitzen, Fleisch anschmoren
2 Zwiebeln	fein würfeln
2 Möhren	abschaben, in Scheiben schneiden
1/2 Stange Lauch	in feine Streifen schneiden zugeben, kurz andünsten
1/8 l Rotwein 1/8 l Fleischbrühe	mischen, aufgießen 30 Min. im Dampfdrucktopf garen lassen
2 P. getrocknete Steinpilze 8 EL Wasser	ca. 15 Min. einweichen, mit Einweichflüssigkeit zugeben, nochmals 30 Min. garen, Soße durchpassieren
1/2 Becher Crème fraîche	unterrühren
1/2 TL Kräuter der Provence	abschmecken

Erbsen auf Herzoginkartoffeln

1/8 l Wasser 1 Pr. Salz 1 Pr. Pfeffer	aufkochen
1 P. TK-Erbsen	ca. 8 Min. dünsten, abtropfen (oder 2 Min. im Mikrowellengerät dünsten)
800 g Kartoffeln	schälen, ca. 25 Min. garen, durch die Kartoffelpresse drücken
100 g Butter 1 MS Muskatnuß 4 Eigelb	zugeben, rasch mit dem Handrührgerät verrühren
	Masse in einen Spritzbeutel geben Blech mit Backpapier belegen und kleine Schüsselchen spritzen (Kartoffelnester)
1 Eigelb 2 EL Milch	mischen Kartoffelnester bestreichen
	Erbsen einfüllen
4 EL Käse	reiben, über Erbsen streuen
	bei 200°C (170°C) ca. 20 Min. backen

Crêpes mit Orangenmarmelade

80 g Mehl	sieben
3 Eier 1/4 l Milch 40 g Zucker 1 Pr. Salz	zugeben, dünnflüssigen Teig rühren
80 g Butterschmalz	portionsweise in kleiner Pfanne erhitzen und darin dünne Crêpes ausbacken
4 EL Orangenmarmelade 2 EL Orangensaft	mischen, aufstreichen
	Crêpes rollen
Puderzucker	aufstreuen

INDIEN: Lammfleisch mit Joghurt · Fritiertes Gemüse mit Dattelsoße · Gestürzte Kokosnußcreme

Zeit	Arbeitsschritt		
5′	Zutaten und Arbeitsgeräte bereitstellen		
25′	Gewürzpaste herstellen	Lammfleisch vorbereiten, Zwiebel schneiden	Crememasse fertigstellen, Wasserbad zusetzen
10′	Fleisch anbraten, aufgießen	Teig für fritiertes Gemüse herstellen	Garzeit Creme
50′	Garzeit Lammfleisch, Dattelsoße zubereiten	Gemüse zum Fritieren vorbereiten, Tisch decken	
50′	Kräuter vorbereiten	Gemüse fritieren, bei 50 °C warm stellen	Creme abkühlen, Förmchen stürzen
30′	anrichten und essen		
15′	aufräumen		

Gesamtzeit: 135′

Lammfleisch mit Joghurt

Zutaten	Zubereitung
1 Zwiebel, 1 Knoblauchzehe, 50 g frische Ingwerwurzel	schälen, zerkleinern
6 getrocknete Chilischoten	zerdrücken
8 Cashewnüsse, 1 MS Kümmel, 2 TL gemahlener Koriander, je 1/4 TL Zimt, Kardamom, gemahlene Gewürznelken, 1/8 l Wasser	zufügen
	alle Zutaten im Mixer pürieren, bis eine Gewürzpaste entsteht
800 g mageres Lammfleisch	in Würfel schneiden
1 Zwiebel	fein würfeln
2 EL Öl	erhitzen
	Fleisch und Zwiebel anbraten, Gewürzpaste zufügen
1 Tasse Wasser (heiß), 1 MS Safran, 150 g Joghurt	mischen, zugießen, ca. 50 Min. köcheln lassen
1 EL frische Korianderblätter oder Petersilie	fein hacken, aufstreuen
1 EL Kokosraspel	nach Belieben aufstreuen

Fritiertes Gemüse mit Dattelsoße

Zutaten	Zubereitung
6 EL Mehl, 1/2 TL Kurkuma, 1/2 TL Paprika, 1/2 TL Salz, 1 MS Kümmel, 1/2 TL Zucker, 1/8 l Wasser	zu einem dickflüssigen Teig verrühren
4 Kartoffeln, 4 Zwiebeln	schälen, in Scheiben schneiden
ca. 1 kg Fritierfett	erhitzen
	Gemüse in den Teig tauchen, goldgelb ausbacken, heiß servieren

Dattelsoße:

Zutaten	Zubereitung
200 g entsteinte Datteln (getrocknet), 2 TL Zucker, 2 EL Zitronensaft, 1 Pr. Salz, 2 EL Kokosraspel	im Mixer pürieren
1/8 l Wasser	nach und nach zugießen, bis eine dickflüssige Masse entsteht

Gestürzte Kokosnußcreme

150 g frische Kokosnuß (oder getrocknete Kokosraspeln verwenden)	raspeln
knapp 1/4 l Milch *1 MS Gewürznelken*	Raspel dazugeben und aufkochen durch ein Haarsieb gießen, Kokosmilch aufbewahren
50 g Rübensirup *50 g Rohrzucker* *3 EL Wasser*	aufkochen, bis sich der Zucker aufgelöst hat
4 Eier *1/4 TL Kardamom*	mit der Kokosmilch verquirlen aufgelösten Zucker zufügen
Butter	kleine Förmchen fetten Milchmasse einfüllen im Wasserbad (Förmchen bis zur halben Höhe ins Wasser stellen) ca. 50 Min. garen erkalten lassen und stürzen

SPANIEN: Sangria · Paella · Ensalada mista · Crema de albaricoques

Zeit		Arbeitsschritte		
	5′	Zutaten und Arbeitsgeräte bereitstellen		
10′	25′	Sangria zubereiten kühl stellen	Aprikosen brühen und enthäuten	Paella vorbereiten zum Kochen aufstellen
20′				
30′				
40′	30′	Salatzutaten vorbereiten portionsweise anrichten	Mandeln rösten	Tisch decken
50′				Gemüse vorbereiten zur Paella geben
			Aprikosencreme herstellen	
60′			garnieren kühl stellen	
70′	25′	Tisch decken		
80′				Paella abschmecken
85′				
	30′	anrichten und essen		
135′	20′	aufräumen		

Sangria

1 kleine Banane 1 kleiner Apfel	schälen, in kleine Würfel schneiden
Saft einer halben Zitrone	Fruchtwürfel damit übergießen
1/4 l roter Traubensaft 1/4 l roter Johannisbeersaft 1/4 l Mineralwasser	darübergießen das Getränk auf vier Gläser verteilen kühl stellen

Paella

100 g Hähnchenfleisch oder Putenfleisch 50 g Schinken 50 g Salami	in Streifen schneiden
2 EL Öl	Streifen darin anbraten
1 Gemüsezwiebel	schälen, in Ringe schneiden, ebenfalls anbraten
150 g Reis	dazugeben
1/2 l Instant-Brühe	aufgießen
2 MS Pfeffer 1/2 TL Salz 2 MS Safran	würzen
	15 Min. bei schwacher Hitze kochen lassen
1 rote Paprikaschote	waschen, entkernen, in Würfel schneiden
100 g frische grüne Bohnen oder TK	waschen, putzen, in 5 cm lange Stücke brechen Gemüse zum Reis geben und weitere 10 Min. garen lassen
2 Tomaten	waschen und in Würfel schneiden, unter die Paella heben*
	abschmecken und in der Pfanne servieren
	(* das Gericht ist fertig, wenn der Reis weich und die Flüssigkeit fast ganz verkocht ist)

Ensalada mista

1/2 Kopf grüner Salat	putzen, waschen
2 Frühlingszwiebeln	waschen, mit dem Grünzeug in Ringe schneiden
1 Fleischtomate	waschen, würfeln
1 rote Paprikaschote	waschen, entkernen in Streifen schneiden
8 schwarze Oliven	
1 Ei	10 Min. kochen abschrecken und achteln
	alle Zutaten portionsweise auf Kuchenteller anrichten
Essig *Öl* *Salz* *Pfeffer aus der Pfeffermühle*	auf den Tisch stellen
	jede Person würzt sich ihren Salat bei Tisch selbst

Crema de albaricoques

1 EL Mandelblättchen	in einer Pfanne goldgelb rösten, herausnehmen, auskühlen lassen
400 g sehr reife Aprikosen	waschen, mit kochendem Wasser übergießen und häuten halbieren und entkernen, 4 Aprikosenhälften zur Garnierung beiseite legen, restliche Aprikosen im Mixer pürieren
1/2 Becher Sahne 1 TL Puderzucker	steif schlagen und unter das Aprikosenpüree heben
	Creme in Nachtischgläser füllen, mit Aprikosenhälften und gerösteten Mandeln garnieren, kühl stellen

Variation (oberes Bild): Paella mit Meeresfrüchten

SCHWEIZ: Randen-Rübli-Salat · Zürcher Kalbsgeschnetzeltes · Schweizer Rösti · Zigerkrapfen

	5′	Zutaten und Arbeitsgeräte bereitstellen		
10′	5′	rote Rüben vorbereiten und zusetzen	Kartoffeln grob raspeln	Blätterteig antauen
		Garzeit rote Rüben		Quarkfüllung rühren
20′			Champignons und Zwiebeln vorbereiten	Blätterteig füllen kühl stellen
30′	50′	Walnüsse fein hacken	Fleisch vorbereiten	
		Marinade für Salat zubereiten		
40′		Tisch decken		
50′				
60′				
70′	20′	rote Rüben häuten, abkühlen lassen Möhren vorbereiten und fein raspeln	Fleisch anbraten Zwiebeln und Champignons andünsten Brühe aufgießen	Backofen auf 50°C vorheizen Krapfen fritieren, zum Warmhalten in die Röhre stellen
80′				
90′	10′	Salat fertigstellen	Rösti ausbacken Geschnetzeltes abschmecken	Zimtzucker aufstreuen
	25′	anrichten und essen		
135′	20′	aufräumen		

Randen-Rübli-Salat

600 g kleine rote Rüben	gründlich waschen
1 l Wasser 1/2 TL Salz	aufkochen, rote Rüben zugeben
	ca. 50 Min. garen, Haut abziehen, erkalten lassen, Scheiben schneiden
300 g Möhren	putzen, waschen, fein raspeln mit den roten Rüben vorsichtig mischen
	Marinade:
2 EL Essig 1/2 TL Senf 1 MS Kümmel 1 Pr. Pfeffer 1 EL Petersilie 4 EL Öl	mischen, unterziehen
1 EL Walnüsse	fein hacken, aufstreuen

Zürcher Kalbsgeschnetzeltes

6 dünne Kalbsschnitzel	sehr fein schnetzeln
2 EL Mehl	Fleisch darin wenden
300 g Champignons	putzen, feinblättrig schneiden
2 Zwiebeln	fein schneiden
3 EL Butter	erhitzen, Fleisch rasch anbraten, aus der Pfanne nehmen, zugedeckt warm stellen Zwiebeln anrösten, Champignons andünsten
5 EL Weißwein 1/8 l Sahne 1 Pr. Salz 1 Pr. Pfeffer 1 TL Gemüsebrühe-Instant	mischen, aufgießen, 5 Min. köcheln lassen
	Fleisch zufügen und kurz ziehen lassen
1/8 l Sahne	zufügen
Zitronensaft	abschmecken

142

Schweizer Rösti

750 g Kartoffeln, gegart	(am Vortag nicht zu weich dämpfen) grob raspeln
1/2 TL Salz	zugeben
80 g Butter	erhitzen, Kartoffeln unter mehrmaligem Wenden bei kleiner Hitze braten, mit dem Bratenwender fest zu einem Kuchen zusammenpressen, zugedeckt noch ca. 10 Min. backen, bis eine zusammenhängende Kruste entsteht Rösti auf vorgewärmte Platte stürzen
	Abwandlung: angerichtete Rösti mit geriebenem Käse bestreuen

Zigerkrapfen

5 Scheiben TK-Blätterteig	antauen, jede Scheibe in 4 kleine Rechtecke schneiden jedes Rechteck auf eine Größe von ca. 6 x 8 cm auswellen
	Füllung:
100 g Magerquark 1 Eigelb 50 g Zucker 1 MS Zimt 50 g gemahlene Mandeln Zitronensaft	cremig rühren, auf die Hälfte der Rechtecke je einen gehäuften Teelöffel der Füllung verteilen
1 Eiklar	Teigränder damit bestreichen mit zweitem Teigstück bedecken, Ränder dabei gut festdrücken
1/2 l Öl	erhitzen
	2-3 Krapfen etwa 5 Min. frittieren, gut abtropfen lassen
Zimtzucker	bestreuen
	warm servieren

Variation (unteres Bild): Auflaufkrapfen

ÖSTERREICH: Wurzelbrühe mit Bröselknödel · Wiener Apfelstrudel

Zeit		Arbeitsschritte		
	5'	Zutaten und Arbeitsgeräte bereitstellen		
10'	20'	Suppengrün vorbereiten Wurzelbrühe zusetzen	Bröselknödelteig zubereiten	Strudelteig kneten ruhen lassen
20'				Ofen vorheizen (200°C; ⊕ 170°C)
				Strudel ausziehen, füllen, in die Röhre stellen
			Apfelfülle zubereiten	
30'	30'	Garzeit Wurzelbrühe	Quellzeit Bröselknödelteig	
40'				
50'				Backzeit Strudel
60'	20'	Suppe absieben und abschmecken	Strudel mit Butter bestreichen Tisch decken	gegebenenfalls Vanillecreme zubereiten oder Vanilleeis vorbereiten
70'				
80'	10'		Bröselknödel formen, einlegen, ziehen lassen	
85'				Strudel schneiden
	30'	anrichten und essen		
135'	20'	aufräumen		

Wurzelbrühe mit Bröselknödel

400 g Suppengrün	putzen, waschen, schneiden
1 l Wasser *1 MS Kräutersalz* *1 Pr. Pfeffer*	aufkochen, Suppengrün zufügen
2 Tomaten	vierteln, zugeben 30 Min. kochen, absieben
1 TL Gemüsebrühe-Instant	abschmecken

Bröselknödel:

40 g Butter	schaumig rühren
50 g Semmelbrösel *1 Ei* *1 Pr. Salz* *1 Pr. Muskat*	unterrühren
1 Bund Petersilie	fein wiegen, untermischen Teig ca. 30 Min. quellen lassen Probeknödel in der Wurzelbrühe kochen Nockerl mit 2 Kaffeelöffeln formen, 10 Min. köcheln lassen, 5 Min. ziehen lassen

Wiener Apfelstrudel

Grundrezept Strudelteig (S. 32)

Füllung:

1 1/2 kg Äpfel	schälen, in feine Scheiben schneiden
50 g Sultaninen	abbrausen, trocken tupfen
50 g gehackte Nüsse 80 g Zucker 1 MS Zimt abgeriebene Schale einer unbehandelten Zitrone	mit Apfelscheiben und Sultaninen mischen
	Strudelteig hauchdünn auf einem Tuch ausziehen
4 EL zerlassene Butter	Teig bestreichen Apfelfüllung gleichmäßig darauf verteilen, Ränder einschlagen und mit Hilfe des Tuches aufrollen Strudel auf ein gefettetes oder mit Backpapier belegtes Blech gleiten lassen in vorgeheizter Backröhre 200°C (⊛ 170°C) ca. 45 Min. goldbraun backen während des Backvorganges mehrmals mit Butter bestreichen heiß oder kalt servieren

zum Wiener Apfelstrudel schmeckt Vanillecreme (S. 154) oder Vanilleeis

Knusprige Teigtaschen Champignon-Möhren-Salat

Zeit				
5′	Zutaten und Arbeitsgeräte bereitstellen			
10′	Blätterteig auftauen Blätterteig ausrollen Taschen fertigstellen	Ofen vorheizen (225°C; ⌂ 190°C) Füllung vorbereiten	Kopfsalat, Möhren, Champignons vorbereiten	
20′	Garzeit Teigtaschen	Salatsoße herstellen		
20′			Salat zubereiten und anrichten	
30′				
35′	Tisch decken			
15′	anrichten und essen			
10′	aufräumen			
60′				

Knusprige Teigtaschen

10 Scheiben TK-Blätterteig	nebeneinanderliegend auftauen, danach 8 auf der bemehlten Arbeitsfläche etwas ausrollen
1 Bund Petersilie	waschen, fein hacken
1 P. Doppelrahm-frischkäse	in 8 gleich große Scheiben schneiden, in der Petersilie wenden
8 gr. Scheiben Schinkenspeck	Frischkäse locker darin einwickeln auf eine Hälfte der Blätterteigplatten legen
1 Ei	die Teigränder mit Eiklar bestreichen, zuklappen und Muster in die Ränder drücken aus den restlichen Platten schmale Streifen ausrädeln, mit Eiklar bestreichen, diagonal auf die Taschen legen
1 EL Wasser oder Sahne	zusammen mit Eigelb verquirlen die Taschen damit bestreichen
1–2 EL Sesam	aufstreuen auf ein mit kaltem Wasser abgespültes Backblech legen und bei 225°C (⌂ 190°C) ca. 20 Min. goldgelb backen

Schweinemedaillons mit Sahnesoße und Rösti · Kohlrabigemüse · Himbeersorbet

Zeit				
5′	Zutaten und Arbeitsgeräte bereitstellen			
10′	Medaillons vorbereiten	Kohlrabi und Lauchzwiebeln vorbereiten	Brombeeren auftauen Tisch decken	
20′	Medaillons braten Soße zubereiten			
20′		Garzeit Gemüse Garzeit Rösti		
30′			Brombeersoße zubereiten Eiskugeln auf Dessert anrichten	
35′				
15′	anrichten und essen			
10′	aufräumen			
60′				

Schweinemedaillons mit Sahnesoße und Rösti

8 Medaillons à 75 g Salz, Pfeffer	} Fleisch würzen
2 EL Öl	in einer Pfanne erhitzen Medaillons darin anbraten
1/8 l Weißwein oder Brühe	zugießen Medaillons ca. 8 Min. garen, herausnehmen, warm stellen
200 ml Sahne	in die Pfanne geben, aufkochen
2 EL Soßenbinder hell	einrühren, aufkochen
etwas Muskat	abschmecken
1 EL Petersilie	darüber streuen
	Rösti:
4 EL Öl	in einer großen Pfanne erhitzen
1 P. (300 g) TK-Rösti oder Back-Rösti-Taler	nach Vorschrift braten oder im Backofen backen

Champignon-Möhren-Salat

1 Becher Vollmilch-Joghurt (150 g) 3 EL Joghurt-Salatcreme 1 TL geriebener Meerrettich (Glas) Salz, Pfeffer	verrühren
1 Kästchen Kresse	mit einer Schere vom Beet schneiden, etwas davon beiseite legen
1/2 Kopfsalat	putzen, waschen, abtropfen lassen
4 mittelgroße Möhren	schälen, waschen, grob raspeln
125 g Champignons	putzen, waschen, in dünne Scheiben schneiden
	Salatblätter auf 4 Teller verteilen Möhren und Champignons mischen, auf dem Kopfsalat anrichten Joghurtsoße darübergeben
	jeweils mit 1 Kressesträußchen garnieren

Kohlrabigemüse

750 g Kohlrabi (3 Stück)	schälen, vierteln, in Scheiben schneiden
2 Bund Lauchzwiebeln	putzen, in Ringe schneiden
1 EL Butter	in einem Topf erhitzen Kohlrabi dünsten nach 5 Min. Lauchzwiebeln zugeben, 4 Min. weiterdünsten
Salz, Pfeffer	abschmecken

Himbeersorbet

1 P. TK-Brombeeren (300 g)	auftauen lassen, 4 Beeren beiseite legen
100 g Puderzucker	zusammen mit Beeren in ein hohes Gefäß geben, pürieren, durch ein Sieb streichen
Saft einer Limette	abschmecken
	Soße auf 4 Dessertteller verteilen
75 g Crème double	je 1 EL in die Mitte geben, mit einem Holzstäbchen von innen nach außen sternförmige Streifen in die Soße ziehen
4 Kugeln Himbeersorbet (Eis)	auf die Tellermitte geben
Minzeblättchen	mit den übrigen Brombeeren garnieren

Klare Möhrensuppe · Gemüseragout mit Lachs und Sojanudeln · Birne Helene

	5′	Zutaten und Arbeitsgeräte bereitstellen		
10′	10′	Möhren für Suppe vorbereiten	Gemüse für Ragout zubereiten	für Ragout Zitronenscheiben schneiden und Dill hacken
20′		Garzeit Möhrensuppe	Fisch vorbereiten	Birnen für Dessert vorbereiten Schokoladensoße zubereiten, warmhalten
30′	20′	Garzeit Nudeln	Garzeit Fisch	
35′		Tisch decken	mit Nudeln mischen	Dessert in Gläser füllen, kühl stellen
	15′	anrichten und essen		
60′	10′	aufräumen		

Klare Möhrensuppe

250 g Möhren	waschen, sehr dünn schälen, mit dem Buntmesser in etwa 1/2 cm dicke Scheiben schneiden
2 EL Öl	in einem Topf erhitzen Möhrenscheiben darin andünsten
knapp 1 l Wasser 4-5 TL Brühe-Instant	dazugießen, ca. 20 Min. leicht kochen
Salz, Pfeffer, Zucker	abschmecken
1 TL gehackte Petersilie	vor dem Servieren darüber streuen

Gemüseragout mit Lachs und Sojanudeln

2 mittelgroße Zucchini	putzen, waschen, ungeschält längs vierteln, in Scheiben schneiden
1 mittelgroße Zwiebel 1 Knoblauchzehe	schälen, fein würfeln
2 EL Fett	in einem Topf erhitzen das Gemüse darin andünsten
200 ml Sahne 200 ml Milch	zugießen, aufkochen, etwas einkochen lassen
300 g Lachsfilet (ersatzweise Seelachs)	waschen, trocken tupfen, in nicht zu kleine Würfel schneiden
1 EL Zitronensaft	darüber träufeln, Fisch in die Soße geben und ca. 5 Min. ziehen lassen

Spargelcocktail · Pastetchen mit Puten-Champignon-Ragout

	5′	Zutaten und Arbeitsgeräte bereitstellen		
10′	10′	Ofen vorheizen (200°C; ⚙170°C) Fleisch vorbereiten	Champignons vorbereiten	Tisch decken
20′		Garzeit Fleisch Pasteten aufbacken Ragout fertigstellen	Gemüse für Cocktail vorbereiten	Dressing herstellen
30′	15′		Zuckererbsen dünsten	Cocktails anrichten
35′	5′	Pasteten füllen		
	15′	anrichten und essen		
60′	10′	aufräumen		

Spargelcocktail

1 Glas Stangenspargel	abtropfen lassen, in 4-5 cm lange Stücke schneiden
150 g Kirschtomaten	waschen, halbieren
1 kl. Avocado	halbieren, Kern auslösen, schälen, in Spalten schneiden
4 EL Limettensaft	darüber träufeln
1/2 Topf Basilikum	waschen, etwas zur Garnierung beiseite legen, Rest fein schneiden
	alles vorsichtig mischen, in Gläser füllen
100 g Doppelrahmfrischkäse 3 EL Milch	glattrühren
Salz, Pfeffer	würzen, Frischkäse auf Spargel geben
4 Limettenscheiben	bis zur Mitte einschneiden, entgegengesetzt drehen Cocktail garnieren

Pastetchen mit Puten-Champignon-Ragout

	Backofen auf 200°C (⚙170°C) vorheizen
4 Blätterteigpastetchen	aufbacken (ca. 8 Min.)

Salz, Pfeffer, Zitronensaft	abschmecken
1/2 Bund Dill	waschen, hacken, über das mit Nudeln gemischte Ragout streuen
Zitronenscheiben	garnieren
250 g Sojanudeln (oder andere kl. Nudeln)	**Sojanudeln:** in kochendem Salzwasser 7-8 Min. garen, abtropfen lassen und unter das Ragout mischen

Birne Helene

4 Birnenhälften (aus der Dose)	abtropfen lassen, mit dem Messer fünfmal längs einschneiden (fächerartig)
1 Tafel Zartbitterschokolade	zerkleinern
1/8 l Sahne	mit der Schokolade in eine Schüssel geben unter ständigem Rühren im Wasserbad schmelzen, warmhalten
4 Kugeln Vanilleeis	in 4 hohe Dessertgläser füllen je 1 Birnenhälfte daraufgeben mit etwas Soße begießen restliche Soße extra reichen
Sahnetupfen, Eiswaffeln	garnieren

250 g Putenschnitzel	waschen, trocken tupfen, in 3 cm lange Streifen schneiden
2 EL Mehl	darüber stäuben
1 Zwiebel	schälen, fein würfeln
2 EL Öl	in einer Pfanne erhitzen Zwiebelwürfel glasig braten Fleischstreifen hinzufügen, unter Wenden anbraten
1/4 l heißes Wasser, 1-2 TL Gemüsebrühe-Instant	zugießen
1/8 l Sahne, 1 EL gehackte Petersilie (frisch oder TK)	unterrühren leicht köcheln lassen
250 g Champignons (ersatzweise Dose)	putzen, waschen, trocken tupfen, feinblättrig schneiden
1 EL Margarine	in einer Pfanne erhitzen Pilze unter Wenden anbraten, unter das Ragout mischen
3 EL trockener Weißwein, Salz, weißer Pfeffer	abschmecken
	Ragout in die Pastetchen füllen, mit Petersiliensträußchen garnieren sofort servieren
1 P. TK-Erbsen	nach Packungsanweisung zubereiten
Salz, 1 Pr. Pfeffer, Zucker	abschmecken, zu den Pastetchen reichen

Lauchzwiebelsuppe mit Schinkenjulienne

2 Bund Lauchzwiebeln	putzen, waschen, schräg in dünne Ringe schneiden
1 EL Butter	Zwiebelringe andünsten
3/4 l Wasser	aufgießen
4 TL Instant-Gemüsebrühe	einrühren, aufkochen
200 g saure Sahne 100 g Joghurt 2 EL Mehl	verrühren, in die Brühe geben, aufkochen 5 Min. leicht köcheln lassen
Salz, Pfeffer, Paprikapulver, rosenscharf	abschmecken
100 g Kochschinken	in schmale Streifen schneiden Suppe auf Teller verteilen mit Schinkenstreifen bestreuen
50 g Joghurt	Suppe garnieren
Paprikapulver rosenscharf	darüberstreuen

Tournedos an Gorgonzolasoße

4 Rinderfiletsteaks	waschen, trocken tupfen
Salz, Pfeffer	würzen
3 EL Öl	Fleisch darin von jeder Seite ca. 3 Min. braten

Salat mit Austernpilzen

1 kl. Kopf Lollo bionda	putzen, waschen, in mundgerechte Stücke teilen, gut abtropfen lassen
1 kl. rote Paprikaschote	waschen, trocken tupfen, putzen, sehr fein würfeln
250 g Austernpilze	putzen, halbieren oder vierteln
3 EL Öl	Pilze kurz braten
Salz, Pfeffer, wenig Knoblauchgewürz	würzen
3 EL Zitronenessig, Salz, Pfeffer, 1 Pr. Zucker	gut verrühren
2 EL Öl	unterrühren Salat und Paprikawürfel in der Soße mehrmals wenden, anrichten

Hähnchenschnitzel in Mandelkruste

4 Hähnchenbrustfilets	waschen, trocken tupfen
Salz, Pfeffer	würzen
30 g Mehl	Filets darin wenden
2 Eier	verquirlen, die Filets darin wenden
100 g Mandelblättchen	Fleisch darin wälzen, gut andrücken
2 EL Margarine	in einer Pfanne erhitzen, Filets von jeder Seite 4-5 Min. braten, warm stellen

Für die Soße:

150 g Gorgonzola	in Würfel schneiden
100 ml Weißwein 1 Becher Sahne (250 g) 150 ml Wasser	aufkochen
2 EL Soßenbinder hell	einrühren, noch einmal aufkochen
	Käsewürfel in die Soße geben und unter Rühren bei milder Hitze darin schmelzen lassen
Salz, Pfeffer, Muskat	abschmecken
1 Bund Basilikum	waschen, trocken schwenken, Blätter von den Stielen zupfen (einige zur Garnierung beiseite legen), in feine Streifen schneiden, unter die Soße mischen
	die Hälfte der Soße auf vier vorgewärmte Teller verteilen Tournedos und Nudeln darauf anrichten, mit restlichen Basilikumblättchen garnieren

Grüne Bandnudeln:

200 g grüne Bandnudeln	nach Grundrezept (S. 36) garen

Für die Soße:

1 kl. Dose Fruchtcocktail (580 g)	abtropfen lassen, Saft auffangen
1 EL Curry	in das Bratfett streuen, verrühren
2 EL Mehl	dazugeben, anschwitzen
abgetropfter Saft	mit Wasser auf 3/8 l ergänzen, unter ständigem Rühren dazugeben, aufkochen, Früchte zugeben
Salz, Pfeffer, Curry, Zitronensaft, Zucker	abschmecken
1 Banane oder 1 Kiwi	in Scheiben schneiden, in die fertige Soße geben, danach sofort servieren
160 g Basmati-Reis	nach Grundrezept (S. 36) garen

Traubendessert »Knusperle«

6 Scheiben Zwieback	zerkrümeln
40 g Margarine 40 g Zucker	in einer Pfanne schmelzen, Zwieback zugeben und kurz bräunen
1 TL Zimt	darüberstäuben und kalt werden lassen
je 250 g blaue und grüne Weintrauben	waschen, halbieren, entkernen
500 g Quark 100 g Zucker	verrühren
1/8 l Sahne	steif schlagen, unterheben
	Quark und Trauben auf Zwieback schichten

Melone mit Orangen-Mayonnaise · Kabeljaufilet auf Blattspinat · Vanilleeis mit heißen Schattenmorellen

	5'	Zutaten und Arbeitsgeräte bereitstellen		
10'	10'	Orangen-Mayonnaise herstellen	Blattspinat dünsten	Fisch säuern Backofen vorheizen (200°C; 170°C) Auflaufform fetten
20'	20'	Vorspeise herstellen	Garzeit Fisch Soße herstellen	Mandelbällchen zubereiten
30'				
40'	15'	Tisch decken	Garzeit Auflauf	Dessert herstellen
50'				
	20'	anrichten und essen		
90'	20'	aufräumen		

Melone mit Orangen-Mayonnaise

1 Netzmelone	vierteln, entkernen und die Viertel aus der Schale lösen Fruchtfleisch in Spalten schneiden kreisförmig auf vier Tellern anrichten
6 EL Salatmayonnaise 3 EL Orangensaft 1 EL Zitronensaft 1/2 TL Meerrettich Salz, Pfeffer	verrühren und über die Melonenspalten verteilen
200 g blaue Trauben	waschen, halbieren und entkernen
40 g Mandelblättchen	in einer Pfanne ohne Fett goldbraun rösten
150 g Putenschinken in Scheiben	in breite Streifen schneiden
	Trauben, Putenschinken und Mandelblättchen anrichten

Kabeljaufilet auf Blattspinat

400 g TK-Blattspinat	antauen lassen
50 g Butterschmalz	in einem Topf erhitzen, Blattspinat darin ca. 10 Min. dünsten
Salz, Pfeffer, Muskat	würzen und abschmecken
	Spinat in eine Auflaufform geben
600 g Kabeljaufilet Saft einer Zitrone	Fisch in einem tiefen Teller säuern

Melonenspalten · Rotbarsch in Senfsoße · Pfirsiche mit Himbeerpüree

	5'	Zutaten und Arbeitsgeräte bereitstellen		
10'	5'	Fisch schneiden und säuern	Auflaufform fetten Kartoffeln waschen	Pistazien hacken
20'	10'	Chicorée vorbereiten, blanchieren Backofen vorheizen (200°C; 170°C)	Petersilie hacken Kartoffeln aufsetzen	Pfirsiche vorbereiten Himbeerpüree herstellen
	5'	Senf-Sahne-Soße herstellen	Garzeit Kartoffeln	Sahne schlagen
30'		Auflaufform füllen Garzeit Rotbarsch		Dessert fertigstellen
40'	25'			
50'			Kartoffeln schälen und schwenken	Vorspeise herstellen
	20'	anrichten und essen		
90'	20'	aufräumen		

Melonenspalten

1/2 Honigmelone	Kerne auskratzen, Schale entfernen, Melonenspalten auf Dessertteller verteilen
1/2 Becher Joghurt 2 EL Crème fraîche 1 Pr. Salz, Zucker 1 EL Orangensaft	gut verrühren jeweils einen Klecks auf die Melonenspalten geben
gemahlener Pfeffer	über das Joghurtdressing geben

Rotbarsch in Senfsoße

500 g Rotbarschfilet	in breite Streifen schneiden in einen tiefen Teller legen
Salz, Pfeffer	Fisch würzen
Saft einer Zitrone	über den Fisch träufeln zugedeckt kalt stellen
750 g Chicorée	äußere Blätter entfernen, waschen längs halbieren, den bitteren Strunk keilförmig herausschneiden
1 l Salzwasser	zum Kochen bringen Chicoréestauden darin etwa 4 Min. garen herausnehmen und abtropfen lassen
etwas Fett	eine feuerfeste Form ausfetten den Chicorée und den Fisch abwechselnd hineinlegen
1 Bund glatte Petersilie	waschen, trocken schütteln und ohne die groben Stiele fein hacken über den Chicorée und den Fisch streuen

Salz, Pfeffer	Fisch abtropfen lassen, würzen
40 g Butterschmalz	Fisch von beiden Seiten anbraten, auf den Spinat legen
1 EL Mehl	im verbliebenen Bratfett anschwitzen
1/8 l Instant-Brühe	zugießen und aufkochen Pfanne von der Kochstelle nehmen
1/8 l Sahne 2 Eigelb 50 g geriebener Käse	vermischen und unter die Mehlschwitze rühren, die nicht mehr kochen darf
	Soße über den Fisch gießen
50 g Mandelstifte	darüberstreuen
	im vorgeheizten Backofen bei 200°C (170°C) ca. 15 Min. goldgelb überbacken
2 P. TK-Mandelbällchen	nach Packungsanleitung zubereiten

Vanilleeis mit heißen Schattenmorellen

1 Glas Schattenmorellen	in einem Topf erhitzen, etwas Saft zum Anrühren der Stärke übriglassen
1 EL Speisestärke 2 EL Weißwein etwas Kirschsaft 1-2 EL Zucker	glattrühren und zu den Kirschen geben aufkochen lassen und etwa 3 Min. köcheln lassen
1 P. Vanilleeis (500 g)	in Dessertschalen geben, erst kurz vor dem Servieren heiße Schattenmorellen darübergeben

250 g Sahne 3 EL Senf	in einem kleinen Topf gut verrühren, etwa 5 Min. köcheln lassen, vom Herd nehmen
2 Eigelb	mit dem Schneebesen in die Senf-Sahne-Soße rühren, die nicht mehr kochen darf, und über den Auflauf gießen
	im vorgeheizten Backofen bei 200°C (170°C) etwa 25 Min. backen, bis die Oberfläche goldgelb ist
8 Kartoffeln	Pellkartoffeln nach Grundrezept (S. 36) garen

Pfirsiche mit Himbeerpüree

8 Pfirsichhälften	von jeder Hälfte eine dünne Spalte abschneiden, beiseite legen
125 g Himbeeren	verlesen und durch ein Sieb streichen
30 g Puderzucker	mit dem Himbeerpüree verrühren
1/4 l Sahne 1 EL Zucker Mark einer Vanilleschote	steif schlagen
	Pfirsichhälften mit der Rundung nach unten auf eine Glasplatte setzen
	Sahne in einen Spritzbeutel füllen und auf die Pfirsichhälften spritzen, das Himbeermark darauf verteilen je eine Pfirsichspalte daraufsetzen
15 g Pistazienkerne	hacken und darüberstreuen

Staudensellerie mit Käsedip

1 Staudensellerie	zerteilen, waschen, Fäden abziehen Stengel zum Servieren in ein Glas stellen
	Dip:
50 g Gouda (mittelalt)	fein reiben
100 g Doppelrahmfrischkäse 1/8 l Sahne 3 EL mittelscharfer Senf	mit dem Schneebesen verrühren, geriebenen Gouda untermischen
Salz, Pfeffer	würzen, abschmecken
1 Bund Schnittlauch	waschen, in Röllchen schneiden Dip damit garnieren

Lammgeschnetzeltes mit Früchten

200 g Wildreis-Langkornmischung	nach Packungsanweisung garen
2 Kiwis	schälen, halbieren in nicht zu dünne Scheiben schneiden
4 Scheiben Ananas (Dose)	abtropfen lassen und vierteln
4 Erdbeeren	waschen, putzen, in Scheiben schneiden
1 Banane	schälen und pürieren
1 Zwiebel	schälen und fein würfeln
1 EL Butterschmalz	Zwiebelwürfel und pürierte Banane darin dünsten
1 TL Curry	darüberstäuben

Rohkostplatte

1 EL Erdnußmus 1 Becher Joghurt 1/2 TL Kräutersalz 1 Pr. Pfeffer, Zucker Saft einer halben Zitrone	miteinander mischen
1 großer Apfel 1 große Zucchini 2 Möhren 150 g Blumenkohl	putzen, waschen
	alles gleich in die Soße hinein grob raffeln, mischen Rohkost auf einer Platte anrichten
3 EL Sonnenblumenkerne	ohne Fett in einer Pfanne anrösten Rohkost damit garnieren

Hähnchenragout in Tomaten-Sahne

500 g Hähnchenbrustfilet	in feine Streifen schneiden
30 g Butterschmalz	in einem breiten Topf erhitzen die Filetstreifen rundherum anbraten
2 kl. Zwiebeln	schälen, fein würfeln und zum Fleisch geben
Salz, Pfeffer	würzen
2 EL Mehl	darüberstäuben und kurz anschwitzen

Staudensellerie mit Käsedip · Lammgeschnetzeltes mit Früchten · Zitronen-Sahne-Quarkspeise

Zeit	Spalte 1	Spalte 2	Spalte 3
5'	Zutaten und Arbeitsgeräte bereitstellen		
10'	Dip herstellen Mandelblättchen rösten	Staudensellerie vorbereiten	Sahne schlagen Quarkspeise herstellen
20'		Früchte und Zwiebel vorbereiten	
20'			
30'	Garzeit Reis	Soße herstellen Fleisch schneiden, würzen, anbraten	Tisch decken
40'			
20'			
50'		Geschnetzeltes fertigstellen	Quarkspeise garnieren
5'			
20'	anrichten und essen		
20'	aufräumen		
90'			

Rohkostplatte · Hähnchenragout in Tomaten-Sahne Orange mit Vanillecreme

Zeit	Spalte 1	Spalte 2	Spalte 3
5'	Zutaten und Arbeitsgeräte bereitstellen		
10'	Rohkostsoße herstellen Sonnenblumenkerne rösten	Hähnchenbrustfilet und Zwiebeln vorbereiten	Orangen vorbereiten Sahne schlagen
15'			
20'			
30'	Gemüse vorbereiten und raffeln	Salzwasser aufsetzen Ragout herstellen	Vanillecreme zubereiten
20'			
40'			
50'	Rohkostplatte fertigstellen	Garzeit Nudeln	Tisch decken
10'			
20'	anrichten und essen		
20'	aufräumen		
90'			

1/8 l Instant-Brühe	einrühren und etwas einkochen lassen
1/8 l Sahne	
1 EL Mango-Chutney	würzen, abschmecken
Salz, Pfeffer	
evtl. 1 Tropfen Tabasco	
600 g Lammfleisch vom Rücken	in schmale Streifen schneiden
Salz, Pfeffer	Fleisch würzen
1 TL Provence-Kräuter	
1-2 EL Öl	Fleisch in einer zweiten Pfanne von allen Seiten ca. 2 Min. braten, aus der Pfanne nehmen und warm stellen
	alle Zutaten vermischen

Zitronen-Sahne-Quarkspeise

500 g Quark (20 %)	
4 EL Zucker	
1 P. Vanillinzucker	mit dem Schneebesen glatt verrühren
4 EL Zitronensaft	
abgeriebene Schale einer halben Zitrone	
250 g Sahne	steif schlagen und vorsichtig unter die Quarkmasse heben, Quarkspeise in Dessertschälchen verteilen
40 g Mandelblättchen	rösten, Quarkspeise damit garnieren

Variation: Lamm mit Orangen

2 EL Tomatenmark	zugeben
1/4 l Instant-Brühe	zugießen
	5-10 Min. kochen lassen
200 g Crème fraîche	unterrühren, nochmals aufkochen
1 Bund Schnittlauch	waschen, in Röllchen schneiden Ragout vor dem Servieren damit bestreuen
800 g grüne Bandnudeln	nach Grundrezept (S. 36) garen

Orange mit Vanillecreme

4 Orangen	schälen
	mit einem Sägemesser über einer Schüssel in dünne Scheiben schneiden, damit der Saft aufgefangen wird
	Scheiben auf Glastellern anrichten
250 g Magerquark	
Mark einer Vanillestange	verrühren
1-2 EL Ahornsirup oder Honig	
1 Becher Sahne	steifschlagen und unter den Quark rühren
	Vanillecreme auf die Orangenscheiben geben
2 EL Kürbiskerne	hacken und Dessert damit garnieren

Blumenkohlsuppe mit Räucherlachs

1/2 Blumenkohl (400 g)	putzen, waschen, in Röschen zerteilen
25 g Butterschmalz	Blumenkohlröschen darin andünsten
1/2 l Brühe 1/8 l Weißwein 1 EL Zitronensaft	zugießen und zugedeckt 20 Min. kochen lassen
	Suppe pürieren
Salz, Pfeffer, Muskat	Suppe würzen und abschmecken
1 Eigelb 1/8 l Schlagsahne	verquirlen und unter die Suppe rühren, die nicht mehr kochen darf
1/2 Bund Dill	waschen, verlesen und fein hacken
50 g Räucherlachs	in Streifen schneiden, mit dem Dill über die Suppe streuen

Gefüllte Papayas

1 Zwiebel	schälen und fein würfeln
70 g Cashewkerne	16 Stück zum Garnieren beiseite legen, die restlichen hacken
500 g Hackfleisch 1 Ei 2 TL Curry Salz, Pfeffer 2 EL Semmelbrösel	miteinander verkneten, gehackte Cashewkerne dazugeben
4 Papayas (à 250 g)	waschen, mit dem Sparschäler schälen, längs halbieren, entkernen

Zucchinisuppe

1 Zwiebel	schälen und würfeln
600 g Zucchini	waschen, putzen, Streifen schneiden
30 g Butterschmalz	in einem Topf erhitzen Zwiebelwürfel anschwitzen etwas mehr als die Hälfte der Zucchinistreifen zugeben, 5 Min. mit andünsten
1/2 l Instant-Gemüsebrühe 1/4 l Schlagsahne	ablöschen und aufkochen
	mit dem Schneidestab des Handrührgeräts pürieren restliche Zucchinistreifen in die Suppe geben, noch 2 Min. köcheln lassen
1 Eigelb	mit 4 EL Suppe verquirlen, zur Suppe geben, die nicht mehr kochen darf
1/2 Bund Basilikum	waschen, hacken, unterrühren
Salz, Pfeffer 1-2 TL Zitronensaft	würzen und abschmecken

Pastetchen mit Geflügelragout

4 Blätterteigpasteten	bei 150 °C (⌀ 130 °C) aufbacken
3/8 l Instant-Brühe	zum Kochen bringen
500 g Hähnchenbrustfilet	würfeln, in die Brühe geben 5 Min. bei milder Hitze darin garen
250 g Champignons	putzen, kurz abbrausen, vierteln
20 g Butterschmalz	Pilze darin andünsten

2 EL Zitronensaft	Papayas damit beträufeln
1 Bund Zitronenmelisse	einige Blättchen zum Garnieren beiseite legen, mit den restlichen Blättchen die Hälften auslegen
	die Papayas mit der Hackfleischmasse füllen, die restlichen Cashewkerne halbieren und je 4 Hälften auf das Hackfleisch legen
	Papayahälften in eine gefettete Auflaufform setzen
1/4 l Instant-Gemüsebrühe	in die Auflaufform gießen
	im vorgeheizten Backofen bei 200°C (Umluft ungeeignet) auf der 2. Einschubleiste von unten 25-35 Min. garen
	Papayas herausnehmen, auf einer Platte im ausgeschalteten Backofen warmhalten, Papayasud in einen Topf geben
1/8 l Sahne 1 TL Curry	in den Sud geben und aufkochen lassen
2-3 EL Soßenbinder	einstreuen und aufkochen
Salz, Pfeffer 1 EL Zitronensaft	Soße würzen und abschmecken
	Reis:
200 g Parboiled-Reis 1/4 TL Curcuma	nach Grundrezept (S. 36) garen

3 EL Mehl	darüberstäuben, mit der Brühe ablöschen, Fleisch dazugeben
1 P. TK-Erbsen (300 g)	zugeben, alles aufkochen lassen
4 EL Weißwein Salz, Pfeffer 1 EL Worcestershiresoße 1/2 TL Zucker	würzen und abschmecken
1/8 l Sahne 2 Eigelb	verrühren und unter das Ragout geben, das nun nicht mehr kochen darf
1 Bund Petersilie	waschen, hacken, unterrühren

Eisbergsalat mit Erdbeeren

1/4 Kopf Friséesalat	putzen, ganze Blätter waschen, abtropfen, beiseite legen
1/2 Kopf Eisbergsalat	putzen, mehrmals ins Wasser tauchen vierteln, Strunk entfernen und quer in feine Streifen schneiden
2 Frühlingszwiebeln	putzen, waschen, schräg in Scheiben schneiden, mit Salat mischen
250 g Erdbeeren	abbrausen, Stiele entfernen, vierteln
	auf Desserttellern Friséesalatblätter auslegen, in die Mitte Eisbergsalat, Zwiebeln und Erdbeeren zugeben
3-4 EL Weinessig Salz, Pfeffer 1/2 TL Zucker 1 TL Senf 6 EL Öl	miteinander verrühren, über den Salat träufeln

	5′	Zutaten und Arbeitsgeräte bereitstellen		
10′	15′	Rouladen füllen	Kartoffeln schälen und schneiden	Gelatine einweichen TK-Beeren antauen lassen Salatsoße vorbereiten
20′				
30′	20′	Rouladen anbraten, Soße fertigstellen	Garzeit Kartoffeln	Salatzutaten vorbereiten Beeren pürieren, Gelatine auflösen, unterrühren, kühlen
40′				
50′	10′	Tisch decken	Kartoffeln abdampfen	Sahne schlagen, Dessert fertigstellen Salat anrichten
	20′	anrichten und essen		
90′	20′	aufräumen		

Putenröllchen in Senfsoße · Feldsalat mit Trauben · Beeren-Sahne-Creme

Putenröllchen in Senfsoße

4 Putenrouladen à 120 g	abwaschen, trocken tupfen
4 Scheiben gekochter Schinken 4 Basilikumblätter	Rouladen damit belegen
Pfeffer	Rouladen würzen, aufrollen und mit Zahnstochern zusammenstecken
20 g Butterschmalz	Rouladen rundherum braun anbraten
1/8 l Weißwein 200 g Sahne	zugießen, Pfanne abdecken und alles 10-12 Min. schmoren
	Putenröllchen aus der Pfanne nehmen und warmstellen
2 TL Senf	in die Soße einrühren
1 EL Soßenbinder braun	unterrühren, kurz aufkochen lassen
2 TL Kapern	zugeben
800 g Kartoffeln	Salzkartoffeln nach Grundrezept (S. 36) garen

Feldsalat mit Trauben

150 g Feldsalat	putzen, waschen, abtropfen lassen
130 g blaue Weintrauben	waschen, halbieren, entkernen
25 g Haselnußkerne	hacken

	5′	Zutaten und Arbeitsgeräte bereitstellen		
10′	25′	Fleisch vorbereiten Gemüse vorbereiten	Tisch decken	Biskuitboden ausschneiden und kühl stellen
20′			Blattsalate vorbereiten Vinaigrette herstellen	
30′		Fleisch braten Soße herstellen Stroganoff fertigstellen		Eiskugeln auf Biskuit legen, erneut einfrieren Schokobaiser herstellen
40′	25′		Ofen vorheizen (225°C; ☼ 190°C)	
50′			Rösti-Ecken braten	Eis mit Baiser bestreichen, überbacken
55′				
	20′	anrichten und essen		
90′	15′	aufräumen		

Bœuf Stroganoff mit Rösti-Ecken · Blattsalatvariation · Pistazieneis in Schokoladenbaiser

Bœuf Stroganoff mit Rösti-Ecken

500 g Rinderfilet	waschen, trocken tupfen, in feine Streifen schneiden
2 Zwiebeln	schälen, würfeln
200 g Champignons (ersatzweise Dose)	putzen, waschen, trocken tupfen, in dünne Scheiben schneiden
4 mittelgroße Gewürzgurken	in schmale Streifen schneiden
1 EL Butterschmalz	in einer großen Pfanne erhitzen Fleisch portionsweise darin anbraten
Salz, Pfeffer	würzen, Fleisch aus der Pfanne nehmen, beiseite stellen Zwiebeln und Champignons im Bratfett leicht anbraten
2 EL Mehl	darüber stäuben, kurz anschwitzen
1/4 l Wasser 2 TL Brühe-Instant	unter ständigem Rühren ablöschen, aufkochen
250 g saure Sahne 2 EL Senf mittelscharf	einrühren
	Fleisch und Gurkenstreifen zufügen
Salz, Pfeffer, 1 Pr. Zucker	abschmecken
Petersiliensträußchen	garnieren

Rösti-Ecken:

8-12 TK-Rösti-Ecken	nach Packungsanweisung zubereiten

158

150 g Dickmilch 1 EL Preiselbeeren Salz, Pfeffer, Zucker 2 EL Zitronensaft	miteinander verrühren
1 Birne	waschen, schälen, längs vierteln, entkernen und in Spalten schneiden
	Birnen, Trauben, Nüsse auf dem Salat verteilen, mit der Soße begießen

Beeren-Sahne-Creme

4 Blatt Gelatine	in kaltem Wasser einweichen
400 g TK-Beerenmischung 3 EL Zucker	antauen lassen, einige Beeren zum Verzieren beiseite stellen, den Rest mit dem Zucker im Mixer pürieren
	Gelatine nach Grundrezept (S. 37) auflösen, einige Eßlöffel Beerenpüree hineinrühren, dann den Rest mit dem Püree verrühren etwa 5 Min. ins Gefrierfach stellen
1/4 l Sahne	steif schlagen und vorsichtig unter das Püree mischen, sobald es etwas zu gelieren beginnt
	bis kurz vor dem Servieren kühl stellen dann die Creme mit einem Eßlöffel abstechen, auf Glasschälchen anrichten mit einigen Beeren garnieren

Blattsalatvariation

je 1/4 Kopf Lollo Rosso, Bionda und Frisée	putzen, waschen, gut abtropfen lassen, mischen auf vier Tellern dekorativ verteilen mit Vinaigrette (S. 33) anrichten
1 Tomate	waschen, vierteln, auf den Salat legen

Pistazieneis in Schokoladenbaiser

1 dünner Biskuitboden	4 Scheiben von je 8 cm ⌀ ausschneiden gut durchkühlen lassen
3 Eiklar	sehr steif schlagen
1 TL Puderzucker 1 TL Kakao 1 TL Speisestärke	hinzufügen und kräftig weiterschlagen
4 große Kugeln Pistazieneis	je 1 Kugel auf einen Boden legen auf Backpapier setzen mit einem Löffel rundherum mit Eischnee bedecken, dabei Spitzen ziehen im vorgeheizten Ofen bei 225°C (⌾ 190°C) ca. 3 Min. überbacken, bis die Spitzen leicht zu bräunen beginnen auf Dessertteller anrichten
1 TL Puderzucker	bestäuben
gehackte Pistazien	darüber streuen, sofort servieren

Klare Tomatensuppe

1 Bund Frühlingszwiebeln	putzen, in Ringe schneiden
2 EL Öl	erhitzen
	Zwiebeln andünsten
2 Gläser Kalbsfond (à 400 ml oder Gemüsebrühe)	ablöschen
750 g Tomaten	kreuzweise einritzen, Stielansätze keilförmig herausschneiden, mit kochendem Wasser überbrühen, abschrecken, enthäuten, in Spalten schneiden, entkernen, in die Suppe geben, zugedeckt ca. 5 Min. köcheln lassen
1 Bund glatte Petersilie	fein hacken
2 Scheiben Toastbrot	entrinden, diagonal durchschneiden
1 EL Margarine	erhitzen
	die Toastdreiecke darin goldbraun braten
Salz, Pfeffer, evtl. Koriander, Petersilie	Suppe würzen
	mit den Brotstückchen servieren

Grün-weißer Hackfleischkuchen

1/2 P. TK-Blätterteig	auftauen (ca. 5 Min.)
1 Brötchen	klein schneiden und einweichen

Radieschencremesüppchen

1 mittelgroße Zwiebel	schälen, fein würfeln
2-3 Bund Radieschen	mit den Blättern sorgfältig waschen einige schöne Blätter beiseite legen
100 g Doppelrahm-Frischkäse 100 g Crème fraîche	Radieschen mit den übrigen Blättern damit im Mixer pürieren
2 EL Butter	Zwiebel darin glasig dünsten
3/4 l Wasser 3-4 TL Hühnersuppe-Instant	mit Radieschenpüree unterrühren, zugedeckt ca. 20 Min. köcheln lassen
	restliche Radieschenblätter in schmale Streifen schneiden
je 1/2 TL Salz, Pfeffer 1 Pr. Cayennepfeffer etwas Muskat Saft von einer Zitrone	würzig abschmecken
	mit den Radieschenblättchen bestreut servieren

Spargelauflauf

1 kg weißer Spargel	waschen, schälen holzige Enden abschneiden, Stangen zweimal durchschneiden
1/2 l Wasser 1/2 TL Salz 1/2 TL Zucker 1 TL Butter	aufkochen, Spargel im kochenden Sud

Klare Tomatensuppe · Grün-weißer Hackfleischkuchen

Zeit	Aufgaben
5′	Zutaten und Arbeitsgeräte bereitstellen
10′	Blätterteig auftauen / Eiklar-Käse-Mischung herstellen / Brötchen einweichen / Hackfleischteig herstellen / Gemüse garen / Helle Soße kochen / Ofen vorheizen (225°C; ⊛ 190°C)
15′	Springform vorbereiten
20′	Kuchen fertigstellen
	Garzeit Hackfleischkuchen / Wasser für Tomaten aufkochen / Tisch decken
30′	Gemüse für Suppe vorbereiten / Suppe kochen
35′	
40′	
	Toastdreiecke braten
50′	
55′	
20′	anrichten und essen
90′ / 15′	aufräumen

Frühlingsmenü: Radieschencremesüppchen · Spargelauflauf

Zeit	Aufgaben
5′	Zutaten und Arbeitsgeräte bereitstellen
10′	Spargel schälen / Kartoffeln vorbereiten / Zwiebel und Radieschen für Suppe vorbereiten / Zwiebel andünsten / Kochschinken schneiden
20′	Garzeit Spargel und Kartoffeln / Sahnesoße kochen
15′	Backofen vorheizen (200°C; ⊛ 170°C)
30′	
10′	Kartoffeln pellen, in Scheiben schneiden / Auflauf einschichten / Garzeit Suppe / Tisch decken
40′	
15′	Garzeit Auflauf
50′	
55′	Käse reiben, aufstreuen / abschmecken
20′	anrichten und essen
90′ / 15′	aufräumen

1 Zwiebel	fein hacken
250 g Hackfleisch 1 Ei	zusammen mit Brötchen und Zwiebel Hackfleischteig herstellen
Salz, Pfeffer, Paprika	abschmecken
1 P. TK-Blumenkohl (300 g) 1/2 P. TK-Brokkoli	gleichzeitig in je 3/8 l kochendem Salzwasser ca. 5 Min. vorgaren Kochwasser aufbewahren
	den Boden einer Springform kalt abspülen, mit 4 Blätterteigscheiben auslegen, überstehende Kanten abschneiden, aufbewahren mit einer Gabel mehrmals einstechen Hackfleischteig, dann Gemüse verteilen
1/8 l Blumenkohl- kochwasser 1/8 l Milch 1 P. Helle Soße	eine Soße kochen von der Kochplatte nehmen, abschmecken
2 Eier	trennen, 1 Eigelb in die Soße rühren, über das Gemüse verteilen beide Eiklar steif schlagen
100 g Käse	entrinden, reiben, unter den Eischnee heben, auf den Belag streichen restlichen Teig zu Streifen ausrädeln, diagonal über den Kuchen legen
1 EL Wasser	zusammen mit dem restlichen Eigelb verquirlen, Streifen damit bestreichen im vorgeheizten Ofen bei 200-225°C (⊕ 190°C) ca. 35 Min. backen

	10-15 Min. garen, abtropfen lassen, Kochwasser auffangen, 1/4 l abmessen, beiseite stellen
400 g Kartoffeln	waschen in Salzwasser ca. 15 Min. vorgaren mit kaltem Wasser abschrecken, pellen, in Scheiben schneiden
200 g Kochschinken (4 Scheiben)	halbieren, dann in Streifen schneiden Kartoffeln in eine Auflaufform schichten Schinken und Spargel darauf verteilen
40 g (2 EL) Butter	im Topf erhitzen
2 EL Mehl	darin anschwitzen
1/4 l Weißwein (ersatz- weise Wasser und Zitrone)	Mehlschwitze mit Wein und Kochwasser unter ständigem Rühren ablöschen aufkochen lassen
1 Becher Crème fraîche 1 Ecke Sahneschmelz- käse (62,5 g)	unterrühren
Salz, Pfeffer	abschmecken Soße über Auflauf gießen im vorgeheizten Ofen bei 200°C (⊕ 170°C) ca. 15 Min. überbacken
75 g Gouda am Stück	entrinden, grob reiben 10 Min. vor Ende der Garzeit über- streuen und schmelzen lassen

Kaltes Büffet: Spiced iced Tea · Cocktailtomaten · Salbei-Crêpe-Röllchen Gefülltes Meterbrot · Kartoffelsalat pikant

Zeit			
5′	Zutaten und Arbeitsgeräte bereitstellen		
10′	Teewasser aufsetzen	Brot aushöhlen Füllung für Meterbrot zubereiten	Kartoffeln waschen
15′	Tee aufbrühen, nach 3 Min. abgießen, kühlen		Garzeit Kartoffeln Teig für Crêpe zubereiten
20′			Crêpe ausbacken
		Grieß für Cocktailtomaten zum Kochen aufstellen	Salatsoße zusammenmischen
30′	Büffet aufbauen	Brot füllen und einwickeln	
30′		Backofen vorheizen (200°C; ⊛170°C)	
40′			Kartoffeln schälen, schneiden
50′			
60′		Garzeit Meterbrot Tomaten vorbereiten, füllen und anrichten	Kartoffelsalat fertigstellen
30′			
70′			
80′		Brot schneiden	
85′	5′ Iced Tea einfüllen		
	30′ anrichten und essen		
135′	20′ aufräumen		

Spiced iced Tea

1 l Wasser (entkalkt oder Mineralwasser) 3 EL Rohrzucker 1 Nelke 1 kl. Zimtstange	zum Kochen bringen
3 TL Schwarzer Tee »Orange Pekoe«	mit dem kochenden, gewürzten Wasser überbrühen nach 3 Min. absieben, gut kühlen
2 Zitronen oder Limonen	waschen, halbieren, 4 gleichmäßige Scheiben zur Garnierung abschneiden, den Rest auspressen
4 Eiswürfel	gekühlten Tee in Gläser füllen, je einen Eiswürfel dazugeben, mit Zitronenscheiben garnieren

Cocktailtomaten

30 g durchwachsener Speck	in äußerst feine Würfel schneiden, bei kleiner Hitze braten, bis er zu bräunen beginnt
40 g Maisgrieß	zufügen, leicht anrösten
200 ml Instant-Gemüsebrühe	aufgießen bei kleinster Hitze den Grieß 15 Min. quellen lassen ab und zu umrühren
Salz, Pfeffer	abschmecken
1 EL Petersilie	untermischen
10-12 Kirschtomaten (250 g)	waschen, trocken reiben, von jeder Frucht einen kleinen Deckel abschneiden, die Tomaten mit einem Kugelausstecher aushöhlen, Fruchtfleisch für das gefüllte Meterbrot verwenden den gewürzten Maisgrieß in die Tomaten füllen
einige Petersilieblättchen	Cocktailtomaten garnieren

Salbei-Crêpe-Röllchen

1 Ei 30 g Mehl	verquirlen
4 EL Sahne	unterrühren
6 EL Mineralwasser	Masse damit aufschäumen, so daß der Teig dick vom Löffel fällt
Salz, Pfeffer	würzen
4 TL Öl	in einer Pfanne erhitzen wenn es richtig heiß ist, einen Schöpflöffel Teig hineingießen, in der Pfanne verlaufen lassen, bis der Teig gleichmäßig verteilt ist, von beiden Seiten hellbraun ausbacken

10 frische Salbeiblättchen	waschen, fein hacken
100 g Kalbsleberwurst	damit vermischen
	Lebercreme auf die Crêpes gleichmäßig verteilen,
	diese eng zusammenrollen und in 2 cm breite Stücke schneiden,
	das Ende mit einem Zahnstocher feststecken
3 - 4 Salatblätter	Crêpe-Röllchen darauf anrichten

Gefülltes Meterbrot

1 französisches Weißbrot	im oberen Drittel der Länge nach halbieren, Teigkrümel herauslösen
1 rote Paprikaschote 1 grüne Paprikaschote	beide waschen, entkernen und in Würfel schneiden
2 Tomaten oder das Fruchtfleisch der Cocktailtomaten	in kleine Würfel teilen
250 g Frischkäse mit Kräutern	mit dem Gemüse und den herausgelösten Teigkrümeln mischen
Pfeffer, Paprikapulver	abschmecken
	Gemüse-Käsemasse in das ausgehöhlte Weißbrot mischen, Brotdeckel daraufsetzen und das Brot mit Alufolie fest umwickeln
	im Backofen bei 200°C (☼ 170°C) 20 Min. backen
	sofort in Stücke schneiden
	man kann es heiß oder kalt servieren

Kartoffelsalat pikant

800 g Kartoffeln	waschen, abbürsten, in wenig Salzwasser 30 Min. garkochen
1 kl. Zwiebel	schälen und fein hacken
100 ml heiße Instant-Gemüsebrühe 1 EL Senf 2 EL Essig 1/2 TL Kräutersalz 2 MS frischgemahlener Pfeffer	in einer Schüssel mischen
1/2 Salatgurke 2 Radieschen	waschen, in Scheiben schneiden
	Kartoffelwasser abgießen die Kartoffeln schälen, in Scheiben schneiden, unter die Salatsoße mischen mit Kräutersalz und Pfeffer abschmecken
4 EL Öl	mit den Gurken- und Radieschenscheiben untermischen
1/2 Bund Schnittlauch	waschen, fein schneiden, Salat damit bestreuen

Gurkenmedaillons · Wildkräutersuppe · Frischkäsetorte · Erdbeersorbet

	5'	Zutaten und Arbeitsgeräte bereitstellen		
10'	30'	Dinkel mahlen, Kräuter vorbereiten	Teig zubereiten, kühl stellen	Beeren waschen, mixen
20'				
30'			Backofen vorheizen (200°C; ⊕ 170°C)	
40'	40'	Garzeit Suppe Suppe mixen Tisch decken	Käsecreme zubereiten, einfüllen	Beeren-Sahnemilch in die Eismaschine geben Gurkenmedaillons zubereiten
50'			Garzeit Käsetorte Tisch decken	
60'				
70'				
80'	10'	Suppe abschmecken und garnieren	Torte aufschneiden und garnieren	Eis anrichten
85'				
	30'	**anrichten und essen**		
135'	20'	aufräumen		

Gurkenmedaillons

1/4 Salatgurke	gründlich waschen, in 6-8 Scheiben schneiden
125 g Kräuterquark	in eine Tortenspritze füllen, auf die Gurkenscheiben spritzen
2 MS Paprikapulver	darüberstreuen
	je zwei Medaillons auf einen Kuchenteller setzen
etwas Dill oder Schnittlauchröllchen	Medaillons damit garnieren

Wildkräutersuppe

4 EL Dinkel	mahlen, ohne Fettzugabe in einem Topf anrösten, bis er nußartig riecht
1 l Instant-Gemüsebrühe	aufgießen
20 g frische Wildkräuter und andere Kräuter (Löwenzahn, Brennesselspitzen, Sauerampfer, Basilikum, Thymian, Petersilie)	Kräuter waschen, verlesen, grob zupfen, 5 Min. in der Suppe mitkochen, danach Kräuter zerkleinern im Mixer die ganze Suppe aufschlagen Kräuter zurück in den Topf füllen
1/2 TL Jodsalz 2 MS Muskat	würzen, abschmecken
4 EL Sahne	kurz vor dem Essen (Suppe darf nicht mehr kochen) unterrühren in Suppentassen füllen
4 EL geschlagene Sahne	Suppe damit garnieren

Frischkäsetorte

Teig:

100 g Weizenvollkornmehl 1/2 TL Salz 1 Ei 1 EL Sauerrahm 80 g Butter	mit den Knethaken des Rührgerätes zu einem Teig verarbeiten wenn er zu weich geworden ist, etwas Mehl unterheben 20 Min. im Kühlschrank ruhen lassen

Füllung:

200 g Kräuterfrischkäse 200 g Quark 2 Eigelb 1 EL gehackter Dill 2 MS Pfeffer 1/2 TL Kräutersalz 1/4 Becher Sauerrahm	mit dem Schneebesen vermischen, abschmecken
2 Eiklar	zu Schnee schlagen und unter die Käsemasse heben
	Backofen auf 200°C (170°C) vorheizen
	Teig ausrollen und in eine Tortenform ⌀ 24 cm legen, Rand 3 cm hochdrücken, Käsemasse gleichmäßig einfüllen
1 TL Oregano	Torte damit bestreuen
	30 Min. backen danach aufschneiden
1 Tomate	waschen, in Scheiben schneiden, Torte damit garnieren

Erdbeersorbet

250 g Erdbeeren	waschen, auslesen, im Mixer pürieren
1 Becher Sahne 100 ml Frischmilch Zucker oder Honig nach Geschmack	in den Mixbecher zu den Erdbeeren geben, nochmals kurz mischen, abschmecken
	diese Masse in der Eismaschine ca. 30 Min. gefrieren lassen
	danach mit dem Eisportionierer Kugeln formen, in Nachtischgläser füllen
6-8 schöne Beeren	Sorbet damit garnieren
4 große Schokospäne	pro Nachtisch einen Span aufstecken

Minipizzas · Kräuterspieße · Kartoffelfächer · Krautsalat mit Kürbiskernen · Nußbiskuitrolle mit Ananas

Zeit				
5'	Zutaten und Arbeitsgeräte bereitstellen			
10'	Kartoffelfächer vorbereiten	Teig für Biskuitrolle herstellen	Hefeteig für Minipizzas zusammenkneten	
15'	Backofen vorheizen (200°C; ⌀ 170°C)	Backofen vorheizen (180°C; ⌀ 155°C)		
20'				
	Garzeit Kartoffeln	Garzeit Biskuitrolle	Pizzateig ausstechen, Belag vorbereiten	
30'	Kräuterspieße vorbereiten	Füllung zusammenrühren	Pizza belegen	
	Kraut hobeln, kneten	Biskuitrolle aus dem Backofen nehmen, auskühlen		
40'				
50'				
	Salatsoße zubereiten	Schokoladenkuvertüre schmelzen	Kräuterspieße anbraten	
60'	Salat mischen, ziehen lassen	Biskuitrolle füllen, zusammenrollen, schneiden	Garzeit Kräuterspieße	
70'	Käse über die Kartoffeln streuen			
25'				
80'	Salat abschmecken, anrichten	Biskuitrollenstücke anrichten und garnieren	Garzeit Pizza Tisch decken	
85'	10'	Kartoffeln aus dem Backofen holen		
	30'	anrichten und essen		
135'	20'	aufräumen		

Minipizzas

Teig:

125 g Mehl 60 ml lauwarme Milch 1 TL Trockenhefe 1/2 TL Zucker 2 EL Öl 1 MS Salz 2 MS Oregano	mit den Knethaken des Rührgerätes zu einem Teig verarbeiten kurz mit der Hand kneten

Backblech mit Backpapier auslegen

Teig ausrollen, in Kreise von ⌀ 8 cm (mit einer Tasse) ausstechen, Kreise auf das Backblech legen und gehen lassen

Belag:

50 g Salami	in Streifen schneiden
1/2 Stange Lauch	waschen und in Scheiben schneiden
5-6 Champignons	waschen, putzen, schneiden
6 EL Ketchup 1 EL gehackte Petersilie	mischen und auf die Teigkreise verteilen
	mit Salami, Pilzen und Lauch belegen
50 g Gouda	reiben, über die Minipizzas streuen bei 200°C (⌀ 170°C) im Backofen 8-10 Min. backen

Kräuterspieße

2 EL Öl 2 EL gehackte Kräuter (Basilikum, Petersilie, Thymian) 1/2 TL Kräutersalz 2 MS Pfeffer	mischen
2 Schweine- oder Kalbsschnitzel	waschen, trocken tupfen mit der Kräuterpaste bestreichen Fleisch in 1 cm breite Streifen schneiden, zu einer Schnecke zusammenrollen
4 lange Holzspieße	je 2-3 Schnecken darauf stecken
4 EL Öl	erhitzen, Spieße von beiden Seiten anbraten
1/4 l Instant-Brühe	aufgießen, 20 Min. schmoren lassen
2 EL Tomatenketchup	Soße damit abschmecken

Kartoffelfächer

4 Kartoffeln	waschen, schälen, so tief in dünne Scheiben einschneiden, daß sie an der Breitseite noch zusammenhalten
1 EL (10 g) Butter	feuerfeste, flache Form damit einfetten die Kartoffeln einsetzen
Salz, Pfeffer	Kartoffeln damit bestreuen
2 EL flüssige Butter	darüber träufeln bei 200°C (⌀ 170°C) im vorgeheizten Backofen 30 Min. backen
50 g geriebener Käse	Kartoffeln damit bestreuen, noch weitere 5 Min. im Backofen lassen

Krautsalat mit Kürbiskernen

1/4 Kopf Weißkraut	die äußeren Blätter entfernen, den Strunk wegschneiden, in der Küchenmaschine fein hobeln
100 ml heiße Instant-Gemüsebrühe	über das gehobelte Kraut gießen, so lange durchkneten, bis es geschmeidig wird
2 EL Öl 2 EL Essig 1/2 TL Salz 2 MS Pfeffer 1 MS Zucker oder Honig	Salatsoße mischen
	zum Krautsalat geben, ziehen lassen
	kurz vor dem Essen abschmecken, in Salatschüsselchen füllen
1 EL Kürbiskerne	Salat damit garnieren

Nußbiskuitrolle mit Ananas

Teig:

2 Eigelb 3 EL Wasser 50 g Zucker oder Honig	schaumig rühren
50 g Mehl (höhere Typenzahl) 50 g gemahlene Haselnüsse 1 TL Backpulver	mischen und zur Schaummasse geben
2 Eiklar	zu Schnee schlagen und unter den Teig heben
1 Stück Backpapier	auf ein Blech legen und Teig gleichmäßig darauf verteilen
	bei 180°C (155°C) ca. 10 Min. backen Teig sollte leicht hellbraun sein
	sofort auf ein sauberes Geschirrtuch stürzen, aufrollen und auf einem Gitter auskühlen lassen

Füllung:

250 g Magerquark 20 g Zucker oder Honig 1 EL Zitronensaft 2 EL Sahne 4 MS Biobin	mit einem Schneebesen mischen und abschmecken
	ausgekühlte Teigrolle aufwickeln, mit Quark bestreichen
1/2 kl. Dose Ananasstückchen	abtropfen lassen Quark mit Ananasstückchen belegen
	Teig wieder vorsichtig zusammenrollen, in 4 Stücke schneiden
50 g Schokoladenkuvertüre	im Wasserbad schmelzen die Biskuitrolle im Schachbrettmuster bestreichen
1/2 kl. Dose Ananasstückchen	jedes Biskuitrollenstück mit einem Stückchen auf einem Kuchenteller anrichten

Variation (oberes Bild): Minipizzas mit unterschiedlichem Belag

Zeit			
5'	Zutaten und Arbeitsgeräte bereitstellen		
35'	Schweinefilet häuten Füllung zubereiten Filet fertigstellen kühl stellen	Kartoffeln dämpfen Kartoffeln durchpressen, abkühlen lassen	Auberginen zubereiten Äpfel vorbereiten Sud herstellen Äpfel dünsten
30'	Marinade für Auberginen zubereiten Ofen vorheizen (200°C; 170°C) Filet anbraten, in Auflaufform geben Brühe zugießen	Tisch decken Kräuter und Knoblauch vorbereiten, Tomaten würfeln Medaillons formen	Auberginen schneiden, bestreichen Marinade zufügen, durchziehen lassen Vanillecreme zubereiten
20'	Garzeit Schweinefilet Filet schneiden Soße verfeinern	Medaillons ausbacken, in die Röhre stellen garnieren	Auberginen garnieren Sahne schlagen Dessert anrichten
25'	anrichten und essen		
135' 20'	aufräumen		

Marinierte Auberginenscheiben

4 kl. Auberginen	Stielansätze entfernen, kurz waschen
1/2 l Wasser 1 TL Zitronensaft 1/2 TL Salz	mischen, aufkochen
	Gemüse 10 Min. kochen, abkühlen lassen, längs in Scheiben schneiden
2 Knoblauchzehen	schälen, durchpressen Auberginenscheiben bestreichen
Saft einer Zitrone 1 Pr. Salz 1 Pr. Cayennepfeffer 4 EL Öl 1 TL Kräuteressig	mischen, beträufeln
2 Tomaten	würfeln
Basilikumblättchen	fein schneiden über die Auberginenscheiben verteilen

Gefülltes Schweinefilet

1 großes oder 2 kleine Schweinefilets	abtupfen, häuten, der Länge nach bis auf 1 cm nach unten einschneiden
2 Stück feine Bratwürste, roh	Wurstmasse ausdrücken
1 P. TK-Kräutermischung	unterrühren Filets damit füllen, zusammendrücken
8 Scheiben Frühstücksspeck	Filets damit fest umwickeln, evtl. mit Baumwollfaden zubinden Pfanne trocken erhitzen, Filets kurz anbraten
1/4 l Gemüsebrühe 1 Pr. Rosmarin 1 Pr. Pfeffer	mischen
	Filets in eine feuerfeste Form geben, Brühe zugießen bei 200°C (170°C) 20 Min. in der Röhre garen
4 EL Sahne	Soße verfeinern
	Fleisch in ca. 2 cm dicke Scheiben schneiden

Gebackene Kartoffelmedaillons

300 g Kartoffeln	schälen, im Dampfdrucktopf ca. 8 Min. dämpfen, heiß durch die Kartoffelpresse drücken, erkalten lassen
1 Pr. Muskat 1/2 TL Salz	würzen
30 g Butter 1 Eigelb 40 g Mehl	unterkneten
1 Bund Petersilie	fein hacken, zugeben
	Rolle formen und kleine Medaillons schneiden
6–8 EL Öl	erhitzen, Medaillons goldgelb ausbacken
2 EL Johannisbeergelee	garnieren

Vanilleäpfel

4 mittelgroße Äpfel	schälen, halbieren
1/8 l Weißwein 1/8 l Wasser 2 TL Zucker 1 Pr. Zimt 2–3 Nelken	aufkochen (Sud), Äpfel bißfest dünsten, erkalten lassen
	Vanillecreme:
1 Eigelb 50 g Mehl 1/2 l Milch Mark einer Vanilleschote 3 EL Zucker	im Milchtopf mit dem Schneebesen schaumig rühren, aufkochen etwas erkalten lassen
1 Eiklar	Eischnee schlagen, unterziehen
	Äpfel mit der Rundung nach oben in Dessertschälchen legen, mit Creme überziehen
1/8 l Sahne	schlagen, Dessert garnieren
2 EL Raspelschokolade	aufstreuen
	kalt servieren

	5′	Zutaten und Arbeitsgeräte bereitstellen		
10′	25′	Fleisch abtupfen und anbraten Bratzutaten zubereiten mit Brühe aufgießen	Serviettkloßteig zubereiten Kochwasser zusetzen	Blaukraut zubereiten Brühe mischen und aufgießen
20′				
30′				
40′	50′	Garzeit Sauerbraten	Garzeit Serviettkloß	Garzeit Blaukraut Ofen vorheizen (180 °C; ⊛ 150 °C) Biskuitteig vorbereiten
50′			Tisch decken	
60′			Serviettkloß wenden	Blaukraut abschmecken
70′				Backzeit Biskuit Biskuits ausstechen, abkühlen lassen
80′		Soße durchpassieren Fleisch schneiden		Beeren erwärmen
90′	10′	Soße abschmecken Fleisch in Soße erwärmen Blaukraut erwärmen	Serviettkloß in Scheiben schneiden, warmhalten (Röhre)	Sahne schlagen Vanilleeis anrichten Dessert garnieren
	25′	anrichten und essen		
135′	20′	aufräumen		

Sauerbraten

Beize:

2 Zwiebeln	in feine Ringe schneiden
3/4 l Wasser 1/4 l Weinessig 1 P. Sauerbratengewürzmischung	mischen, Zwiebelringe dazugeben, Fleisch einlegen
800 g Rindfleisch (Bug, Brust, Keule)	ca. 3 Tage in einer Beize einlegen und mehrmals wenden (oder bereits eingelegtes Fleisch beim Metzger kaufen)
	Dampfdrucktopf bereitstellen
eingelegtes Rindfleisch	abtupfen
1 EL Öl	erhitzen, Fleisch anschmoren
1 Möhre 1 Stück Sellerie	putzen, waschen, grob schneiden, zufügen, andünsten
1 Soßenlebkuchen	bröseln
1/4 l Beize 1 Pr. Salz 1 Pr. Pfeffer	Brühe mischen, aufgießen
	ca. 50 Min. im Dampfdrucktopf garen Fleisch herausnehmen, in Scheiben schneiden
	Soße durchpassieren
Soßenbinder dunkel	binden
4 EL Sahne 2 EL Rotwein	Soße verfeinern
	Fleisch nochmals kurz erwärmen, auf vorgewärmter Platte anrichten

Serviettkloß

6–8 altbackene Semmeln	in feine Scheiben schneiden
1/8 l lauwarme Milch	zufügen, 10 Min. einweichen
3 l Salzwasser	zum Kochen bringen
1 EL Petersilie 1/2 TL Salz 1 Pr. Muskat 6 Eier	zur Semmelmasse geben, mit dem Knethaken einen Teig kneten
	in eine große Serviette einbinden, ins kochende Wasser geben, ca. 50 Min. kochen lassen nach 25 Min. den Kloß umwenden in Scheiben geschnitten servieren

Blaukraut mit Äpfeln

1 kleiner Kopf Blaukraut	äußere Blätter entfernen, vierteln, Strunk herausschneiden, kurz abbrausen, fein schneiden oder hobeln
2 Äpfel 2 Zwiebeln	fein würfeln
2 EL Butter	erhitzen, vorbereitete Zutaten andünsten
1/4 l Wasser oder Rotwein 3 EL Kräuteressig Pimentkörner 5 Wacholderbeeren 3 Gewürznelken 1 TL Zucker 1 Lorbeerblatt 1 Pr. Pfeffer	mischen, hinzugießen, 30 Min. dünsten, ab und zu umrühren

Biskuits mit Vanilleeis und Beerensoße

	Biskuitteig wie für die Biskuitrolle backen (S. 30)
	Teigplatte stürzen, mit einem Glas, ⌀ ca. 8 cm, Scheiben ausstechen
Puderzucker	Dessertteller bestreuen, Biskuitscheiben auflegen
1 Becher Sahne	schlagen
	Biskuits am Rand mit Sahnetupfern garnieren
1 P. TK-Beeren (z. B. Himbeeren, Waldbeeren)	erhitzen
4 große Kugeln Vanilleeis	in die Mitte der Biskuits geben, mit heißer Beerensoße übergießen sofort servieren

Vorspeisenvariation an Gemüseblume (sidebar label, rotated: Vorspeisenvariation an Gemüseblume / Lachsfilet in Wirsing-Blätterteig-Mantel mit Meerrettichsahne)

Zeit	Arbeitsschritt			
5'	Zutaten und Arbeitsgeräte bereitstellen			
10'	Blätterteig auftauen	Forellencreme herstellen	Paprika-Käse-Häppchen herstellen	
	Wirsing vorbereiten	Mozzarella abtropfen lassen		
	Lachs vorbereiten			
20'	Teig ausrollen bzw. ausstechen	Forellencreme auf Toast herstellen	Papaya-Schiffchen herstellen	
	Ofen vorheizen (200°C; ♨ 170°C)			
30'	Wirsing und Lachs einhüllen, dekorieren, bestreichen			
45'		Mozzarella-Tomaten-Taler herstellen		
40'				
50'				
	Garzeit Lachsfilet		Gemüseblume und Radieschenmäuse herstellen	
	Meerrettichsahne zubereiten			
60'				
		Vorspeisen an Gemüseblume anrichten	Tisch decken	
70'	40'			
80'				
90'				
	30'	anrichten und essen		
135'	15'	aufräumen		

Vorspeisenvariation an Gemüseblume

Forellencreme auf Toast:

1 geräuchertes Forellenfilet
1 EL Crème-fraîche
1 TL Sahnemeerrettich } pürieren

50 g Sahne — steif schlagen, unterheben, in einen Spritzbeutel mit Sterntülle füllen

1 Scheibe Toastbrot — toasten, in 4 Dreiecke schneiden

4 kl. Salatblätter — je eines auf ein Dreieck legen Forellencreme daraufspritzen

1 Kirschtomate — waschen, trocken tupfen, vierteln in die Creme setzen

Mozzarella-Tomaten-Taler:

1 Beutel kl. Mozzarella-Kugeln (ca. 150 g) — gut abtropfen lassen

1 Tomate — waschen, trocken tupfen, in 4 Scheiben schneiden, je 2 Mozzarella-Kugeln auf eine Tomatenscheibe legen

Salz
Zitronenpfeffer } würzen

Basilikumblättchen — garnieren

Paprika-Käse-Häppchen:

1 EL Paprikamark
50 g Doppelrahmfrischkäse } glattrühren

1 Scheibe Gouda-Käse — bestreichen, aufrollen, schräg in dicke Scheiben schneiden

Salatblätter — Käsehäppchen darauf anrichten

Papaya-Schiffchen:

1/2 Papaya — entkernen, schälen, in 4 Spalten schneiden

4 Scheiben Pfeffersalami — locker wie Segel auf 4 Holzspießchen stecken

4 paprikagefüllte Oliven — dazustecken »Mast« auf die Spalten stecken (Olive nach oben)

Eßbare Gemüseblume:

1/4 Salatgurke — waschen, trocken tupfen aus der Schale mit einem Messer in ganz gleichmäßigen Abständen Streifen herausschneiden Gurke in 12 Scheiben schneiden, je 3 Scheiben mit unregelmäßigem Abstand auf einen großen Teller legen

12 Schnittlauchhalme — als Stengel daranlegen

Blätter von glatter Petersilie — als Blätter legen

1 Möhre — wie die Gurke verarbeiten je eine Möhrenscheibe als Blüte auf die Gurkenscheibe legen

die Vorspeisen dekorativ um die Blume anrichten
je 1 Radieschenmaus auf den Tellerrand setzen

Radieschenmäuse:

4 schöne Radieschen	waschen, trocken tupfen Grün mit einer Kappe abschneiden evtl. noch 1 Scheibe abschneiden, damit das Gesicht groß genug ist an einer Seite etwas von der Rundung abschneiden
12 Gewürznelken	als Augen und Nase eindrücken aus der abgeschnittenen Rundung zwei runde Ohren abschneiden, zwei kleine Schnitte in den Kopf ritzen, Öhrchen einstecken

Lachsfilet in Wirsing-Blätterteig-Mantel mit Meerrettichsahne

1 P. TK-Blätterteig (450 g)	nach Vorschrift auftauen
1 kl. Kopf Wirsing (ca. 750 g)	putzen, waschen, in Streifen schneiden
1 Zwiebel	schälen, fein würfeln
2 EL Margarine	in einem Topf erhitzen Wirsing und Zwiebel darin andünsten
Salz, Pfeffer, Muskat	würzen
knapp 1/4 l Wasser	zugießen, ca. 8 Min. garen, abtropfen lassen
700 g Lachsfilet	waschen, trocken tupfen
3 EL Limettensaft (ersatzweise Zitrone)	beträufeln
Salz, Pfeffer	würzen
8 Blätterteigscheiben	übereinanderlegen, auf einer leicht bemehlten Arbeitsfläche auf 30 x 30 cm ausrollen die Hälfte des Wirsings auf eine Teighälfte geben, Lachs und Rest des Wirsings daraufgeben
1 Ei	trennen, die Teigkanten mit Eiklar bestreichen, zweite Teighälfte darüberschlagen, Ränder gut andrücken vorsichtig auf kalt gespültes Backblech legen
	Rest des Blätterteigs leicht ausrollen, Figuren ausstechen, mit Eiklar bestreichen, auf den Teig kleben mit verquirltem Eigelb bestreichen 2 Löcher in den Blätterteig ritzen, damit der Dampf entweichen kann im vorgeheizten Ofen bei 200°C (⊛ 170°C) ca. 40 Min. backen Backofen nicht ganz schließen, damit der Dampf entweichen kann und der Teig schön knusprig wird

Meerrettichsahne:

200 g Sahne	halbsteif schlagen
Limettensaft 1-2 EL Meerrettich (Glas)	abschmecken
	mit Streifen der Limettenschale garnieren

Lammfilets in Quarkteig

Teig:

250 g Mehl	
1 MS Salz	einen Teig kneten
250 g Butter	
250 g Magerquark	

zugedeckt im Kühlschrank ca. 15 Min. ruhen lassen

Füllung:

4 Lammfilets	häuten
1 EL Bratfett	erhitzen
	Filets anbraten, abkühlen lassen
250 g frischer Spinat	kurz andünsten
1 MS Muskatnuß	würzen
1 Knoblauchzehe	auspressen
100 g Kalbsbrät	
2 EL Crème fraîche	zusammen mit Spinat und Knoblauch verrühren
2 Eier	

Quarkteig zu zwei Rechtecken auswellen (etwas größer als die Filets)
Spinatmasse aufstreichen
je 2 Filets auflegen
Teig über die Filets schlagen und gut festdrücken

1 Eiklar	Ränder damit bestreichen
1 Eigelb	Rollen bestreichen

auf ein mit Backpapier ausgelegtes Blech legen
bei 200°C (170°C) ca. 25 Min. backen
zum Servieren in Scheiben schneiden

Kartoffelgratin mit Käse

800 g festkochende Kartoffeln	schälen, waschen, in feine Scheiben schneiden
1/2 Knoblauchzehe	feuerfeste Form damit ausreiben
	Kartoffeln einschichten
150 g Emmentaler	
1 MS Salz	
1 MS Muskat	mischen, zugießen
1/4 l Sahne	
1 Pr. Pfeffer	
3 EL Kräuter	

bei 200°C (170°C) ca. 45 Min. backen
während der letzten 20 Min. mit Deckel der Auflaufform abdecken

---

Lammfilets in Quarkteig · Kartoffelgratin mit Käse · Feldsalat mit Walnußsoße · Schoko-Bananen-Torte

Zeit			
5'	Zutaten und Arbeitsgeräte bereitstellen		
10'	Quarkteig kneten kühl stellen	Feldsalat vorbereiten Walnußsoße zubereiten	Gelatine einweichen Sahnefülle zubereiten
15'			
20'			
30'	Lammfilets anbraten Spinat dünsten Fülle zubereiten Teig auswellen und füllen	Käse reiben Ofen vorheizen (200°C; 170°C) Kartoffeln vorbereiten, einschichten	
40'	40'	Garzeit Gratin	Böden bestreichen Bananen vorbereiten und auflegen
50'			
60'			
70'	Filets in die Röhre stellen (zum Gratin)	Deckel der Auflaufform auflegen	Torte garnieren und kühl stellen Tisch decken
80'	25'		
90'	5' Filets in Scheiben schneiden	Gratin portionieren Salat anrichten	Torte schneiden
	30' anrichten und essen		
135'	15' aufräumen		

Feldsalat mit Walnußsoße

300 g Feldsalat	Wurzelenden abschneiden, putzen, gründlich waschen, gut abtropfen lassen
4 EL Walnußöl	zufügen
1 kl. Zwiebel	in Ringe schneiden
2 EL Weinessig *1 Pr. Pfeffer* *1 Pr. Salz* *1 MS Zucker*	verrühren
	Zwiebelringe zugeben
50 g gehackte Walnüsse	kurz vor dem Servieren zufügen
2 EL Kräuter	garnieren

Schoko-Bananen-Torte

3 flache, dunkle Biskuitböden	
8 Blatt Gelatine	einweichen
2 Becher Sahne	sehr fest schlagen
100 g Puderzucker *1 EL Eierlikör*	unterschlagen
	aufgelöste Gelatine zufügen
	1/3 der Sahnefülle auf den unteren Boden streichen, mittleren Boden daraufsetzen und ebenfalls bestreichen
3 Bananen	längs halbieren, ringförmig auflegen den oberen Boden auflegen und festdrücken
	Torte außen mit restlicher Sahne bestreichen
Schokoladen-Dekorblätter *Borkenschokolade* *Bananenscheiben*	garnieren

Schmetterlingssteak mit Frühlingssoße

Schmetterlingssteak mit Frühlingssoße / Melonen-Erdbeer-Salat mit Vanilleeis

Zeit			
5'	Zutaten und Arbeitsgeräte bereitstellen		
10'	Gemüse für Soße vorbereiten / Soße zubereiten	Garzeit Kartoffeln / Tisch decken	Melone vorbereiten / Erdbeeren vorbereiten / mit Melonenkugeln mischen
20'			
20'			
30'	Steaks vorbereiten und braten / würzen		Melonenpüree herstellen / Vanilleeis portionieren / Dessert anrichten
10'			
35'		Kartoffeln pellen	
15'	anrichten und essen		
10'	aufräumen		
60'			

Soße:

4 Lauchzwiebeln	putzen, waschen mit dem Grün in Ringe schneiden
1 Bund Radieschen	waschen, putzen halbieren, in Spalten schneiden
1 EL Margarine	in einem Topf erhitzen Lauchzwiebeln darin andünsten
200 g Kräuterfrischkäse 1 Becher (150 g) saure Sahne	unterrühren 5 Min. garen
	Radieschen unter die Soße heben
Salz, Pfeffer	abschmecken
4 Schmetterlingssteaks (je ca. 150 g)	waschen, trocken tupfen
1–2 EL Butterschmalz	in einer Pfanne erhitzen Steaks von jeder Seite ca. 5 Min. braten
Salz, Pfeffer	würzen Steaks mit Soße auf Tellern anrichten
grober Pfeffer	darüberstreuen
Petersiliensträußchen	Steaks damit garnieren

Spinattopf mit Hackbällchen

Spinattopf mit Hackbällchen / Spinatsuppe mit Kasselerstreifen

Zeit			
5'	Zutaten und Arbeitsgeräte bereitstellen		
10'	Hackfleischteig herstellen, Bällchen formen	Zwiebel würfeln	Wasser für Spinat aufkochen / Spinat blanchieren und hacken
15'	Spinat vorbereiten / Zwiebeln würfeln		
20'			
30'	Garzeit Hackbällchen / Spinattopf zubereiten / Joghurt rühren / Püree herstellen	Garzeit Suppe	Tisch decken
15'			
35'		Kasselerstreifen schneiden	
15'	anrichten und essen		
10'	aufräumen		
60'			

250 g Hackfleisch 1 Ei 1 Brötchen Salz, Pfeffer	einen Hackfleischteig herstellen (S. 34)
	aus dem Teig kleine Klößchen formen
1,2 kg Spinat	waschen, putzen
3 Zwiebeln	schälen, fein würfeln
2 EL Margarine	in einem Topf erhitzen
	Zwiebeln darin glasig dünsten Hackbällchen zugeben, anbraten Spinat dazugeben
	im geschlossenen Topf ca. 10 Min. garen
1 Knoblauchzehe	schälen, in den Topf pressen
Salz, Pfeffer	herzhaft würzen
2 Becher Sahnejoghurt (je 150 g) oder Crème fraîche Salz, Pfeffer	glattrühren
	Spinattopf in eine Schüssel füllen mit der Joghurtsoße übergießen
Cayennepfeffer	darüberstreuen
	dazu: Baguette oder Kartoffelpüree (Fertigprodukt)

	Kartoffeln:
16 kl. neue Kartoffeln	garen (S. 36)
	kalt abschrecken, pellen
	mit den Steaks anrichten

Tip: Statt der Kartoffeln Herzoginkartoffeln (S. 126) oder knuspriges Baguette dazu reichen

Melonen-Erdbeer-Salat mit Vanilleeis

1 Ogen- oder Netzmelone	halbieren, mit einem Löffel die Kerne herauskratzen
	Fruchtfleisch mit einem Kugelausstecher ausstechen
	restliches Fruchtfleisch mit einem Löffel von der Schale lösen
2 EL Portwein (ersatzweise Erdbeer- oder Himbeersirup)	damit pürieren
500 g Erdbeeren	waschen, putzen
	halbieren oder vierteln
	mit den Melonenkugeln mischen
1 P. Vanilleeis (500 ml)	etwas antauen
	8 Kugeln auf 4 Teller verteilen
	mit Salat und Püree anrichten
Blätter von Zitronenmelisse	Dessert garnieren

Variation: Steak mit Folienkartoffeln

Spinatsuppe mit Kasselerstreifen

300 g Spinat	putzen, waschen, in kochendem Salzwasser 2 Min. blanchieren, abgießen, grob hacken
1 Zwiebel	würfeln
30 g Margarine	in einem Topf erhitzen
	Zwiebeln glasig dünsten
30 g Mehl	überstäuben, anschwitzen
3/4 l Wasser 1/4 l Milch	aufgießen
3 TL Brühe-Instant	einrühren
	unter Rühren aufkochen
	ca. 5 Min. köcheln lassen
	Spinat in der Suppe aufkochen
Salz, Pfeffer, Muskat	abschmecken
125 g Kasseler-Aufschnitt in Scheiben	in Streifen schneiden, zufügen
	dazu: Baguette oder Roggenbrötchen

Sommerkartoffelsalat · Vanilleeis in Kiwi-Püree

5'	Zutaten und Arbeitsgeräte bereitstellen		
10'	Garzeit Pellkartoffeln	Gemüse zubereiten	Kiwis schälen, schneiden bzw. pürieren
15'			
20'			
10'	Kartoffeln schälen, schneiden	Salatsoße zubereiten Kräuter vorbereiten	
30'			Tisch decken
10'	Salat fertigstellen		Püree fertigstellen Dessert anrichten
40'			
15'	anrichten und essen		
60' 5'	aufräumen		

Sommerkartoffelsalat

1000 g Kartoffeln	als Pellkartoffeln im Dampfdrucktopf garen
	schälen, in Scheiben schneiden
1 mittelgroßer Apfel	waschen, in Würfel schneiden
1 saure Gurke	in Würfel schneiden
1 roter Paprika	waschen, putzen und in feine Streifen schneiden
1/2 Salatgurke	waschen, in Würfel schneiden
1/2 l Wasser	zum Kochen bringen
Salz, Pfeffer 1 EL Obstessig	das Wasser damit würzen
	über die geschnittenen Kartoffeln gießen
	abkühlen lassen
1 Bund Petersilie 1 Bund Dill etwas Schnittlauch	waschen, verlesen und zerkleinern
	nun die Zutaten alle vorsichtig miteinander vermischen

Knackiger Sommersalat mit Joghurtdressing · Thunfischbaguette

5'	Zutaten und Arbeitsgeräte bereitstellen		
10'	Salate vorbereiten		Thunfisch abtropfen lassen
			Brot vorbereiten
20'		Ofen vorheizen (200-225°C; ⌂170°C)	Käse reiben
20'			Masse zum Überbacken herstellen
			Baguettes fertigstellen
30' 10'	Joghurtdressing herstellen	Garzeit Baguette	Tisch decken
35'			
15'	anrichten und essen		
60' 10'	aufräumen		

Knackiger Sommersalat mit Joghurtdressing

1/4 Eisbergsalat	quer in Streifen schneiden
	waschen, abtropfen lassen
1 kl. Kohlrabi	schälen, waschen
	in Stifte schneiden
4 kl. Tomaten	waschen, in Scheiben schneiden
1 Lauchzwiebel	putzen, schräg in dünne Ringe schneiden (das Grün in Röllchen)
1/2 Salatgurke	waschen, mit dem Buntmesser in Scheiben schneiden
1/2 Bund Radieschen	putzen, waschen
	in Scheiben oder Spalten schneiden
je 1/2 gelbe und grüne Paprikaschote	waschen, putzen
	in feine Streifen schneiden
2 Möhren	putzen, schälen oder bürsten
	raspeln oder in Scheiben schneiden
	auf großer Salatplatte anrichten
	Dressing:
1 Becher Vollmilchjoghurt (150 g) 1 Becher Crème fraîche	verrühren
Salz, Pfeffer Kräuteressig oder Zitronensaft	abschmecken
frisch gehackte Kräuter	unterrühren

Vanilleeis in Kiwi-Püree

6 Kiwis	schälen zwei Kiwis in Scheiben schneiden, die restlichen mit dem Schneidestab des Handrührers pürieren
2 EL Zucker *abgeriebene Schale einer unbehandelten Zitrone*	mit dem Kiwi-Püree verrühren
	das Kiwi-Püree auf 4 Teller verteilen die Kiwischeiben am Rand entlang anrichten
250 ml Vanilleeis	Kugeln abstechen und in die Mitte der Teller verteilen

Variation: Kartoffelsalat mit Würstchen

Thunfischbaguette

1 kl. Stangenweißbrot oder 2 kl. Baguettes	der Länge nach halbieren leicht aushöhlen Brotkrumen etwas zerpflücken
4-5 EL Milch	darüberträufeln
2-3 Dosen Thunfisch naturell (je 200 g)	abtropfen lassen in Stücke pflücken dann in die Brothälften füllen
200 g Käse	entrinden, reiben
1 Bund Petersilie (oder 2 EL TK)	waschen, trocken schwenken, hacken
2 Eigelb	mit dem Käse der Petersilie und dem eingeweichten Brot gut vermischen
Salz, Pfeffer, Paprikapulver edelsüß	abschmecken
2 Eiklar	steif schlagen, unterheben
	diese Masse auf die Brothälften verteilen
	im vorgeheizten Ofen bei 200-225°C (✇ 180°C) auf der obersten Schiene ca. 10 Min. überbacken

Herrenrelish · Gebackene Apfelringe

	5'	Zutaten und Arbeitsgeräte bereitstellen		
10'	5'	Zwiebeln und Äpfel vorbereiten	Äpfel für Apfelringe vorbereiten	Teig zubereiten
20'	30'	Garzeit Relish	Tisch decken	Backzeit Äpfel (gesamt)
30'				
40'				
45'	5'	Preiselbeeren zugeben		
	10'	anrichten und essen Relish abfüllen, Gläser verzieren		
60'	5'	aufräumen		

Herrenrelish

100 g Zwiebeln	schälen und würfeln
750 g säuerliche Äpfel	waschen, schälen, entkernen und würfeln
	beides in einen Topf geben
200 ml Weißweinessig 375 g brauner Zucker 1 TL Salz 1 EL Senfkörner 3 TL Meerrettich (aus dem Glas)	zufügen und aufkochen bei mittlerer Hitze unter gelegentlichem Rühren 30 Min. dicklich einkochen
200 g Preiselbeeren mit Saft (aus dem Glas)	abtropfen lassen, unterrühren ca. 5 Min. kochen
	heiß in gespülte Twist-off-Gläser füllen, zudrehen, umdrehen
	kühl und dunkel lagern
	ergibt 3 Gläser à 250 ml

Es sieht sehr schön aus, wenn man die Gläser mit einer kleinen Tortenspitze und Geschenkband zubindet. Auf die Tortenspitze kann man den Namen oder einen Spruch schreiben. Auch karierte Stoffreste sehen gut aus.

Champignoncremesuppe mit Kresse · Hack-Kohl-Pfanne

	5'	Zutaten und Arbeitsgeräte bereitstellen		
10'	15'	Weißkohl und Paprika vorbereiten Hackfleisch anbraten		Zwiebeln und Champignons für Suppe vorbereiten
20'				
30'	15'	Gemüse andünsten Pfanne fertigstellen	Tisch decken Wasser für Püree aufkochen Püree fertigstellen	andünsten Garzeit Suppe Kresse und Crème fraîche pürieren Suppe anrichten
35'				
	15'	anrichten und essen		
60'	10'	aufräumen		

Champignoncremesuppe mit Kresse

2 große Zwiebeln	schälen, fein würfeln
400 g Champignons	putzen, in Scheiben schneiden
40 g Margarine	in einem Topf erhitzen die Pilze so lange braten, bis die Flüssigkeit verdampft ist
2 EL Weißwein	evtl. damit ablöschen
	1/3 der Pilze herausnehmen beiseite stellen
1/2 l Wasser 1-2 TL Brühe-Instant	zugeben, aufkochen, pürieren
1/8 l Sahne knapp 1 EL Zitronensaft	zugießen
Salz, Pfeffer, Muskat	würzen
1/2 Bund Brunnenkresse	waschen, trocken schwenken von den Stielen zupfen
3 EL Crème fraîche	mit der Kresse pürieren mit restlichen Pilzen in die Suppe geben

Hack-Kohl-Pfanne

1 kl. Weißkohl (ca. 1 kg)	putzen, vierteln, Strunk entfernen in Streifen schneiden
2 grüne Paprikaschoten	putzen, waschen ebenfalls in Streifen schneiden

Gebackene Apfelringe

4 mittelgroße Äpfel	waschen, mit dem Apfelausstecher das Kerngehäuse entfernen Äpfel in 1 cm starke Ringe schneiden
1/4 l Milch 300 g Mehl	nach und nach vermischen kräftig rühren
4 Eier	trennen die Eigelbe in den Teig rühren Eiklar steif schlagen und unter die Masse heben
50 g wasserfreies Fett	in der Pfanne erhitzen die Apfelringe in den Teig tauchen, mit einem Löffel herausheben und im heißen Fett ausbacken gleichzeitig so viele Apfelringe, wie in die Pfanne passen, ausbacken

2-3 EL Öl	in einer Pfanne erhitzen
300 g Hackfleisch	in kleine Stücke zerpflücken im Öl braun braten
Salz, Pfeffer, Rosmarin	würzen
Paprikapulver edelsüß	darüberstäuben, unterrühren aus der Pfanne nehmen warm stellen
40 g Margarine	Kohl- und Paprikastreifen darin schmoren, bis sie leicht bräunen
Salz, Pfeffer	würzen
1/8 l Wasser	aufgießen
1/2 TL Fleischbrühe -Instant	einrühren
1 TL Kümmel	unterrühren alles einige Min. köcheln lassen Hackfleisch wieder dazugeben
1 Becher Crème fraîche (150 g)	bis auf 1 Eßlöffel unterrühren nochmals abschmecken in eine Schüssel geben restliche Crème fraîche daraufgeben

Kartoffelpüree:

1 P. Kartoffelpüree-pulver (4 Portionen)	nach Packungsvorschrift zubereiten
50 g geröstete Zwiebeln	bis auf 1 Eßlöffel unter das Püree heben in eine vorgewärmte Schüssel geben mit den restlichen Röstzwiebeln bestreuen

Weihnachtliches Schokoladenbrot · Apfeltörtchen

Zeit	Tätigkeit 1	Tätigkeit 2	Tätigkeit 3
5'	Zutaten und Arbeitsgeräte bereitstellen		
10'	Schokolade reiben	Teig zubereiten	Teig Apfeltörtchen vorbereiten
15'	Ofen vorheizen (180°C; ⊛ 150°C) Teig aufstreichen	Blech vorbereiten	
20'			
30' 20'	Backzeit Schokoladenbrot Schokoladenglasur vorbereiten (Wasserbad richten)	Mandelstifte vorbereiten	Backzeit Apfeltörtchen
40'			Törtchen überzuckern
50' 10'	Schokoladenbrot schneiden, glasieren	mit Mandelstiften garnieren	essen
60' 10'	Schokoladenbrot in Dosen verpacken, aufräumen		

Weihnachtliches Schokoladenbrot

250 g Butter 250 g feiner Grießzucker 6 Eier	schaumig rühren
250 g geriebene Bitterschokolade 250 g ungeschälte, fein gemahlene Mandeln 100 g Mehl	zugeben
	mit den Knethaken des Rührgerätes den Teig rühren, bis er weich und streichfähig ist
Fett oder Backpapier	Blech vorbereiten
	Masse im Ganzen auf vorbereitetes Blech etwa 1 1/2 cm dick aufstreichen mit Pergamentpapier verhindern, daß der Teig abfließt
	im vorgeheizten Ofen bei 180°C (⊛ 150°C) ca. 20 Min. backen
	mit Hölzchen Garprobe machen Schokoladenbrot noch heiß in Streifen bzw. Rauten schneiden, erkalten lassen
1 P. Schokoladenglasur	die Oberseite überziehen
50 g Mandelstifte	garnieren

Bratäpfel mit verschiedenen Füllungen

Zeit	Tätigkeit 1	Tätigkeit 2	Tätigkeit 3
5'	Zutaten und Arbeitsgeräte bereitstellen		
10' 10'	Äpfel vorbereiten Backofen vorheizen (200°C; ⊛ 170°C) Füllung 1 herstellen, Äpfel füllen	Äpfel vorbereiten Füllung 2 herstellen, Äpfel füllen	Äpfel vorbereiten Füllung 3 herstellen, Äpfel füllen
20'	Garzeit Äpfel Vanillesoße herstellen	Garzeit Äpfel Tisch decken	Garzeit Äpfel Pflaumensoße zubereiten
30' 25'			
40'			
10'	anrichten und essen		
60' 10'	aufräumen		

Bratäpfel mit verschiedenen Füllungen

1) Quarkfüllung:

4 Äpfel	gründlich waschen, trocken reiben Kerngehäuse mit dem Apfelausstecher entfernen auf ein mit Alufolie belegtes Backblech setzen
1 EL Margarine	zerlassen, Äpfel damit bestreichen
1-2 EL Rosinen	auf einem Sieb heiß abwaschen, trocken tupfen
1/2 EL Rum 1 EL Zucker	mit den Rosinen mischen
1 Ei	trennen
150 g Quark	mit Eigelb und Rosinen verrühren in die Äpfel füllen
	im vorgeheizten Ofen bei 200°C (⊛ 170°C) 25 Min. braten

2) Marzipanfüllung:

4 Äpfel	siehe oben
1 Eiklar	leicht anschlagen
1-2 EL Puderzucker 75 g Marzipan-Rohmasse 1 EL gehackte Mandeln 1 MS Zimt	mit dem Eiklar verrühren, in einen Spritzbeutel ohne Tülle füllen, in die Äpfel spritzen
	Bratdauer siehe oben

182

Apfeltörtchen

60 g Butter oder Margarine 40 g Zucker 1 MS Salz 1 TL Zitronensaft 2 Eier 2 EL Milch	sehr schaumig schlagen
125 g Mehl (Dinkel oder Weizen) 1 TL Backpulver	mischen und unter den Teig rühren
1 gr. Apfel	waschen, schälen, grob raspeln
2 EL Zitronensaft	untermischen geraspelte Äpfel unter den Teig heben
Papierförmchen	Teig in je zwei Papierförmchen füllen auf einem Backblech bei 180°C (☼ 150°C) 10-15 Min. backen
1 TL Puderzucker	Törtchen leicht überzuckern

	3) Sonnenblumenkernfüllung:
4 Äpfel	waschen, trocken reiben, je einen Deckel abschneiden, Kerngehäuse ausstechen, eine kleine Mulde für die Füllung einschneiden
1 EL Zitronensaft	Schnittflächen damit bestreichen
30 g Butter 2 EL Honig	in einer Pfanne schmelzen
75 g Sonnenblumenkerne (geschält)	zugeben, kräftig aufkochen lassen in die Äpfel füllen, ohne Deckel in eine leicht gefettete Auflaufform setzen im vorgeheizten Ofen bei 200°C (☼ 170°C) 15 Min. vorbacken
1 EL Butter	schmelzen die Apfeldeckel damit bestreichen, auf die Äpfel setzen und nochmals 10-15 Min. backen
	Vanillesoße:
1/4 l Milch 1 P. Soßenpulver Vanillegeschmack	nach Packungsanweisung eine Soße kochen kalt oder lauwarm mit den Äpfeln anrichten oder extra dazu reichen
	Pflaumensoße:
1/2 Glas Pflaumenmus (225 g)	leicht anwärmen
1 Becher Vollmilch-Joghurt (150 g)	unterrühren

Zucchiniauflauf · Beerenshake

Zeit	Arbeitsschritte		
5′	Zutaten und Arbeitsgeräte bereitstellen		
10′ / 10′	Gemüse vorbereiten	Nudelwasser aufsetzen	Tisch decken
		Form fetten	
20′ / 15′	Käse reiben, Soße herstellen, Ofen vorheizen (200°C; 170°C)	Garzeit Nudeln	Beeren waschen, Shakezutaten pürieren in Gläser füllen
30′			
40′ / 10′	Gemüse dünsten, Gemüse, Nudeln, Soße mischen, in Auflaufform füllen	Nudeln abschütten	
50′ / 10′	Auflauf mit Käse bestreuen, überbacken		
20′	anrichten und essen		
90′ / 20′	aufräumen		

Zucchiniauflauf

2 l Wasser 2 TL Salz 1 EL Öl	zum Kochen bringen
200 g Vollkornnudeln	nach Grundrezept »al dente« (bißfest) garen (S. 36) in ein Sieb abschütten und kurz abschrecken
1 Zwiebel	schälen, in Würfel schneiden
2 EL Öl	in einem großen Topf erhitzen Zwiebelwürfel darin glasig dünsten
2 mittelgroße Zucchini (ca. 500 g)	mit warmem Wasser gut abbürsten, längs halbieren und in etwa 2 cm breite Streifen schneiden, etwa 5 Min. mitdünsten
4 Tomaten	waschen, in Achtel schneiden, dabei Stielansatz entfernen am Ende der Garzeit zu den Zucchini geben
Saft einer 1/2 Zitrone 1-2 TL Thymian 1/2 TL Salz 1 Pr. Pfeffer 2 EL Tomatenmark 150 g Crème fraîche evtl. 1 Knoblauchzehe (frisch gepreßt)	mit dem Schneebesen in einer kleinen Schüssel gut verrühren mit dem Gemüse vermengen gegarte Nudeln locker unter das Gemüse heben und in eine gefettete Glasform füllen

Béchamelkartoffeln · Milchreis mit Rhabarber-Himbeer-Kompott

Zeit	Arbeitsschritte		
5′	Zutaten und Arbeitsgeräte bereitstellen		
10′ / 10′	Kartoffeln vorbereiten	Milch für Milchreis aufkochen	
20′	Garzeit Kartoffeln	Quellzeit Reis	Rhabarber für Kompott putzen, kochen
30′			
40′ / 20′	Petersilie hacken, Zwiebel würfeln, Béchamelsoße kochen		Tisch decken
50′	Kartoffeln in Scheiben oder Viertel schneiden	Reis und Kompott abkühlen lassen	
55′			
20′	anrichten und essen		
90′ / 15′	aufräumen		

Béchamelkartoffeln

750 g neue Kartoffeln (möglichst kleine)	gegebenenfalls sehr dünn schälen, waschen in Salzwasser zugedeckt ca. 20 Min. garen abgießen, in die Soße geben
	Für die Soße:
1 Zwiebel	schälen, fein würfeln
1 EL Margarine	in einem Topf erhitzen
50-75 g Schinkenwürfel oder Räucherspeck	mit den Zwiebelwürfeln darin leicht anbraten
2-3 EL Mehl	darüberstäuben kurz anschwitzen
1/8 l Wasser 1 Becher Sahne	unter ständigem Rühren zugeben einige Minuten köcheln lassen
1 TL Brühe-Instant	einrühren
Salz, Pfeffer, evtl. Muskat	abschmecken
1 Bund Petersilie	waschen einen Teil zur Garnierung beiseite stellen, Rest hacken, in die Soße geben

Tip: 150 g TK-Erbsen in der Soße gar ziehen lassen oder Porreeringe mit dem Schinken andünsten

	Überbacken:
100 g geriebener Käse	über den Auflauf streuen
	im vorgeheizten Backofen 200°C (☼ 170°C) oder unter dem Grill überbacken, bis der Käse geschmolzen ist

Beerenshake

250 g Erdbeeren oder andere Beeren der Saison	kalt abbrausen, Stielansatz entfernen
1/4 l Vollmilch 500 g Naturjoghurt 2 EL Honig oder Ahornsirup	alles zusammen mit den Beeren in den Mixer geben und pürieren
	in hohe Gläser füllen und mit Strohhalm servieren

Milchreis mit Rhabarber-Himbeer-Kompott

	Milchreis:
1/2 l Milch 1/4 TL Zitronenschalenaroma 1 Pr. Salz 1-2 EL Zucker	in einem offenen Topf bei mittlerer Hitze aufkochen
125 g Milchreis	einstreuen, umrühren 20 Min. bei geringer Hitze quellen lassen Kochplatte ausschalten, Reis noch etwa 15 Min. nachgaren lassen, etwas abkühlen
	Kompott:
750 g Rhabarber	putzen, waschen, in Stücke schneiden
1/4 l roter Johannisbeersaft 1 EL Zucker	aufkochen
1-2 EL Puddingpulver Vanillegeschmack 3 EL Wasser	glatt rühren, in den kochenden Saft rühren, aufkochen, Rhabarber darin ca. 5 Min. kochen
1/2 P. TK-Himbeeren	zugeben
etwas Zucker	abschmecken, kalt stellen
	Kompott auf 4 Teller verteilen lauwarmen Milchreis in die Mitte geben
etwas Zimtzucker	darübergeben

Sommersalat · Quarkschmarren mit Erdbeeren Melonenmilch

	5'	Zutaten und Arbeitsgeräte bereitstellen		
10'	10'	Hähnchenbrustfilet schneiden, braten	Salatsoße herstellen	Mandelblättchen rösten
20'	20'	Salatzutaten waschen, schneiden	Melonenwürfel vorbereiten / Tisch decken	Erdbeeren vorbereiten / Teig herstellen
30'				
40'	10'	Salat fertigstellen	Melonenmilch fertigstellen	Garzeit Quarkschmarren
45'				
	20'	anrichten und essen		
90'	25'	aufräumen		

Sommersalat

250 g Hähnchenbrustfilet	in Streifen schneiden
1 EL Öl	in einer Pfanne erhitzen Hähnchenstreifen darin knusprig braten, abkühlen lassen
1/2 Kopf Eisbergsalat	ganze Blätter waschen, in mundgerechte Stücke teilen abtropfen lassen
1/4 Salatgurke	waschen, schälen längs halbieren und in dünne Scheiben schneiden
4 Tomaten	waschen, in Achtel schneiden, dabei Stielansatz entfernen
6 Radieschen	waschen, Wurzelenden entfernen in dünne Scheiben schneiden
3 - 4 EL Essig / Salz, Pfeffer / 1/2 TL Zucker / 1 MS Senf / 3 - 4 EL Öl	mit dem Schneebesen gut vermischen
1/2 Bund Schnittlauch / 1/2 Bund Petersilie	waschen, verlesen und fein hacken, zur Salatsoße geben
	alle Salatzutaten in einer großen Schüssel vermengen, mit der Salatsoße übergießen

Blumenkohlauflauf · Endiviensalat mit Walnüssen

	5'	Zutaten und Arbeitsgeräte bereitstellen		
10'	10'	Blumenkohl waschen und zerteilen	Salzwasser zum Kochen aufsetzen	Sauerrahm-Milch-Gemisch herstellen
20'	15'	Garzeit Blumenkohl / Backofen vorheizen (220°C; ⌀ 180°C)	Pilze waschen und schneiden / Schinken schneiden	Endiviensalat waschen, schneiden
30'	5'	Blumenkohlröschen abtropfen lassen	Pilze und Schinken anbraten	Salatsoße herstellen
40'	5'	Auflauf einfüllen / Soße darübergeben	Schnittlauchröllchen vorbereiten	Walnüsse hacken
	10'	Garzeit Auflauf	Tisch decken	Salat anrichten
50'				
	20'	anrichten und essen		
90'	20'	aufräumen		

Blumenkohlauflauf

1 mittelgroßer Blumenkohl	putzen, in warmem Wasser waschen, in Röschen zerteilen
Wasser / Salz	Blumenkohl darin ca. 12 Min. kochen im Sieb abtropfen lassen
150 g Champignons	unteren Teil des Stiels abschneiden in einem Sieb kurz mit fließendem Wasser abbrausen halbieren, große Köpfe vierteln
150 g gekochter Schinken	in kurze Streifen schneiden
2 EL Butterschmalz	in einer tiefen Pfanne oder einem breiten Topf erhitzen Pilze und Schinkenwürfel darin kurz anbraten, gegarte Blumenkohlröschen vorsichtig untermischen
1/2 TL Salz / 1 Pr. Pfeffer / Paprikapulver edelsüß	würzen
	alles in eine gefettete Auflaufform füllen
200 g Crème fraîche / 1/8 l Milch	miteinander verquirlen, über den Auflauf gießen
50 g geriebener Käse	darüberstreuen
	im vorgeheizten Backofen bei 220°C (⌀ 180°C) 10 Min. überbacken
1/2 Bund Schnittlauch	waschen, in Röllchen schneiden
Paprikapulver edelsüß	mit dem Schnittlauch darüberstreuen

Quarkschmarren mit Erdbeeren

30 g Mandelblättchen	in einer Pfanne ohne Fett rösten
500 g Erdbeeren	in einem Sieb abbrausen, putzen, die eine Hälfte vierteln, die andere Hälfte pürieren, beides mischen, beiseite stellen
3 Eiklar	steif schlagen
3 Eigelb 50 g Mehl 1/8 l Sahne 30 g Zucker 70 g Quark	mit dem Schneebesen oder dem Handrührgerät gut verrühren
40 g Rosinen	mit den Mandelblättchen dazugeben Eiweiß unter den Teig heben
1 1/2 EL Butter	in einer Pfanne erhitzen den Teig hineingeben, bei milder Hitze etwa 4 Min. backen, vorsichtig mit 2 Gabeln zerreißen, eventuell wenden

Melonenmilch

1 Honigmelone	abwaschen, halbieren Kerne mit einem Eßlöffel herauskratzen Fruchtfleisch herauslösen, grob würfeln
1 l Milch 1-2 EL Honig oder Ahornsirup 1 EL Zitronensaft	mit den Melonenwürfeln im Mixer geschmeidig pürieren

Endiviensalat mit Walnüssen

2 EL Essig 1/2 TL Salz 1 Pr. Pfeffer 1/2 TL Zucker 3 EL Öl	Salatsoße herstellen
1/2 Kopf Endiviensalat	ganze Blätter waschen in feine Streifen schneiden unter die Salatsoße mischen
50 g Walnüsse	grob hacken zum Salat geben

Gemüsesuppe mit Fleischklößchen · Gelbe Grütze

	5'	Zutaten und Arbeitsgeräte bereitstellen		
10'	25'	Gemüse vorbereiten Hackfleischteig herstellen Klößchen rollen, braten	Wasser für Aprikosen aufkochen	Obst für Grütze vorbereiten
20'				
30'				
40'	25'	Garzeit Gemüsetopf	Garzeit Grütze	Tisch decken
50'			abkühlen lassen Sahne schlagen	
55'				
	20'	anrichten und essen		
90'	15'	aufräumen		

Gemüsesuppe mit Fleischklößchen

1 kl. Blumenkohl	waschen, putzen, in Röschen teilen
200 g Tomaten	waschen, Stielansätze entfernen vierteln
2 gelbe Paprikaschoten	waschen, putzen in Stücke schneiden
250 g grüne Bohnen	waschen, putzen einmal durchschneiden
500 g Erbsenschoten	enthülsen
1 Dose Maiskörner	abtropfen lassen
300 g Hackfleisch 1 Ei Salz, Pfeffer 1 kl. Zwiebel	zu einem Hackfleischteig verkneten zu kleinen Klößchen rollen
30 g Butterschmalz	in einem großen Topf erhitzen Klößchen darin ca. 8 Min. braten herausnehmen
1 l Wasser	aufgießen
5 TL Gemüsebrühe-Instant	einrühren, aufkochen Gemüse – außer Tomaten und Mais – 10 Min. darin garen Tomaten zugeben, weitere 10 Min. aufkochen Klößchen und Mais in der Suppe erhitzen, abschmecken

Kalte Tomatensuppe · Dinkel-Partygebäck mit Sonnenblumenkernen

	5'	Zutaten und Arbeitsgeräte bereitstellen		
10'	15'	Hefeteig herstellen	Backblech vorbereiten Butter schmelzen	Tomaten und Zwiebeln vorbereiten
20'				
30'	10'	Teig ruhen lassen Butter unter den Teig kneten	Tisch decken	Suppe vorbereiten
40'	25'	Ofen vorheizen (250°C; ⊛ 220°C) Gebäck formen (1. Portion) mit Wasser bestreichen Garzeit Gebäck	Gebäck formen (2. Portion) mit Wasser bestreichen Tisch decken	Gebäck formen (3. Portion) mit Wasser bestreichen Suppe garnieren
50'				
55'				
	20'	anrichten und essen		
90'	15'	aufräumen		

Kalte Tomatensuppe

500 g reife Tomaten	waschen, halbieren, grüne Stellen entfernen
1 kl. Zwiebel	schälen
2 EL Basilikum	waschen, verlesen
1 Knoblauchzehe	schälen
2 EL Öl	mit den übrigen Zutaten im Mixer pürieren
1/2 TL Jodsalz 2 MS Pfeffer	abschmecken in Suppentassen füllen
4 EL Sauerrahm 4 Basilikumblättchen	die Suppenportionen damit garnieren

Dinkel-Partygebäck mit Sonnenblumenkernen

175 g kaltes Wasser 20 g Hefe 1 TL Honig oder Zucker 1/2 TL Salz	in einer Rührschüssel vermischen
300 g Dinkel	frisch mahlen in die Flüssigkeit einrühren den Teig 10 Min. kneten anschließend 5 Min. ruhen lassen
1 TL Butter	in einem Töpfchen vorsichtig schmelzen unter den Teig kneten

1/2 Bund Petersilie	waschen, trocken schwenken hacken, darüberstreuen
	Tip: Soll die Suppe gehaltvoller werden, 75 g kleine Suppennudeln zusammen mit den Tomaten in die Suppe geben

Gelbe Grütze

250 g Aprikosen	in kochendem Wasser blanchieren häuten, halbieren, entsteinen würfeln
1 Mango	waschen, schälen in dünne Scheiben vom Stein schneiden, würfeln
2 Nektarinen	waschen, halbieren, entsteinen in Spalten schneiden
1 unbehandelte Zitrone	waschen, Schale reiben auspressen
7 EL Zucker 3/4 l Orangensaft	mit Zitronenschale und -saft aufkochen
1 P. Puddingpulver Vanillegeschmack 4 EL Wasser	glattrühren
	in den kochenden Saft einrühren, aufkochen Früchte unterheben, kalt stellen
1 Becher Sahne	steif schlagen zur Grütze reichen

3 EL geschälte Sonnenblumenkerne	Teig in drei Portionen teilen: 1. Portion: 1 EL Sonnenblumenkerne darunterkneten 4 Minibrötchen formen
	2. Portion: Teig ausrollen, vier Dreiecke schneiden zu Hörnchen zusammenrollen

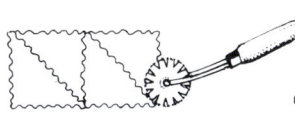 

	3. Portion: Teig in 12 etwa 10 cm lange Schlangen rollen zu vier Zöpfchen flechten
1 Stück Backpapier	Backblech damit auslegen
	Gebäck darauflegen, großzügig mit Wasser bestreichen die Hörnchen und die Zöpfchen mit den restlichen Sonnenblumenkernen bestreuen
	Backofen auf 250°C (✹220°C) vorheizen
	Gebäck 8-10 Min. backen (dabei 1 Tasse Wasser in den Backofen stellen)
	warm zur Suppe servieren

Frischer Spargel mit zwei Soßen · Erdbeerkompott »Knusperchen«

Zeit	Aufgabe		
5′	Zutaten und Arbeitsgeräte bereitstellen		
10′	Spargel und Kartoffeln schälen		Mandelstifte bräunen
20′	Wasser für Spargel aufkochen		Karamel herstellen
20′		Tisch decken	Mandelstifte unterrühren
30′	Garzeit Kartoffeln Garzeit Spargel		erkalten lassen
40′	30′		
		Senfcremesoße zubereiten	Erdbeerkompott zubereiten
50′		Tomatensahnesoße zubereiten	Sahne für Dessert schlagen
55′			Kompott anrichten
20′	anrichten und essen		
90′ 15′	aufräumen		

Frischer Spargel mit zwei Soßen

1,5–2 kg weißer Spargel	schälen (S. 21), holzige Enden abschneiden, waschen
1,5 l Wasser 1/2 TL Salz 1/2 TL Zucker	aufkochen, Spargel hineinlegen 15–20 Min. garen, abtropfen lassen, auf einer vorgewärmten Platte anrichten

Senfcremesoße:

300 g Sahne 1–2 TL Dijon-Senf oder Vollkornsenf	in einem Topf verrühren, aufkochen, etwas einkochen lassen
75 g kalte Butter	in Stückchen schneiden, unterschlagen
1 Eigelb	unterrühren die Soße nicht mehr kochen lassen
Salz, Pfeffer etwas Zitronensaft evtl. 1 Pr. Zucker	abschmecken

Tomatensahnesoße:

1 Zwiebel	schälen, fein würfeln
1 TL Margarine	in einem Topf erhitzen Zwiebelwürfel darin glasig dünsten
200 g Sahne 1 P. passierte Tomaten	zugeben und dicklich einkochen
1 Tomate	mit kochendem Wasser überbrühen, Haut abziehen, vierteln, entkernen, das Fruchtfleisch würfeln

Porree in Käsesoße · Kräuter-Schinken-Rührei · Endiviensalat

Zeit	Aufgabe		
5′	Zutaten und Arbeitsgeräte bereitstellen		
10′	Porree vorbereiten	Schnittlauch und Schinken schneiden	Salatsoße herstellen
15′			
20′			
	Brühe erhitzen Garzeit Porree	Eiermasse vorbereiten	Äpfel schneiden und raspeln
30′ 15′			
40′ 10′	Käse reiben Petersilie hacken Mehlschwitze herstellen	Tisch decken	Endiviensalat waschen, schneiden
50′ 5′	Soße fertigstellen Porree erhitzen	Garzeit Rührei	Salat mischen
20′	anrichten und essen		
90′ 20′	aufräumen		

Porree in Käsesoße

1 kg Porree	putzen, gründlich waschen, in 8 cm lange Stücke schneiden
1/2 l Instant-Gemüsebrühe	in einem Topf erhitzen Porreestücke darin 8–10 Min. garen herausnehmen, abtropfen lassen, Brühe auffangen
40 g Margarine	in einem Topf schmelzen lassen
40 g Mehl	unter ständigem Rühren mit dem Schneebesen zur Margarine hinzugeben, weiterrühren, bis die Masse hellgelb ist
1/4 l Milch 1/4 l Gemüsebrühe	zugießen mit dem Schneebesen kräftig unterrühren
100 g Käse	reiben, zugeben, unter Rühren schmelzen lassen
Salz, Pfeffer 1 Pr. Muskat 2–3 EL Weißwein	Soße würzen und abschmecken
1/2 Bund Petersilie	waschen, Blätter fein hacken Porree in der Soße erhitzen mit der Petersilie bestreuen

Salz, Pfeffer Paprikapulver edelsüß evtl. 1 Pr. Zucker	abschmecken
einige Stiele Basilikum	waschen, trocken schwenken, Blätter abzupfen, in Streifen schneiden, mit den Tomatenwürfeln zur Soße geben

Erdbeerkompott »Knusperchen«

50 g Mandelstifte	in einer Pfanne ohne Fett bräunen, auf einen Teller geben
100 g Zucker 3 EL Wasser	in einem Topf karamelisieren, bis die Masse braun ist
30 g Butter	mit den Mandelsplittern unterrühren die Masse sofort auf einen mit Öl bestrichenen Teller streichen, erkalten lassen dann mit der Teigrolle zerkleinern
750 g Erdbeeren	waschen, putzen, halbieren in einen Topf geben
3 EL Himbeergelee	Erdbeeren damit vorsichtig verrühren ca. 5 Min. unter gelegentlichem Rühren dünsten lauwarm mit dem Karamel servieren
1 Becher Sahne	steif schlagen, zum Kompott reichen

Kräuter-Schinken-Rührei

6 Eier Milch Salz, Pfeffer, Muskat	mit dem Schneebesen in einer Schüssel gut vermischen
150 g Schinken	in feine, kurze Streifen schneiden unter die Eiermasse rühren
1 Bund Schnittlauch	waschen und in feine Röllchen schneiden, zur Eiermasse geben
2 EL Margarine	in einer Pfanne zerlassen Eimasse ins heiße Fett hineingießen und bei milder Hitze stocken lassen sobald sie fest wird, den Holzlöffel vorsichtig am Pfannenboden entlang- schieben, so daß sich die Eimasse löst

Endiviensalat

2 EL Essig 150 g Sauerrahm 1/2 TL Salz 1 Pr. Pfeffer 1/2 TL Zucker	in einer größeren Schüssel verrühren
2 kl. Äpfel	waschen, abreiben, vierteln, Kernhaus entfernen, grob raspeln, sofort in die Salatsoße geben
1/4 Kopf Endiviensalat	putzen, ganze Blätter kurz in lau- warmem Wasser waschen, quer in sehr feine Streifen schneiden, gut abtropfen lassen, mit der Soße vermischen

Herzhafte Kartoffelsuppe · Apfelpfannkuchen mit Vanilleeis und Pflaumensoße

Zeit		Arbeitsschritte		
	5′	Zutaten und Arbeitsgeräte bereitstellen		
10′	25′	Kartoffeln, Suppengrün, Zwiebel und Bacon vorbereiten	Pfannkuchenteig rühren	Tisch decken
20′		Bacon ausbraten	Quellzeit Teig	
		Gemüse andünsten	Äpfel vorbereiten	
30′			Apfelpfannkuchen einzeln backen warm halten	Plaumensoße zubereiten warm halten
40′	25′	Garzeit Suppe		Sahne schlagen
50′		Bockwürste schneiden		Pfannkuchen garnieren
55′		Brotwürfel herstellen		
		Suppe fertigstellen		
	20′	anrichten und essen		
90′	15′	aufräumen		

Herzhafte Kartoffelsuppe

Zutaten	Zubereitung
500 g Kartoffeln	schälen, waschen, würfeln
1 Bund Suppengrün	putzen
	Möhren und Sellerieknolle würfeln
	Porree in Ringe schneiden
1 Zwiebel	schälen, würfeln
1 P. Bacon (150 g)	in feine Streifen schneiden
	in einem Topf ohne Fett ausbraten
	vorbereitetes Gemüse zugeben und andünsten
1 l Wasser	aufgießen
4 TL Brühe-Instant	einrühren
	zugedeckt 25 Min. garen
	1/3 des Gemüses herausnehmen
	Rest im Topf pürieren
1/8 l Sahne	unterrühren
Salz, Pfeffer, Majoran	würzen
	beiseite gelegtes Gemüse wieder zugeben
4 Bockwürste	in Scheiben schneiden
	in der Suppe erhitzen
2 Scheiben Toastbrot	entrinden, würfeln
1/2 EL Margarine	in einer Pfanne erhitzen
	Brotwürfel darin erhitzen
	zur Suppe servieren

Überbackene Kohlrabi mit Käsesoße · Radicchio-Pfirsich-Salat

Zeit		Arbeitsschritte		
	5′	Zutaten und Arbeitsgeräte bereitstellen		
10′	15′	Kohlrabi und Kartoffeln vorbreiten	Dill vorbereiten	Auflaufform fetten
			Zitrone auspressen	Backofen vorheizen (225 °C; ⊛ 195 °C)
20′			Salzwasser zum Kochen aufstellen	
30′	10′	Kartoffeln vorgaren	Käsesoße herstellen	Salatsoße herstellen
	5′	Auflaufform füllen, in den Ofen stellen		
40′	15′	Garzeit Auflauf	Tisch decken	Salat waschen
50′			aufräumen, spülen	Pfirsiche schneiden
	20′	anrichten und essen		
90′	20′	aufräumen		

Überbackene Kohlrabi mit Käsesoße

Zutaten	Zubereitung
3–4 Kohlrabi	waschen, schälen, in Scheiben schneiden
250 g Kartoffeln	
1/2 l Wasser	Kohlrabi und Kartoffeln 8 Min. kochen,
Salz	abtropfen lassen, dabei Gemüsewasser auffangen
1 P. »Helle Soße«	mit 1/4 l Gemüsewasser zubereiten
1 Ecke Schmelzkäse (62 g)	unter die köchelnde Soße rühren
100 ml Sahne	
1 Bund Dill	waschen, verlesen, fein hacken und zur Soße geben
Salz, Pfeffer	Soße würzen und abschmecken
2 EL Zitronensaft	
	Kartoffel- und Kohlrabischeiben in eine gefettete Auflaufform schichten, mit der Soße übergießen
50 g Mandelblättchen	Auflauf bestreuen
	Auflauf in den vorgeheizten Backofen stellen, bei 225 °C (⊛ 195 °C) 10–15 Min. überbacken

Apfelpfannkuchen mit Vanilleeis und Pflaumensoße

Pfannkuchen:

100 g Mehl 1/8 l Milch 1 P. Vanillinzucker	verrühren
4 Eier	unterrühren ca. 10 Min. quellen lassen
3 Äpfel	schälen, vierteln, entkernen in Spalten schneiden
1 EL Butter	in einer Pfanne erhitzen
	1/4 der Apfelspalten etwas andünsten dann 1/4 des Teigs darübergießen auf beiden Seiten goldbraun backen
	auf diese Weise noch 3 Pfannkuchen backen, einzeln auf vorgewärmten Tellern anrichten und warm stellen

Pflaumensoße:

1 Glas Pflaumenmus (450 g, fertig gekauft)	in einem Topf erhitzen
1 EL Rum oder Zwetschgenwasser	Mus damit verfeinern
1 P. Vanilleeis (500 ml)	mit einem Löffel abstechen, auf jeden Pfannkuchen einen Eisberg häufen, Pflaumensoße darübergeben
1 Becher Sahne	steif schlagen Pfannkuchen damit garnieren

Radicchio-Pfirsich-Salat

1 kl. Kopf Radicchio	zerpflücken, ganze Blätter waschen, in mundgerechte Stücke teilen, abtropfen lassen
1 kl. Dose Pfirsiche	Früchte in Spalten schneiden
1 Becher Joghurt 2 EL Zitronensaft 2-3 EL Pfirsichsaft 2 EL Sahne Salz, Pfeffer	Zutaten verrühren
	Salatblätter mit Pfirsichstücken vermischen, Salatsoße darübergießen

Lauchcremesuppe mit Salamiklößchen

(Zeitplan — Lauchcremesuppe mit Salamiklößchen · Pilzragout mit Kartoffelklößen)

Zeit	Spalte 1	Spalte 2	Spalte 3
5'	Zutaten und Arbeitsgeräte bereitstellen		
10'	Klößepulver anrühren, quellen lassen	Wasser für Klößchen aufkochen	Lauch vorbereiten
	Pilze, Zwiebeln, Bacon vorbereiten	Klößchen herstellen	
20' / 25'	Wasser für die Klöße aufkochen	Garzeit Salamiklößchen	
30'			
	Klöße formen Garzeit Klöße		Pilzragout zubereiten
40' / 25'		Lauch andünsten Suppe zubereiten	
50'	Tisch decken		
55'			
20'	anrichten und essen		
90' / 15'	aufräumen		

Lauchcremesuppe mit Salamiklößchen

Zutaten	Zubereitung
500 g Lauch	putzen, waschen, 1/2 Stange in feine Streifen, Rest in Ringe schneiden
1 EL Margarine	in einem Topf erhitzen, Streifen darin andünsten, herausnehmen, Ringe andünsten
1/8 l Weißwein 1/2 l Wasser 1 Becher Sahne	aufgießen
3 TL Brühe-Instant	einrühren ca. 15 Min. kochen lassen
	Suppe pürieren, durch ein Sieb streichen
Salz, Cayennepfeffer	abschmecken, Klößchen zugeben mit Porreestreifen garnieren
1 Scheibe Weißbrot	entrinden
100 g Salami 50 g Mett 2 EL Crème fraîche 1 Ei	zusammen mit dem Weißbrot im Mixer pürieren
3 Stiele Estragon	waschen, hacken, unterheben
1 l Wasser 1/2 TL Salz	aufkochen
	mit 2 angefeuchteten Teelöffeln Klößchen abstechen
	im Salzwasser garziehen lassen

Gefüllte Paprikahälften mit Reis

(Zeitplan — Gefüllte Paprikahälften mit Reis · Diplomatenspeise)

Zeit	Spalte 1	Spalte 2	Spalte 3
5'	Zutaten und Arbeitsgeräte bereitstellen		
10'	Zwiebel für Hackfleischteig vorbereiten	Paprikaschoten vorbereiten	Rosinen für Dessert vorbereiten
	Hackfleischteig herstellen	Soße vorbereiten	Vanillecreme anrühren, kochen
20' / 25'	Paprika füllen	Wasser für Reis aufkochen	
30'			
	Garzeit Paprikahälften		kühl stellen
			Mandelblättchen rösten
40' / 25'		Garzeit Reis	Sahne schlagen
		Tisch decken	
50'			
55'	Soße fertigstellen		Dessert fertigstellen und garnieren
20'	anrichten und essen		
90' / 15'	aufräumen		

Gefüllte Paprikahälften mit Reis

Zutaten	Zubereitung
1 Zwiebel	schälen, fein würfeln
1 EL Öl	Zwiebelwürfel darin glasig dünsten
250 g Hackfleisch 1 Brötchen 1 Ei Salz, Pfeffer Paprikapulver edelsüß	einen Hackfleischteig zubereiten dabei die Zwiebeln unterkneten
1 rote Paprikaschote 1 grüne Paprikaschote	waschen, trocken tupfen, mit Stiel längs halbieren, Kerne und weiße Haut entfernen
	Hälften mit dem Hackfleisch füllen
1 gelbe Paprikaschote	waschen, putzen, würfeln
1/4 l Wasser 1-2 TL Gemüsebrühe-Instant 2 EL Paprikamark	mit den Paprikawürfeln in einer Pfanne verrühren, aufkochen
	Paprikahälften hineinsetzen, in der geschlossenen Pfanne ca. 30 Min. schmoren, herausnehmen
2 EL Soßenbinder hell	einstreuen, aufkochen
Salz, Pfeffer, 1 Pr. Zucker	abschmecken
1 EL Crème fraîche	Soße verfeinern
2 Stiele Basilikum	waschen, in Streifen schneiden, unter die Soße heben
	Schoten mit der Soße anrichten
150 g Langkornreis oder Basmati-Reis 1 TL Brühe-Instant	nach Vorschrift garen (S. 36) oder als Risotto zubereiten

Pilzragout mit Klößen

1 P. Klößepulver (für 8 Klöße)	aus dem Pulver nach Packungsanweisung 16 Klöße zubereiten
750 g gemischte Pilze	putzen, waschen, je nach Größe halbieren oder vierteln
3 Zwiebeln	schälen, fein würfeln
125 g Bacon	würfeln
2 EL Margarine	in der Pfanne Bacon darin auslassen herausnehmen dann Zwiebel glasig dünsten beides in einen Topf geben Pilze auf zweimal im Bratfett jeweils 5-8 Min. braten
Salz, Pfeffer	würzen Pilze ebenfalls in den Topf geben
2 EL Mehl	in der Pfanne kurz anschwitzen
100 ml Weißwein	Mehl damit ablöschen
1 Glas Pilzfond (400 ml) 1 Becher Sahne	mit der Schwitze in den Topf geben unter Rühren aufkochen, dann ca. 5 Min. leise kochen lassen
2-3 EL Soßenbinder hell	einstreuen, aufkochen
Salz, Pfeffer, 1 Pr. Zucker	abschmecken
Schnittlauch	in Röllchen schneiden darüberstreuen

Diplomatenspeise

2 EL Rosinen	heiß abspülen, abtropfen lassen auf einen tiefen Teller geben
1-2 EL Rum	über die Rosinen geben, ziehen lassen
1/2 l Milch 1 P. Puddingpulver Vanillegeschmack 1 Ei	in einem Topf gut verrühren auf die Kochplatte stellen und so lange schlagen, bis die Creme kocht
Zucker	Creme abschmecken sofort abkühlen lassen gelegentlich umrühren, damit sich keine Haut bildet
40 g Mandelblättchen	1 gehäuften Eßlöffel abnehmen, in einer Pfanne ohne Fett hellbraun rösten sofort aus der Pfanne nehmen, damit sie nicht nachbräunen übrige Mandeln und Rosinen unter die erkaltete Creme heben
1 Becher Sahne	steif schlagen, vorsichtig unter die Creme heben in Portionsschälchen füllen mit den gerösteten Mandeln garnieren

Schwarzwurzelragout im Reisrand · Apfelgrütze mit Kiwis und Mandelsoße

	5'	Zutaten und Arbeitsgeräte bereitstellen		
10'	15'	Hackfleischteig herstellen, Bällchen formen	Schwarzwurzeln vorbereiten, Zwiebeln vorbereiten, Wasser für Reis aufkochen	Zitrone und Äpfel vorbereiten, Apfelgrütze kochen
20'	10'	Ragout zubereiten	Garzeit Reis	kühl stellen, Mandelsoße kochen, abkühlen lassen, Kiwis vorbereiten, zufügen
30'	20'	Garzeit Ragout, Petersilie-Sahne-püree herstellen	Tisch decken	
40'			Reisrand einfetten	einfüllen
50' 55'	5'	Ragout fertigstellen	Reisrand formen	
	20'	anrichten und essen		
90'	15'	aufräumen		

Schwarzwurzelragout im Reisrand

1 kg Schwarzwurzeln	waschen, schälen
1 l Wasser 3 EL Essig	Wurzeln darin einlegen, dann schräg in 3-4 cm lange Stücke schneiden
1 Zwiebel	schälen, halbieren, in Spalten schneiden
250 g Hackfleisch 1 Ei 1 Brötchen Salz, Pfeffer 1 kl. Zwiebel	einen Hackfleischteig herstellen, 16 Bällchen daraus formen
2 EL Margarine oder Butterschmalz	in einem großen Topf erhitzen, Hackfleischbällchen darin anbraten, Schwarzwurzeln und Zwiebel zugeben, andünsten
2 EL Mehl	überstäuben, kurz anschwitzen
1/2 l Wasser 1/8 l Weißwein	aufgießen
2 TL Brühe-Instant	einrühren, unter gelegentlichem Rühren ca. 20 Min. zugedeckt garen
1-2 Bund Petersilie	waschen, grob hacken
1/8 l Sahne	mit der Petersilie pürieren
2 Eigelb	unterrühren, alles unter das Ragout rühren
Salz, Pfeffer Worcestershiresoße Zitronensaft, Zucker	abschmecken
180 g Reis (Rundkorn)	garen (S. 36)

Lauchtorte · Möhren-Apfel-Rohkost

	5'	Zutaten und Arbeitsgeräte bereitstellen		
10'	5'	Lauch putzen, waschen, schneiden	Blätterteig antauen lassen	Wasser aufsetzen
	5'	Lauch vorgaren	Backofen vorheizen (200°C; ⊕170°C)	Tomaten vorbereiten, Käsesoße herstellen
20'	10'	Lauch abtropfen lassen	Blätterteig auswellen, in die Form legen, Zutaten in den Tortenboden füllen	Springform vorbereiten, Sesam rösten
30' 40'	30'	Tisch decken	Garzeit Lauchtorte	Salatsoße herstellen, Salat fertigstellen
50' 55'				
	20'	anrichten und essen		
90'	15'	aufräumen		

Lauchtorte

1 Paket TK-Blätterteig	Scheiben auseinander legen und antauen lassen
4 Stangen Lauch	welke Blätter entfernen, längs schlitzen, gründlich waschen, in feine Streifen schneiden
150 ml Wasser	im Topf aufkochen, Lauchstreifen bei mittlerer Hitze etwa 5 Min. darin vorgaren, abtropfen lassen, Gemüsewasser auffangen
2 Tomaten	waschen, Stielansätze entfernen und würfeln
1 Becher Sahne 1/8 l Gemüsewasser 75 g geriebener Gouda 3 Eier Salz, Pfeffer, Muskat	gut miteinander vermengen
	Blätterteigscheiben aufeinander legen und auf einer bemehlten Arbeitsfläche auf die Größe einer Springform auswellen (ca. 26 cm ⌀) in die kalt ausgespülte Form legen, Teigränder gerade schneiden Lauchstreifen und Tomatenstücke in der Form verteilen, Käsesoße darübergeben auf der untersten Einschubleiste im vorgeheizten Backofen bei 200°C (⊕170°C) 30 Min. backen

Apfelgrütze mit Kiwis und Mandelsoße

1 Zitrone	heiß abspülen, trocken tupfen mit einem Sparschäler spiralförmig abschälen, Zitrone auspressen
3 Äpfel	schälen, achteln, Kerngehäuse entfernen Spalten quer in Scheiben schneiden mit Zitronensaft beträufeln
1/4 l Apfelsaft 1/8 l Wasser 1/4 TL Zimt 1 P. Vanillinzucker 30 g Zucker	zusammen mit den Apfelstückchen aufkochen, ca. 5 Min. köcheln lassen
1-2 EL Speisestärke 2-3 EL Wasser	glatt rühren, in die kochende Grütze Grütze einrühren, unter Rühren aufkochen lassen, kalt stellen
3 Kiwis	schälen, 1 Kiwi vierteln, in Stücke schneiden von den anderen Kiwis 4 schöne Scheiben zur Dekoration abschneiden, restliche Früchte pürieren Kiwistücke und Püree unter die erkaltete Grütze heben, in einer Schüssel anrichten, garnieren
1/4 l Milch	in einem offenen Topf aufkochen
1 EL Puddingpulver Mandelgeschmack 1-2 EL Milch	glatt rühren, in die kochende Milch rühren, unter Rühren aufkochen lassen
1 EL gehackte Mandeln	unterrühren
Zucker	Soße süßen, abkühlen lassen

Möhren-Apfel-Rohkost

Saft einer 1/2 Zitrone 1 Becher Naturjoghurt 1/2 TL Salz 1 Pr. Pfeffer 1 TL Zucker 3 EL Öl	mit dem Schneebesen in einer mittelgroßen Schüssel gut verrühren
1 kl. Zwiebel	schälen, sehr fein würfeln und zur Salatsoße geben
4 Möhren 2 Äpfel	schälen, grob raspeln (evtl. mit der Küchenmaschine)
	sofort in die Salatsoße geben und mischen
100 g Datteln	halbieren, entkernen, grob hacken und unter den Salat mischen
4 Salatblätter	waschen, abtropfen lassen und Salat darauf anrichten
1 EL geschälter Sesam	ohne Fett in der Pfanne leicht anrösten, vor dem Servieren über den Salat streuen

Zitronenherzen • Kernige Kokosmakronen • Mandel-Knusperhäufchen

	5'	Zutaten und Arbeitsgeräte bereitstellen		
10'	15'	Teig (Zitronenherzen) herstellen	Teig (Kokosmakronen) herstellen Häufchen aufs Blech setzen	Backbleche vorbereiten Backofen vorheizen (140°C; ⊛ 100°C)
20'				
30'	30'	Teig auswellen Formen ausstechen Backofen vorheizen (180°C; ⊛ 160°C)	Garzeit Makronen	Mandel-Häufchen herstellen
40'				
50'				
60'	10'	Herzen backen	Zitronenguß herstellen	im Kühlschrank festwerden lassen
70'	10'	Herzen mit Guß bestreichen		
90'	20'	aufräumen		

Zitronenherzen (Eigelbverwendung)

Teig:

3 Eigelb 125 g Zucker 1 P. Vanillinzucker	mit dem Rührbesen des Handrührgeräts auf höchster Stufe etwa 1 Min. cremig schlagen
abgeriebene Schale einer halben Zitrone 1 MS Backpulver 200-250 g gemahlene Mandeln	unterrühren, so daß ein fester Brei entsteht und der Teig kaum noch klebt (Mandelmenge richtet sich nach der Teigbeschaffenheit)
	Arbeitsfläche mit gemahlenen Mandeln oder Puderzucker bestäuben, Teig etwa 1/2 cm dick ausrollen, Herzen ausstechen, auf ein mit Backpapier belegtes Blech legen
	bei 180°C (⊛ 160°C) ca. 10 Min. backen

Guß:

100 g Puderzucker	sieben
1-1 1/2 EL Zitronensaft	dazugeben
	glattrühren, so daß eine dickflüssige Masse entsteht
	sofort nach dem Backen die Plätzchen damit bestreichen

Mandelplätzchen • Zimtplätzchen • Walnußkonfekt

	5'	Zutaten und Arbeitsgeräte bereitstellen		
10'	20'	Teig (Mandelplätzchen) herstellen	Teig (Zimtplätzchen) herstellen Häufchen aufs Blech setzen	Bleche mit Backpapier belegen Backofen vorheizen (160°C; ⊛ 140°C)
20'				
30'	10'	Teig kühlen	Garzeit Zimtplätzchen	Aprikosen würfeln
40'	10'	Kugeln formen Backofen vorheizen (175°C; ⊛ 150°C)	Masse herstellen Glasur schmelzen	
50'	10'	Mandeln aufdrücken	auskühlen lassen	Walnußhälften füllen
60'	15'	Garzeit Mandelplätzchen		Konfekt fertigstellen, kühlen
70'				
90'	20'	aufräumen		

Mandelplätzchen (Eigelbverwendung)

175 g Mehl	auf die Arbeitsfläche geben in die Mitte eine Mulde drücken
1 Eigelb 50 g Puderzucker 100 g Marzipanrohmasse	in die Mulde geben
100 g Butter	in Flöckchen auf den Rand setzen
	alle Zutaten zu einem glatten Teig verarbeiten einige Zeit kühl stellen
	Teig zu zwei Rollen à 30 cm Länge formen, jede Rolle in ca. 15 Scheiben schneiden und zu Kugeln formen
	auf ein mit Backpapier belegtes Blech setzen
30 g gehäutete Mandeln	je eine auf jedes Plätzchen drücken
1 Eigelb 1 EL Wasser	verquirlen, die Plätzchen damit bestreichen
	bei 175°C (⊛ 150°C) ca. 10-15 Min. backen

Zimtplätzchen (ca. 40 Stück)

(Eiklarverwendung)

2 Eiklar 125 g Puderzucker	mit den Quirlen des Handrührgeräts schaumig schlagen

Kernige Kokosmakronen (Eiklarverwendung)

4 Eiklar etwas Zitronensaft	mit dem Rührbesen des Handrührgeräts auf höchster Stufe steif schlagen
250 g Zucker 1 Pr. Salz	2/3 davon unter Rühren einrieseln lassen, den Rest nur unterheben
200 g Kokosraspel 100 g grobe Haferflocken	vorsichtig unterheben

mit 2 Teelöffeln kleine Häufchen von 2-3 cm Durchmesser auf ein mit Backpapier belegtes Blech oder auf Backoblaten setzen und bei 140°C (🌀 100°C) ca. 30-35 Min. backen

Mandel-Knusperhäufchen

6 fertige Baisers	mit einem Wellholz zerbröseln
150 g Mandelstifte	in einer Pfanne ohne Fett rösten
30 g Zitronat	fein hacken
400 g Milchschokoladen-Kuvertüre	Baiserbrösel, Mandelstifte und Zitronat unter die geschmolzene Kuvertüre mischen

mit 2 Teelöffeln kleine Häufchen von der Masse abstechen und auf Backpapier trocknen lassen, dann im Kühlschrank völlig fest werden lassen

| 1-2 TL Zimt
150 g feine Haferflocken
60 g weiche Butter (in Flöckchen) | unterrühren |

Blech mit Backpapier auslegen, mit 2 Teelöffeln kleine Häufchen darauf setzen

bei 160°C (🌀 140°C) ca. 20 Min. backen

Walnußkonfekt (30-35 Stück)

100 g getrocknete Aprikosen	in kleine Würfel schneiden
100 g Marzipanrohmasse 3 EL Mandellikör (Amaretto) 50 g Puderzucker	zusammen mit den Aprikosenwürfeln verkneten
ca. 75 g Walnußhälften	von der Marzipanmasse jeweils 1 TL abnehmen und zwischen 2 Hälften drücken
1 P. Schokoladenfettglasur (100 g)	nach Vorschrift schmelzen

Konfekt auf eine Gabel legen, zur Hälfte in die Glasur tauchen, auf einem Kuchengitter ablegen und trocknen lassen
kühl aufbewahren

	5'	Zutaten und Arbeitsgeräte bereitstellen		
10'		Spinat auftauen Form ausfetten	Mürbeteig für Rhabarbertörtchen kneten	Salatsoße herstellen Rettich vorbereiten
15'				
20'				
		Spinatauflauf zubereiten	Teig ruhen lassen Rhabarber vorbereiten Förmchen ausfetten	Salat mischen, ziehen lassen
30'	25'			
40'		Backofen vorheizen (140°C)	Streusel herstellen	
50'		Garzeit Spinatauflauf Sauce Hollandaise zubereiten	Teig in die Förmchen füllen, belegen Backofen vorheizen (180°C; ⊛155°C)	Tisch decken
60'	35'			
70'			Garzeit Törtchen	
80'				
85'	5'	Spinatauflauf stürzen, anrichten	Törtchen herausnehmen, besieben	Salat anrichten
	30'	anrichten und essen		
135'	20'	aufräumen		

Rettichsalat mit Kresse

Salatsoße:

4 EL Öl
2 EL Essig
1 TL Senf
1 TL geriebener Meerrettich
1/2 TL Salz
} mit dem Schneebesen mischen

1 mittelgroßer Rettich — waschen, schälen
in der Küchenmaschine grob raspeln
sofort unter die Salatsoße ziehen

Salat ruhen lassen
abschmecken
in Salatschüsselchen verteilen

4 Radieschen — waschen, in feine Scheiben schneiden
Rettichsalat damit garnieren

1 EL Kresse — waschen, über den Salat streuen

Spinatauflauf

400 g TK-Spinat — auftauen lassen

4 Eier
100 ml Sahne
1 EL Weizenvollkornmehl
} miteinander kräftig mit dem Schneebesen verschlagen

aufgetauten Spinat untermischen

1/2 TL Kräutersalz
2 MS Pfeffer
1 MS Muskat
} abschmecken evtl. mit Relish und würzen

1 EL Butter — Auflaufform damit ausfetten
die Spinat-Ei-Masse hineinschütten
im Backofen bei 140°C stocken lassen
(in der Mikrowelle bei 600 Watt 10-12 Min.)

Sonnenblumenkerne — darüberstreuen

Sauce Hollandaise

2 EL Wasser
2 EL Mehl
1/4 l Instant-Brühe
2 Eigelb
} in einem kleinen Kochtopf mit dem Schneebesen vermischen

zum Kochen bringen, dabei ständig umrühren
von der Herdplatte nehmen

60 g Butter — nach und nach unterschlagen

2 EL Zitronensaft
Salz, Pfeffer
} würzen, abschmecken

Spinatauflauf stürzen und in Stücke schneiden,
auf Kuchentellern portionsweise mit der Sauce Hollandaise anrichten

Rhabarbertörtchen

Teig:
150 g Mehl
75 g Butter oder Margarine
30 g Zucker oder Honig
1 Ei
1 TL Backpulver

alle Zutaten mit den Knethaken des Rührgerätes zu einem Teig verarbeiten

wenn nötig noch etwas Mehl unterkneten, Teig 15 Min. im Kühlschrank ruhen lassen

Streusel:
20 g Butter
20 g Zucker
20 g gemahlene Haselnüsse
1 EL Mehl

in einer Schüssel mit den Knethaken verkrümeln

Belag:
2 Stengel Rhabarber

waschen, enthäuten, in 2 cm lange Stücke schneiden

Teig in vier Portionen schneiden in vier Törtchenformen (vorher ausfetten) drücken, gleichmäßig verteilen, Ränder etwas hochziehen

Rhabarberstückchen darauflegen Krümel daraufstreuen

bei 180°C (🜨 155°C) im Backofen 15-20 Min. backen (Streusel sollten leicht braun sein)

aus der Form lösen

1 TL Puderzucker — jedes Törtchen damit besieben

auf Kuchentellern servieren

201

Gurken-Tomaten-Kaltschale · Hühnerfrikassee mit Reis · Kiwi-Stachelbeer-Creme mit Schneeklößchen

Zeit			
5'	Zutaten und Arbeitsgeräte bereitstellen		
10'	Huhn vorbereiten	Suppengrün vorbereiten	Gelatine einweichen
15'			Früchte zubereiten
20'			
	Garzeit Suppenhuhn	Zutaten für Kaltschale zubereiten	Garzeit Früchte
30'		Marinade mischen und zufügen kühl stellen	
40'			
30'	Tisch decken		
50'			Gelatine zur Fruchtmasse geben, erkalten lassen
	Huhn entbeinen, schneiden		
60'			
10'			
	Garzeit Reis	Schneeklößchen zubereiten	
70'			
80'	30'	Einbrenne zubereiten	
			Sahne schlagen und unterheben
	Spargel und Pilze zugeben	Kaltschale abschmecken	Dessert mit Schneeklößchen garnieren
90'	Frikassee legieren		
	25'	anrichten und essen	
135'	20'	aufräumen	

Gurken-Tomaten-Kaltschale

1 Salatgurke	schälen, längs halbieren, in kleine Würfel schneiden
6 Fleischtomaten	waschen, fein würfeln
1 Zwiebel	fein schneiden
1 Knoblauchzehe	klein würfeln oder durchpressen
1 Zweig Dill	sehr fein schneiden
1 Pr. Pfeffer 1 TL Kräuteressig 1 Pr. Salz 1 Becher Joghurt 1/8 l Sahne	alle Zutaten verrühren
	gewürfeltes Gemüse zufügen, kühl stellen

Hühnerfrikassee mit Reis

	Dampfdrucktopf bereitstellen
1 Suppenhuhn	unter fließendem Wasser waschen
1 Bund Suppengrün	putzen, waschen, grob schneiden
3/4 l Wasser	alle Zutaten im Dampfkochtopf ca. 30 Min. kochen
	Huhn entbeinen, Haut ablösen, Fleisch in mundgerechte Stücke schneiden
40 g Butter 40 g Mehl	Einbrenne zubereiten
1/2 l Hühnerbrühe	ablöschen, ca. 10 Min. köcheln lassen
1 Dose Champignons 1 Dose Spargelstücke	zusammen mit Hühnerfleisch zufügen, nochmals erhitzen
2 EL Weißwein 4 EL Sahne 2 Eigelb	verquirlen Soße legieren
180 g Reis (Rundkorn oder Avorio)	garen (S. 36)

Kiwi-Stachelbeer-Creme mit Schneeklößchen

6 Blatt Gelatine	einweichen
300 g Stachelbeeren	waschen und putzen
100 g Kiwi	schälen, in Scheiben schneiden
1/8 l Wasser 80 - 100 g Zucker 1 Stange Zimt	Obst ca. 20 Min. weich dünsten abkühlen lassen, pürieren
	Gelatine in die heiße Masse geben, halbfest gelieren lassen
1 Becher Sahne	schlagen
1 P. Sahnesteif	zufügen
1 P. Vanillinzucker	unter die Fruchtmasse ziehen
	in Portionsschälchen füllen

Schneeklößchen:

2 Eiklar	steif schlagen
60 g Zucker 1 P. Vanillinzucker	nach und nach zufügen, bis glänzender Eischnee entsteht
1/2 l Wasser	aufkochen Topf von der Kochstelle nehmen, mit zwei Eßlöffeln kleine Klößchen formen, vorsichtig in das Wasser geben, 5 Min. gar ziehen lassen, dabei den Topfdeckel auflegen mit Schaumkelle herausheben, auf die Creme setzen
Raspelschokolade	Dessert bestreuen
Waffelröllchen	garnieren

Variation (unteres Bild): Hühnerfrikassee mit Blumenkohl und Erbsen

Folienkartoffeln · Kräuterquark · Würstchenspieße · Teufelsoße · Bohnensalat · Ananasscheiben mit Johannisbeerbaiser

	5'	Zutaten und Arbeitsgeräte bereitstellen		
10'	15'	Bohnen vorbereiten Salatsoße zubereiten	Johannisbeerbaiser zubereiten Backofen vorheizen (200°C; ⊛ 170°C)	Kartoffeln gründlich waschen, einwickeln Backofen vorheizen (220°C; ⊛ 190°C)
20'				
30'	20'	Garzeit Bohnen Bohnen marinieren	auf die Ananasscheiben Baiser verteilen Garzeit Baiser	Garzeit Kartoffeln Tisch decken Kräuterquark zubereiten
40'				
50'	35'	Teufelsoße zubereiten Weißbrot schneiden	Ananasscheiben aus dem Backofen nehmen, auskühlen lassen Spieße vorbereiten	
60'				
70'				
80'	10'	Salat fertigstellen	Garzeit Würstchenspieße	Kartoffeln einschneiden, anrichten
85'				
	30'	anrichten und essen		
135'	20'	aufräumen		

Folienkartoffeln

4 gr. Kartoffeln (festkochend)   gründlich waschen (evtl. abbürsten) in Alufolie einwickeln

auf dem Grillrost 45 Min. unter ständigem Wenden garen
oder
im Backofen bei 220°C (⊛ 190°C) 60 Min. backen

danach die Alufolie mit einem Messer einmal längs und einmal quer einschneiden
die Kartoffel von unten etwas auseinanderdrücken
in der Folie servieren

Kräuterquark

250 g Magerquark
5 EL Sahne
1/2 TL Kräutersalz
2 MS Paprikapulver   alles mit dem Schneebesen mischen abschmecken
3 EL gehackte Kräuter (Schnittlauch, Petersilie, Basilikum, Dill)

zur Folienkartoffel servieren

Würstchenspieße

2 gebrühte Bratwürste
2 geräucherte Bratwürste   in 2 cm lange Stücke schneiden

1 grüne Paprikaschote   waschen, halbieren, entkernen, in Quadrate von 2 x 2 cm schneiden

1 Zwiebel   schälen, achteln

4 Spieße   Wurst, Paprika und Zwiebel abwechselnd aufstecken

Grillrost mit Alufolie auslegen
Spieße ca. 10 Min. von allen Seiten grillen oder in einer Pfanne mit 3 EL heißem Fett 7-8 Min. ausbacken

Teufelsoße

1/2 kl. Dose Tomaten	mit einer Gabel zerkleinern, mit dem Tomatenwasser mischen
1/2 rote Paprikaschote	waschen, halbieren, entkernen, in sehr kleine Würfel hacken, zur Tomatensoße geben
2 EL Ketchup 1 EL Öl 1 EL Essig 1 TL Paprikapulver 1/2 TL Curry 5 Tropfen Tabasco	untermischen, abschmecken evtl. noch etwas salzen
1 französisches Weißbrot	in dicke Scheiben schneiden, dazu reichen

Bohnensalat

500 g grüne Bohnen	waschen, putzen, in 3 cm lange Stücke brechen
1/4 l Wasser 1 TL Salz	Bohnen darin 8-10 Min. garen abgießen
	Salatsoße:
1/8 l Kochflüssigkeit 1 kl. gehackte Zwiebel 2 EL Essig 1/2 TL Salz 2 MS Senf	mischen Bohnenstücke darin marinieren, durchziehen lassen
3 EL Öl	kurz vor dem Essen zugeben abschmecken
1 EL feingeschnittener Schnittlauch	darüberstreuen

Ananasscheiben mit Johannisbeerbaiser

4 Scheiben Ananas	auf eine feuerfeste Platte legen
125 g Johannisbeeren	waschen, entstielen
2 Eiklar	zu Schnee schlagen
3 EL Puderzucker	unterrühren
	die Johannisbeeren dazugeben
	Eischnee-Johannisbeermasse mit einem Teelöffel auf die Ananasscheiben verteilen
	bei 200°C (⊛ 170°C) 10 Min. im Backofen backen (die Baiserhaube soll leicht braun sein)
	auskühlen lassen
	servieren

Zucchinisuppe mit Lachsstreifen · Kirschen-Vollkorn-Plotz
Früchte mit Baiserhaube · Süßkirsch-Stachelbeer-Marmelade

	5′	Zutaten und Arbeitsgeräte bereitstellen		
10′	10′	Gemüse vorbereiten Suppe zusetzen	Semmeln einweichen Kirschen vorbereiten	Gläser spülen Kirschen und Stachelbeeren vorbereiten
20′	15′			
30′	20′	Garzeit Suppe Suppe pürieren	Backofen vorheizen (200°C; 170°C) Auflaufform fetten	
40′			Kirschplotzteig fertigstellen	
50′		Suppe binden und würzen	Backzeit Kirschplotz	Marmelade kochen, abfüllen Gläser etikettieren
60′	40′	Tisch decken	Geschenkpackung für Früchte mit Baiserhaube vorbereiten	TK-Früchte auftauen Zwieback zubereiten Dessert zubereiten
70′				
80′				
90′	10′	Lachs schneiden Dill vorbereiten Suppe garnieren	Kirschplotz portionieren	Backofen 225°C (190°C) übergrillen
	25′	anrichten und essen		
135′	20′	aufräumen, Früchte mit Baiserhaube verpacken		

Zucchinisuppe mit Lachsstreifen

400 g Zucchini	waschen, mit der Schale in Scheiben schneiden
1 kl. Zwiebel	fein hacken
1 EL Butter	erhitzen Gemüse andünsten
3/4 l Instant-Gemüsebrühe	aufgießen, 10 Min. köcheln lassen, im Mixer pürieren
150 g Dickmilch 1 EL Soßenbinder hell	verrühren, unterziehen, kurz aufkochen
1 Pr. Salz 1 Pr. Pfeffer 1 TL Zitronensaft	würzen
50 g Räucherlachs in Scheiben	in Streifen schneiden
1 Zweig Dill	fein schneiden
	Fisch und Kräuter kurz vor dem Servieren zufügen

Kirschen-Vollkorn-Plotz

6 altbackene Vollkornbrötchen	in feine Scheiben schneiden
3/8 l Milch	erwärmen, zugießen, 30 Min. einweichen lassen
750 g dunkle Kirschen	waschen, entsteinen
100 g Butter	schaumig rühren
3 Eigelb 100 g Honig 1 MS Zimt Schale einer Zitrone	zufügen, verrühren
	eingeweichte Brötchen unterrühren
3 Eiklar	zu Eischnee schlagen, unterheben Kirschen zugeben
Butter für Auflaufform	ausfetten, Plotz einfüllen bei 200°C (170°C) ca. 45 Min. backen

Früchte mit Baiserhaube

600 g TK-Tropic-Cocktail	in eine große flache Schüssel geben, gut verteilen und ca. 20 Min. auftauen lassen
7 Scheiben Kokos-Zwieback	mit den Händen grob zerbröckeln auf 4 kleine, feuerfeste Förmchen verteilen
3 EL Orangen- oder Mangosaft	darüberträufeln
2 Eiklar	steif schlagen
1 EL Zitronensaft	zufügen
100 g Zucker 1 P. Vanillinzucker	nach und nach einrieseln lassen
1 Pr. Ingwerpulver	abschmecken
	Früchte in die Förmchen füllen Eischnee gleichmäßig darauf verteilen mit einem Löffel leichte Dellen hineindrücken und kleine Spitzen nach oben ziehen
	unter dem vorgeheizten Grill übergrillen, bis die Spitzen goldgelb sind

Süßkirsch-Stachelbeer-Marmelade

750 g Süßkirschen	waschen, entsteinen, zerkleinern
250 g Stachelbeeren	waschen, putzen, zerkleinern
1 kg Gelierzucker	zufügen
	in einem hohen Topf unter ständigem Rühren zum Kochen bringen 4-5 Min. sprudelnd kochen lassen sofort in vorbereitete Gläser füllen und verschließen

	5'	Zutaten und Arbeitsgeräte bereitstellen		
10'	10'	Kartoffeln waschen	Auberginen waschen und kochen	Teig auftauen Früchte waschen Backofen vorheizen (200°C; ⊛ 170°C)
20'	20'	Garzeit Kartoffeln Tisch decken	Auberginen halbieren, aushöhlen Füllung herstellen	Teig schneiden und backen auskühlen Trauben vom Stiel entfernen
30'				
40'	20'	Kartoffeln schälen und Kartoffelbrei herstellen	Auberginen füllen Soße zubereiten Auberginen übergießen Backofen vorheizen (190°C; ⊛ 160°C)	Quarkcreme zusammenrühren auf den Blätterteigschnitten verteilen
50'				
60'	30'	Gurken würfeln Kartoffelbrei fertigstellen warm halten	Garzeit Auberginen	Trauben in die Quarkcreme stecken, Traubenschnitten garnieren und anrichten
70'				
80'				
85'				
	30'	anrichten und essen		
135'	20'	aufräumen		

Tomaten-Paprika-Salat

4 Tomaten	waschen, abtrocknen, Grünteil entfernen in dünne Scheiben schneiden und auf einen großen Teller auflegen
1/2 grüne Paprikaschote	waschen, halbieren, entkernen und würfeln auf den Tomaten verteilen
1 kl. Zwiebel	schälen, in Ringe schneiden
1 EL feingeschnittener Schnittlauch	mit den Zwiebelringen über die Tomaten streuen
3 EL Olivenöl 2 EL Weinessig 1/2 TL Salz 2 MS Pfeffer 1/2 TL Senf	mit dem Schneebesen mischen, über das Gemüse träufeln abschmecken, evtl. noch etwas salzen

Gefüllte Auberginen

2 gr. Auberginen	waschen, putzen in einem Topf mit kochendem Salzwasser 5 Min. garen herausnehmen, abtropfen und auskühlen lassen Auberginen der Länge nach halbieren, mit einem Teelöffel das Fruchtfleisch herauslösen (darauf achten, daß die Wände nicht zu dünn werden)
etwas Fett	Auflaufform damit bestreichen die Auberginenhälften hineinlegen
1 EL Öl	erhitzen
150 g Rinderhackfleisch	darin anbraten
1 rote Paprikaschote 1 Tomate	waschen, putzen, in Würfel schneiden zum Hackfleisch geben herausgelöstes Fruchtfleisch zerkleinern und ebenfalls zufügen
1 TL Oregano 2 EL gehackte Petersilie 2 MS Pfeffer	würzen, abschmecken so lange schmoren lassen, bis eine dicke Paste entsteht die Auberginenhälften großzügig damit füllen

Soße:

1 Becher (150 g) Joghurt natur 1 Ei 1/2 TL Salz 3 MS Pfeffer 50 g geriebener Käse	mit dem Schneebesen mischen die Soße über die Auberginen gießen im Backofen bei 190°C (⊛ 160°C) 30 Min. garen, bis die Oberfläche goldbraun ist heiß servieren

Kartoffelbrei pikant

4 Kartoffeln (ca. 600 g)	waschen im Schnellkochtopf 20 Min. kochen schälen, mit einer Gabel grob zerkleinern
1/4 l Milch *10 g Butter*	erhitzen kurz vor dem Kochen von der Herdplatte nehmen, über die grob zerkleinerten Kartoffeln gießen, mit dem Handrührgerät zu Kartoffelbrei verarbeiten
1/2 TL Salz *1 MS Muskat*	abschmecken
3 EL Sahne	untermischen
3 Gewürzgurken	in kleine Würfel schneiden, unter den Kartoffelbrei mischen mit einem Eßlöffel Gurkenwürfelchen garnieren

Traubenschnitten

1/2 P. TK-Blätterteig	auftauen die Platten halbieren Backblech mit Backpapier auslegen die Teigstücke bei 200°C (170°C) ca. 8-10 Min. backen auskühlen
250 g Speisequark (20 % Fettgehalt) *2 EL Zucker oder Honig* *2 EL Zitronensaft*	mit dem Schneebesen mischen abschmecken Quarkcreme auf die ausgekühlten Blätterteigschnitten verteilen
200 g grüne Trauben *200 g blaue Trauben*	gründlich waschen, vom Stiel entfernen abwechselnd blaue und grüne Trauben in die Quarkcreme stecken
1 EL Mandelblättchen	damit garnieren auf Kuchentellern mit den restlichen Trauben anrichten

Variation (oberes Bild): Aubergine mit Reis-Hackfleisch-Füllung

5'	Zutaten und Arbeitsgeräte bereitstellen			
10' 20' 25' 30'	Brandteig zubereiten abkühlen Ofen vorheizen (200°C; 170°C) Blech belegen Brandteig aufspritzen	Mürbeteig für Birnentorte kneten kühl stellen Ofen vorheizen (180°C; 150°C) Birnen vorbereiten	Mürbeteig für Träublestorte zubereiten kühl stellen Ofen vorheizen (200°C; 170°C) Springform fetten	
40' 20' 50'	Garzeit Windbeutel	Garzeit Mürbeteig Creme zubereiten kühl stellen	Teig vorbacken Johannisbeeren vorbereiten Fülle fertigstellen Torte füllen	
60' 10'	Windbeutel abkühlen, aufschneiden	Teig mit Tortenring umschließen, Creme zufügen, kühl stellen	Garzeit Träublestorte Kaffeetafel decken	
70' 20' 80'	Erdbeeren vorbereiten Sahne schlagen Erdbeerfülle fertigstellen	Birnen auflegen Konfitüre aufstreichen		
90' 10'	Windbeutel füllen Puderzucker aufstreuen	Torte mit Sahne garnieren	Eiskaffee zubereiten	
135' 30' 15'	anrichten und essen			
	aufräumen			

Windbeutel mit Erdbeersahne

Teig:

Grundrezept Brandteig S. 31 zubereiten

gleich große Windbeutel auf ein mit Backpapier ausgelegtes Blech spritzen (Spritzbeutel mit Tülle)

bei 200°C (170°C) ca. 20 Min. ausbacken

auskühlen lassen
Deckel abschneiden

Füllung:

200 g Erdbeeren	waschen, entstielen, klein schneiden
1 Becher Sahne 1 P. Sahnesteif	schlagen
1 P. Vanillinzucker	zufügen
	Erdbeeren vorsichtig unterheben in Windbeutel füllen, Deckel auflegen
Puderzucker	darüberstreuen

Birnentorte mit Preiselbeersahne

Mürbeteig:

200 g Mehl 50 g Zucker 1 Pr. Salz 100 g Butter 1 Ei	mit dem Knethaken einen glatten Teig rühren
	20 Min. kühl stellen
	Boden einer Springform mit Backpapier auslegen
	Teig ausrollen Boden der Springform belegen
	bei 180°C (150°C) ca. 20 Min. backen auskühlen lassen auf eine Tortenplatte legen und mit Tortenring umschließen

Belag:

500 g Birnen	schälen, Kerngehäuse entfernen, halbieren
1/8 l Wasser 100 g Zucker 1 Stange Zimt	Birnen weich kochen
	abkühlen lassen
500 g Quark 1 Glas Preiselbeerkonfitüre 2 Becher Sahnejoghurt 50 g Zucker	cremig rühren
10 Blatt Gelatine	einweichen, auflösen, zufügen
	Creme halbsteif werden lassen auf dem Mürbeteig verteilen und fest werden lassen Springformrand entfernen Birnenhälften auflegen
4 EL Johannisbeergelee	im Wasserbad erwärmen Torte bestreichen
1 Becher Sahne	schlagen, Torte garnieren

Träublestorte

200 g Mehl 1 MS Backpulver 125 g Butter 1 Eigelb 60 g Zucker 1 Pr. Salz	mit dem Knethaken einen Mürbeteig kneten
	ca. 30 Min. kühl stellen
	anschließend den Teig in eine gefettete Springform drücken, dabei einen Rand von ca. 2 cm Höhe formen
	den Teigboden mit der Gabel mehrmals einstechen
	12 Min. bei 200°C (170°C) vorbacken

Belag:

500 g Johannisbeeren	waschen, abtropfen lassen und abzupfen
5 Eiklar	Eischnee schlagen
200 g Zucker	zufügen
	Sahne weiter schlagen, bis der Zucker aufgelöst ist
150 g geriebene Mandeln	zusammen mit den Johannisbeeren unterheben
	die Masse auf vorgebackenen Teigboden streichen
	bei 200°C (170°C) 40 Min. backen

Eiskaffee

4 Tassen kaltes Wasser	
4 gehäufte TL Instantkaffee	in Wasser auflösen
4 Kugeln Vanilleeis	in Kaffeepokale geben
	Kaffee zugießen
1 Becher Sahne	schlagen
	daraufsetzen, mit etwas Instantkaffee bestäuben
	mit Strohhalm und langem Löffel servieren

Kartoffelsuppe · Blätterteigkleingebäck · Böhmischer Apfelstrudel · Vanillesoße

	5'	Zutaten und Arbeitsgeräte bereitstellen		
10'	15'	Apfelstrudelteig kneten ruhen lassen	Blätterteig auftauen Äpfel vorbereiten	Gemüse vorbereiten
20'				
30'	20'	Teig ausrollen, füllen, zusammenrollen, bestreichen Backofen vorheizen (180°C; 150°C)	Backblech vorbereiten Blätterteig ausstechen	Garzeit Suppe
40'				
50'	30'	Garzeit Apfelstrudel Vanillesoße zubereiten	Kleingebäck auf dem Blech verteilen, bestreichen, bestreuen Backofen vorheizen (200°C; 170°C)	Suppe im Mixer pürieren, abschmecken Petersilie vorbereiten
60'				
70'				
80'	15'	Apfelstrudel aufschneiden, besieben auf Kuchentellern mit Vanillesoße anrichten	Garzeit Kleingebäck Tisch decken Blätterteiggebäck auf Teller legen	Suppe fertigstellen in Suppentassen füllen und garnieren
85'				
	30'	anrichten und essen		
135'	20'	aufräumen		

Kartoffelsuppe

2 Kartoffeln 2 Karotten 1/2 Stange Lauch 1/4 Knolle Sellerie 1 Zwiebel	gründlich waschen, putzen grob zerkleinern
2 EL Öl	erhitzen Gemüse kurz anbraten
3/4 l Instant-Gemüsebrühe	aufgießen
3 MS schwarzer Pfeffer	würzen die Suppe 15 Min. kochen
	Suppe portionsweise im Mixer pürieren, in den Kochtopf zurückgießen abschmecken
3 EL Sauerrahm	kurz vor dem Essen (Suppe darf nicht mehr kochen) Sauerrahm unterschlagen in Suppentassen füllen
1 EL gehackte Petersilie	Suppe damit garnieren

Blätterteigkleingebäck

1/4 P. TK-Blätterteig	auftauen lassen aus den Teigplatten Formen ausstechen (Rauten, Quadrate, Kreise)
1 Stück Backpapier	Backblech damit auslegen Teigformen darauf verteilen
2 EL Milch	das Gebäck damit bestreichen
1 EL Sesam	auf die eine Hälfte der Gebäckstücke streuen
1 EL frisch gemahlener Pfeffer	die zweite Hälfte damit bestreuen bei 200°C (170°C) in der Backröhre 10 Min. backen, bis sie goldgelb sind noch warm zur Kartoffelsuppe servieren

Böhmischer Apfelstrudel

Teig:

200 g Weizenmehl \
100 g Butter oder Margarine \
50 g Zucker \
1 Ei \
1 MS Zimt \
1 TL Backpulver

mit den Knethaken des Rührgerätes zu einem Teig verarbeiten \
wenn nötig, etwas Mehl unterkneten \
10 Min. im Kühlschrank ruhen lassen

Teig auf Pergamentpapier zu einem Rechteck ausrollen

1 EL flüssige Butter — Teig damit bestreichen

Füllung:

3 säuerliche Äpfel (Boskop) — waschen, schälen, halbieren, Kernhaus entfernen \
mit dem Gurkenhobel in feine Scheiben hobeln und auf der Teigplatte verteilen

1 TL Zucker \
2 MS Zimt — daraufstreuen

Strudel zusammenrollen

Backblech mit Backpapier belegen \
Apfelstrudel vorsichtig auf das Blech heben

1 EL Milch oder Sahne — Apfelstrudel damit bestreichen

bei 180°C (150°C) 30 Min. backen \
noch warm in Stücke schneiden

1 TL Puderzucker — darübersieben

mit Vanillesoße auf einem Kuchenteller portionsweise servieren

Vanillesoße

1/4 l Milch — erhitzen

1 Vanilleschote — halbieren, in der heißen Milch ziehen lassen

2 Eigelb \
2 EL Zucker oder Honig — mit einem Schneebesen aufschlagen

Vanilleschote aus der Milch entfernen und auskratzen, \
Mark in die Milch geben

die heiße Milch nach und nach zu den Eiern geben, dabei die Soße unter ständigem Rühren erhitzen (auf keinen Fall kochen – Eigelb gerinnt sonst), bis die Soße leicht dicklich geworden ist

warm oder kalt zum Apfelstrudel servieren

	5′	Zutaten und Arbeitsgeräte bereitstellen		
10′	20′	Teig kneten kühl stellen	Schablonen für Dach, Giebel und kleine Figuren anfertigen	Blech mit Backpapier auslegen »Grundstück« mit Alufolie verkleiden
20′				
30′	25′	Teigplatte auswellen Hausteile ausschneiden Ofen vorheizen (180°C; ⊛ 150°C) Verzierungen anbringen	kleine Figuren ausschneiden und verzieren	Zuckerglasur zubereiten
40′				
50′				
60′	10′	Garzeit Teig		Tisch decken Toast vorbereiten und belegen
70′	30′	Teig auskühlen lassen Hexenhaus fertigstellen	Figuren aufkleben garnieren Fruchtpunsch kochen	Backofen vorheizen (200°C; ⊛ 170°C) Toast in der Röhre überbacken
80′				
90′				
	30′	anrichten und essen		
135′	15′	aufräumen		

Hexenhaus · Pizza-Toast · Fruchtpunsch

Hexenhaus

Notwendige Materialien:
Schablonen für Dach und Giebel
1 fester Karton in Größe DIN A 4 als »Grundstück«
1 Stück Alufolie zum Verkleiden dieses Kartons

Teig:

100 g gemahlene Haselnüsse
300 g Weizenvollkornmehl
150 g Butter
1 Ei
2 EL Kakao
1 P. Lebkuchengewürz
1/2 P. Backpulver
100 g Zucker oder Honig
2 EL Milch nach Bedarf

zu einem Knetteig verarbeiten
10 Min. kühl stellen

Schablonen zuschneiden

Schablonen für das Hexenhaus:

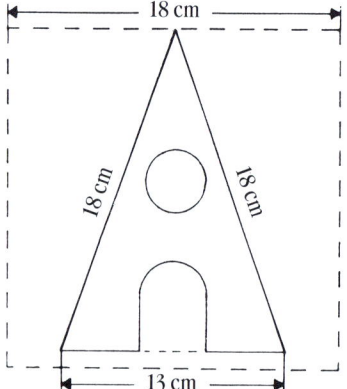

Karton mit Alufolie verkleiden
Teig 1/2 cm dick auswellen
Teile nach Schablonen ausschneiden
Teigplatten auf ein mit Backpapier belegtes Blech legen
aus restlichem Teig kleine Formen ausschneiden (z. B. Tannenbaum, Zaun, Hexe u. a.)

Teigteile bei 180°C (⊛ 150°C)
10 bis 12 Min. backen
auskühlen lassen

Zuckerglasur zum Kleben und Verzieren:

1 Eiklar
1 P. Puderzucker
oder
1 gestr. TL Trockeneiweiß
1/8 l Wasser
1 P. Puderzucker

} zu einer zähen Masse schlagen

die einzelnen Teile auf dem »Grundstück« zusammensetzen und -kleben

Dach und Giebelseiten schön garnieren, Haus gut trocknen lassen

Garnierung:

Hexenhaus hell/dunkel
Schokokuvertüre, Mandeln, Walnüsse, Spekulatius, Rosinen

Buntes Hexenhaus (für Kinder)
Smarties, Schokoplätzchen, Gummibärchen oder andere bunte Süßigkeiten

Pizza-Toast

4 Scheiben Toastbrot — kurz vortoasten
Butter — bestreichen

4 Scheiben Schinken
8 Scheiben Tomaten
1/2 Dose Champignons
Oregano
4 Scheiben Schmelzkäse

} Brote belegen

bei 200°C (🔄 170°C) 8 Min. überbacken

sofort servieren

Fruchtpunsch

1/4 l Fruchttee
Saft von 3-4 Orangen
1/4 l Apfelsaft
1/8 l Kirschsaft

} vorsichtig erwärmen

heiß servieren

Variation (unteres Bild): Schinken-Käse-Toast

Nährwerttabelle nach Lebensmittelgruppen

Lebensmittel 100 g eßbarer Anteil	Eiweiß g	Fett g	Kohlenhydrate g	Ballaststoffe g	Energie kJ	Energie kcal	Mineralstoffe Eisen mg	Mineralstoffe Calcium mg	Vitamine A µg	Vitamine B₁ mg	Vitamine B₂ mg	Vitamine C mg
Rindfleisch												
Rinderfilet	19	4	+	0	490	116	2,1	3	–	0,1	0,1	1
Keule (Schlegel)	21	7	+	0	630	150	2,6	13	10	0,1	0,2	1
Brust	16	21	+	0	1100	261	2,5	2	–	–	–	–
Rinderleber	20	3	6	0	560	133	7,1	7	8340	0,3	2,9	30
Hackfleisch	23	13	+	0	880	209	2,2	12	0	+	0,2	1
Schweinefleisch												
Schweinelende	19	10	+	0	710	169	–	2	–	–	–	0
Schweineschnitzel	21	8	+	0	680	161	2,3	2	–	0,7	0,2	0
Schweinekotelett	16	25	+	0	1250	297	1,8	11	–	0,8	0,2	0
Schweineschinken	17	23	+	0	1190	283	2,0	9	–	0,8	0,2	0
Schweinebauch	12	42	+	0	1840	438	–	1	–	0,4	0,1	0
Schweineleber	20	6	1	0	580	138	22,1	10	3540	0,3	3,2	23
Geflügel												
Brathuhn	15	4	0	0	448	106	1,8	12	10	0,1	0,2	3
Ente	18	17	0	0	960	228	2,1	11	–	0,2	0,2	–
Truthahn	15	11	+	0	703	167	4,2	27	+	0,1	0,1	0
Fleisch- und Wurstwaren												
Geflügelwurst	16	5	0	0	460	109	–	–	–	–	–	–
Gelbwurst	12	33	+	0	1500	357	–	–	–	–	0,1	–
Leberwurst	12	41	0	0	1840	438	5,3	41	1460	–	0,9	–
Mettwurst	12	52	0	0	2225	529	1,6	13	0	+	–	–
Salami	18	50	0	0	2180	519	2,4	13	–	0,1	0,1	0
Fleischkäse (Leberkäse)	13	23	0	0	1120	266	–	4	–	+	0,2	0
Wiener Würstchen	15	21	0	0	1080	257	2,4	18	–	0,1	0,1	0
Schinken, gekocht	19	20	0	0	1150	273	2,4	10	+	0,5	0,3	0
Seefische												
Kabeljau (Dorsch)	17	+	0	0	300	71	0,5	11	+	+	+	2
Rotbarsch (Goldbarsch)	18	4	0	0	470	111	0,7	22	12	0,1	0,1	+
Süßwasserfische												
Forelle	20	3	0	0	450	107	1,0	18	45	+	+	+
Karpfen	18	5	0	0	500	119	1,1	29	56	+	+	1
Fischdauerwaren												
Bismarckhering	17	16	0	0	920	219	–	38	36	+	0,2	0
Thunfisch in Öl	24	21	0	0	1230	292	1,2	7	370	+	+	0
Fischstäbchen, tiefgefr., roh	16	7	20	–	850	202	–	–	–	–	–	0
Obst												
Ananas, roh	+	+	14	0,4	240	57	0,4	16	10	0,1	+	20
Apfel	+	+	14	1,0	245	58	0,4	7	9	+	+	11
Apfelsine	1	+	11	0,6	210	50	0,4	30	15	0,1	+	50
Aprikose, roh	1	+	13	0,7	240	57	0,6	15	298	+	+	10
Banane	1	+	23	0,6	415	98	0,4	7	38	+	+	8
Birne	+	+	13	1,6	230	54	0,3	16	6	+	+	5
Erdbeere, roh	1	+	7	1,3	140	33	0,9	25	13	+	+	62
Himbeere	1	+	8	4,2	160	38	1,0	40	7	+	0,1	25
Johannisbeere, schwarz	1	+	12	3,2	225	53	1,2	53	23	0,1	0,1	180
Kirsche, süß	1	+	16	0,4	290	69	0,4	14	13	0,1	0,1	15
Pfirsich	1	+	10	0,6	180	42	1,2	5	73	+	+	10
Pampelmuse/Grapefruit	1	+	10	0,3	180	42	0,3	20	3	+	+	41
Pflaume	1	+	16	0,5	285	67	0,5	16	35	0,1	+	5
Weintraube	1	+	16	0,6	300	71	0,5	21	5	+	+	4
Gemüse												
Blumenkohl	2	+	4	0,9	105	25	0,6	20	21	0,1	0,1	70
Bohnen, grün	2	+	6	1,0	140	33	0,8	56	60	0,1	0,1	19
Chicoree	1	+	2	0,9	67	15	0,7	26	216	+	+	10
Chinakohl	1	+	2	0,5	67	15	0,6	40	13	+	+	36
Endivien	2	+	2	0,9	70	16	1,6	54	333	0,1	0,1	10
Erbsen, grün	5	+	10	2,0	260	61	1,8	23	53	0,3	0,1	9
Gurke	+	+	2	0,6	35	8	0,4	11	28	+	+	1
Kohlrabi	2	+	5	1,0	120	28	0,9	75	2	0,1	+	66
Kopfsalat	1	+	2	0,8	60	14	0,7	23	150	0,1	0,1	10
Möhren, Karotten	1	+	6	1,0	120	28	0,6	29	1120	0,1	+	7
Paprikaschoten	1	+	4	1,8	90	21	0,6	9	230	0,1	0,1	107
Porree/Lauch	2	+	6	1,3	140	33	1,0	87	333	0,1	0,1	30
Rhabarber	1	+	3	0,8	70	16	0,5	52	12	+	+	10
Rosenkohl	4	+	6	1,6	180	42	0,9	24	65	0,1	0,2	84
Rotkohl/Blaukraut	2	+	5	1,1	120	28	0,5	35	5	0,1	+	50
Spargel	2	+	3	0,9	90	21	1,0	21	50	0,1	0,1	21
Spinat, roh	2	+	2	0,6	75	17	5,2	83	816	0,1	0,2	51

Lebensmittel 100 g eßbarer Anteil	Eiweiß g	Fett g	Kohlen-hydrate g	Ballast-stoffe g	Energie kJ	Energie kcal	Mineralstoffe Eisen mg	Mineralstoffe Calcium mg	Vitamine A µg	Vitamine B₁ mg	Vitamine B₂ mg	Vitamine C mg
Tomate	1	+	3	0,7	70	16	0,5	14	133	0,1	+	24
Weißkohl/Weißkraut	1	+	4	0,8	105	25	0,5	46	10	+	+	46
Zwiebeln	1	+	9	0,6	176	41	0,5	29	33	+	+	8
Hülsenfrüchte												
Bohnen, weiß	21	2	57	4,0	1400	333	6,0	105	65	0,5	0,2	3
Erbsen, geschält	22	1	59	3,1	1450	345	5,0	44	20	0,7	0,2	1
Linsen	24	1	56	3,9	1420	338	6,9	74	20	0,5	0,3	+
Kräuter												
Kresse	2	+	3	0,6	90	21	0,7	26	216	+	+	10
Petersilie	3	+	6	1,5	150	35	4,8	147	730	0,1	0,2	166
Schnittlauch	4	+	8	2,3	220	52	13,0	167	50	0,1	0,2	47
Pilze												
Champignons, frisch	3	+	3	0,9	105	25	1,1	10	+	0,1	0,5	4
Champignons, Dose	2	+	3	0,7	100	23	0,7	9	+	+	0,4	2
Kartoffeln, -erzeugnisse												
Kartoffeln, roh, o. Schale	2	+	19	–	350	83	1,0	13	3	0,08	+	15
Kartoffelpüree, trocken	8	1	79	2,4	1530	364	2,2	30	+	0,25	0,15	26
Nüsse												
Erdnüsse, geröstet	26	49	18	2,7	2660	633	2,3	65	110	0,3	0,1	0
Haselnüsse	14	61	14	3,5	2855	679	3,8	226	4	0,4	0,2	3
Getreideerzeugnisse												
Weizenmehl, Type 1600	12	2	69	1,4	1449	345	3,3	38	60	0,45	0,17	0
Weizenmehl, Type 405	11	1	74	0,1	1460	347	0,7	15	+	0,06	0,03	0
Weizenkeime	27	9	46	2,3	1570	373	8,1	69	160	2,01	0,72	0
Roggenmehl, Type 1800	11	2	70	1,6	1415	336	4,0	23	45	0,30	0,14	0
Reis, ganzes Korn, unpol.	7	2	75	0,7	1470	350	2,6	23	0	0,41	0,09	0
Reis, ganzes Korn, poliert	7	1	79	0,2	1480	352	0,6	6	0	0,06	0,03	0
Haferflocken	14	7	66	1,4	1680	400	4,6	54	0	0,59	0,15	0
Eierteigwaren, Nudeln	13	3	72	0,4	1580	376	2,1	20	60	0,20	0,10	–
Corn-flakes	8	1	83	0,6	1600	380	2,0	13	0	–	0,05	–
Hefegebäck, einfach	5	7	33	0,2	930	221	–	–	–	–	–	–
Milch/Milchprodukte												
Vollmilch, 3,5% Fett	3,5	3,5	5	0	275	65	0,1	118	22	+	0,2	2
Milch, entrahmt	4	+	5	0	145	34	0,1	125	+	+	0,2	2
Buttermilch	4	+	4	0	145	34	0,1	109	8	+	0,2	+
Joghurt, Vollmilch	5	4	5	0	310	73	0,2	150	28	+	0,3	2
Joghurt, aus entr. Milch	5	+	5	0	165	39	–	–	–	–	–	–
Schlagsahne	2	30	3	0	1260	300	+	75	240	+	0,2	1
Saure Sahne	3	10	4	0	480	114	–	–	–	–	–	–
Kondensmilch (7,5% Fett)	7	8	10	0	570	135	0,1	240	65	+	0,4	2
Speisequark (40% i. Tr.)	12	11	4	0	695	165	0,3	70	110	+	0,2	–
Speisequark, mager (10% i. Tr.)	17	1	2	0	370	88	0,5	70	13	+	0,3	1
Doppelrahmfrischkäse	15	28	2	0	1480	352	–	34	320	+	0,3	+
Emmentalerkäse	27	31	3	0	1745	415	0,9	1180	370	+	0,3	+
Camembert (50% i. Tr.)	18	26	2	0	1370	326	0,5	382	480	+	0,4	+
Hühnerei												
Hühnerei (Gesamtinhalt)	13	11	1	0	670	159	1,8	50	265	0,1	0,3	+
Hühnereidotter	16	32	+	0	1580	376	7,2	140	1490	0,3	0,4	+
Hühnereiklar	11	+	1	0	230	54	0,2	11	+	+	0,3	+
Obstsäfte												
Apfelsaft	+	0	12	0,1	190	45	0,3	7	15	0,1	+	1
Apfelsinensaft, ungesüßt	1	0	11	0,1	200	47	0,3	15	12	0,1	+	42
Cola-Getränk	0	0	11	0	185	44	–	4	0	0	0	0
Getränke/Gemüsesäfte												
Karottensaft	+	+	6	–	110	26	–	27	–	–	–	4
Tomatensaft	2	+	4	0,3	100	23	0,8	12	117	+	+	15
Zucker, Zuckerwaren												
Honig	+	0	80	0	1380	328	1,3	5	0	+	+	2
Marmelade i. D.	+	0	66	1,0	1135	270	+	10	0	+	+	8
Schokolade, Vollmilch	9	32	55	0,4	2340	557	3,1	214	18	0,10	0,35	+
Zucker	0	0	100	0	1720	409	0,5	1	0	0	0	0
Fett/Öle												
Butter	1	83	1	0	3240	771	0,1	13	590	+	+	+
Margarine	1	80	1	0	3180	757	0,1	10	590	+	+	+
Halbfettmargarine	6	40	+	0	1620	385	–	–	–	–	–	–
Sonnenblumenöl	0	100	0	0	3880	923	0	0	4	0	0	0
Mayonnaise, 80% Fett	2	80	3	0	3060	728	1,0	23	3	+	+	6
Mayonnaise, 50% Fett	1	52	5	0	2130	507	–	–	–	–	–	–

Zeichenerklärung: + = in Spuren; – = kann nicht bestimmt werden, da keine genaue Analyse vorliegt.

Am Morgen eines Tages: 1. und 2. Frühstück

		kJ	Fett	Kohlen-hydrate	Eiweiß	reich an
1 Tasse Bohnenkaffee mit Trinkmilch 1 EL mit Kondensmilch (7,5 % Fett) 1 TL	125 ml 15 g 5 g	– 42 29	– 1 +	– – 1	– 1 +	
1 Tasse schwarzer Tee mit Zucker	125 ml 10 g	– 165	– –	– 10	– –	
1 Brötchen	40 g	466	+	23	3	
1 Portion Butter	15 g	488	13	+	+	V
1 Portion Margarine	15 g	479	12	+	+	
1 Portion Honig	20 g	256	–	16	+	
1 Portion Marmelade	30 g	330	–	20	+	
1 Scheibe Toastbrot	20 g	235	+	12	1	
1 Scheibe Vollkornbrot	40 g	403	+	20	3	
1 Scheibe Mischbrot	40 g	424	+	21	3	
1 Ei gekocht	57 g	353	6	+	7	V
1 Portion Quark als Magerquark	50 g	185	+	1	9	VM
1 Tasse Milchkakao	125 ml	490	5	12	5	
1 Portion Müsli	250 g	949	3	42	5	VMB
1 Becher Magermilch-Joghurt mit 3 - 4 EL Cornflakes	200 g	485	+	26	12	M

Fast-food-Produkte

		kJ	Fett	Kohlen-hydrate	Eiweiß	reich an
1 Big Mac	210 g	2058	21 g	37 g	30 g	
1 Curry Wurst	150 g	2407	21 g	28 mg	19 g	
1 Portion Pommes frites	150 g	1707	22 g	44 g	6 g	
1 Hot Dog	120 g	1385	22 g	28 g	21 g	

Mittagessen

		kJ	Fett	Kohlen-hydrate	Eiweiß	reich an
1 Portion Sauerkraut gedämpft	200 g	218	–	8	4	VB
1 Portion Mais, gekocht	200 g	899	2	38	7	VB
1 Portion Tomaten, gedünstet	200 g	311	4	6	2	MV
1 Portion grüner Salat (Öl-Marinade)	75 g	223	5	1	–	VMB
1 Portion grüner Salat (Joghurt-Marinade)	90 g	92	1	2	2	VMB
1 Portion Frischkostsalat (Möhren, Sellerie)	125 g	185	1	7	2	VMB
Beilage helle Mehlschwitze	100 g	319	5	6	1	
Beilage helle Soße	100 ml	235	2	7	+	
Beilage Buttersoße	20 g	655	16	–	–	
1 Portion Reisauflauf mit Gemüse	400 g	2596	30	50	32	
1 Tasse Fleischbrühe	150 ml	97	2	2	2	
1 Teller klare Suppe mit Einlage	250 ml	319	5	5	2	
1 Teller gebundene Suppe	250 ml	496	7	9	3	
1 Teller Suppe mit Hülsenfrüchten	250 ml	731	4	21	8	MB
1 Portion Gemüse-Eintopf mit Rindfleisch	500 ml	2436	26	52	26	MBV
1 Schweineschnitzel (mittelfett)	125 g	1415	26	–	22	M
1 Kalbsschnitzel (mittelfett)	125 g	487	4	–	20	
1 Filetsteak (mittelfett)	150 g	1079	27	–	23	
1 Kasseler Rippchen	150 g	1710	33	+	22	M
1 Schweinekotelett (mager)	150 g	900	11	–	27	
1 Portion gekochtes Rindfleisch (mager)	125 g	907	14	–	19	M
1 Portion Gulasch (mittelfett)	150 g	1250	25	4	15	M
1 Portion Schweinebraten	125 g	1411	26	–	23	M
1 Frikadelle	150 g	1247	22	6	23	M
1 Portion Hackfleischsoße	125 g	1046	17	15	16	M
1 Bratwurst, gegrillt	100 g	1575	35	+	12	
1 Portion Seefischfilet (Kabeljau, gedämpft)	200 g	655	+	+	34	MV
1 Portion Seefischfilet (Seelachsfilet, paniert, gebacken)	200 g	1411	11	22	33	MV
1 Portion Brathähnchen gegrillt	350 g	1575	14	–	52	
1 Portion Hühnerfrikassee	250 g	1525	14	11	41	
1 Portion Salzkartoffeln	200 g	714	–	38	4	
1 Portion Kartoffelbrei	200 g	882	2	41	7	
1 Portion Kartoffelknödel 2 Stück	200 g	1294	3	56	12	
1 Portion Röstkartoffeln	200 g	1033	8	38	4	
1 Portion Kartoffelpuffer 4 Stück, ohne Fett	200 g	1400	+	76	8	
1 Portion neue gekochte Kartoffeln in der Schale	200 g	571	+	30	4	MBV
1 Portion Reis, unpoliert	50 g	773	1	38	4	M
1 Portion Nudeln	50 g	819	2	36	8	
1 Portion Gemüse (Kohl, Spinat u. ä. in Mehlschwitze)	200 g	626	8	11	5	
1 Portion Erbsen und Karotten (TK)	150 g	336	+	12	6	MVB
1 Portion Rahmspinat	ca. 220 g	504	6	10	6	MVB

V = Vitamine · M = Mineralstoffe · B = Ballaststoffe

Zwischendurchmahlzeiten

		kJ	Fett	Kohlen-hydrate	Eiweiß	reich an
				davon in g		
1 mittelgroße Apfelsine	120 g	197	–	11	1	VMB
1 Banane	170 g	437	–	24	1	VMB
1 mittelgroße Birne	120 g	277	–	16	1	VMB
Trauben	125 g	365	–	20	1	VMB
Erdbeeren	125 g	189	–	9	1	VMB
Aprikosen	125 g	256	–	13	1	VMB
Pflaumen	125 g	260	–	15	1	VMB
1 mittelgroße Tomate	100 g	76	+	3	1	VM
1 mittelgroße Möhre	100 g	122	+	6	1	VMB
1 Blätterteigstückchen	20 g	470	7	10	1	
1 Stück Marmorkuchen	50 g	1159	13	33	5	
dto. (Fertigprodukt)	50 g	869	8	27	3	
1 Stück Sandkuchen, Rührteig	50 g	1231	14	35	5	
dto. (Fertigprodukt)	50 g	890	8	29	2	
1 Stück Tortenboden ohne Belag	15 g	340	4	10	2	
dto. (Fertigprodukt)	15 g	221	1	10	1	
1 Stück Obstkuchen (Pflaumen)	50 g	685	3	30	3	
1 Stück Käsekuchen	115 g	945	5	31	12	
1 Stück Apfeltorte	150 g	1240	11	42	4	V
1 Scheibe Brot mit Nougatcreme	50 g	680	4	25	3	
1 Teller Cornflakes mit Milch	220 g	845	7	27	10	V

Knabbergebäck und Süßes

		kJ	Fett	Kohlen-hydrate	Eiweiß	reich an
				davon in g		
Salzgebäck, Kräcker u. ä.	30 g	508	3	20	–	
1 Handvoll Erdnüsse, geröstet	30 g	794	14	6	2	
1/2 Tafel Schokolade	50 g	1180	16	28	5	
Pralinen	50 g	958	8	35	3	
Bonbons	50 g	819	–	47	–	
Weiße »Schokolade«	50 g	1197	17	28	4	
Kartoffelchips, 1 Tüte	100 g	2385	40	46	6	

Getränke

		kJ	Fett	Kohlen-hydrate	Eiweiß	reich an
				davon in g		
1 Glas Mineralwasser	200 ml	–	–	–	–	
1 Glas Limonade kal. red.	200 ml	80	–	4	–	
1 Glas Apfelsaft	100 ml	193	–	12	–	
1 Glas Traubensaft	100 ml	311	–	18	+	
1 Glas schwarzer Johannisbeersaft	100 ml	231	–	13	+	
1 Tasse Kräutertee mit 2 Stück Zucker	125 ml	164	–	10	–	
1 Becher klare Brühe	150 ml	42	+	–	2	
1 Becher Zitronenteegetränk	200 ml	227	–	13	+	
1 Glas Colagetränk	200 ml	370	–	22	–	

Abendessen

		kJ	Fett	Kohlen-hydrate	Eiweiß	reich an
				davon in g		
1 Scheibe vollfetter Gouda	25 g	391	7	1	6	M
1 Portion Doppelrahm-Frischkäse (60% F. i. Tr.)	25 g	370	8	–	4	M
1 Ecke Camembert, vollfett	25 g	315	6	–	5	M
1 Portion Magerkäse	25 g	202	1	1	9	M
1 Portion marinierter Hering	150 g	1277	20	–	24	
1 Dose Ölsardinen	100 g	1008	14	–	24	
1 Portion Bückling	100 g	613	9	–	14	
1 Portion Feldsalat	40 g	281	5	4	1	VMB
1 Gewürzgurke	50 g	17	+	1	+	MB
1 Scheibe Brot mit Leberwurst	70 g	979	12	21	6	
1 Scheibe Brot mit Mettwurst	70 g	1092	15	21	7	
1 Scheibe Brot mit Schmelzkäse	65 g	643	3	21	9	
1 Scheibe Brot mit Streichfett und Käse vollfett	65 g	739	6	21	8	
1 Omelett (aus 2 Eiern)	140 g	1138	22	4	15	
1 Omelett mit Pilzen (etwa 100 g), Kopfsalat, Brot (2 Scheiben)	250 g	2499	32	50	25	VM
1 Portion Weißkrautsalat (Öl-Marinade)	100 g	273	5	3	1	VMB
1 Paar Frankfurter Würstchen	150 g	1575	32	+	20	
1 Portion Kartoffelsalat mit Öl	200 g	1270	10	38	4	
Linseneintopf mit Wurst und Spätzle	550 g	2709	20	82	30	BVM
1 Portion Milchreis	400 g	1550	10	58	13	
Fruchtsoße	80 ml	202	–	11	+	
Kompott	100 g	449	+	25	3	MB
1 Portion Grießauflauf	100 g	1176	9	40	11	
1 Portion Pfannkuchen mit Ei	100 g	1176	14	22	8	
1 Portion Fleischwurst	100 g	1361	30	–	11	
1 Scheibe Mischbrot	40 g	425	+	21	3	
1 Scheibe Vollkornbrot	40 g	403	+	20	3	
1 Scheibe Knäckebrot	10 g	160	+	8	1	MB
1 Scheibe geräucherter Schinken	30 g	433	9	–	5	
1 Scheibe Salami	20 g	441	10	+	8	

Grundrezepte nach dem Abc

Abgeschlagene Creme 37
Aufläufe 34
Baiserteig 30
Beilagen 36
Biskuitteig aus ganzen Eiern 30
Biskuitteig aus getrennten Eiern 30
Blätterteig 32
Brandteig 31
Desserts 37
Dunkle Grundsoße 34
Fettbraten 35
Fisch 35
Fisch blau gekocht 36
Fleisch 34
Fleischbrühe 32
Fleischteig 34
Fruchtsuppe (Kaltschale) 33
Gedünsteter Fisch 35
Gedünsteter Reis 36
Gekochtes Fleisch 35
Gemüse 34
Gemüsebrühe 32
Gemüse gedämpft 34
Gemüse gedünstet 34
Gemüse gekocht 34
Gemüsesuppe 32
Geschmortes Fleisch 35
Hefeteig 31
Helle Grundsoße 33
Kalt gerührte Creme 37
Kartoffelbrei 37
Kartoffelteig 36
Knochenbrühe 32
Kompott 37
Kurzgebratenes Fleisch 35
Magerbraten 35
Makronenteig 30
Milchsuppe 33
Mürbteig 30
Nudeln 36
Nudelteig 31
Paniertes Kurzgebratenes 35
Pellkartoffeln 36
Pfannkuchenteig 31
Pikanter Auflauf 34
Polenta 36
Quarkölteig 30
Rührteig 31
Salat aus gekochtem Gemüse 33
Salat aus rohen Zutaten 33
Salate und Salatsoßen 33
Salzkartoffeln 36
Semmelteig 37
Soßen 33
Spätzleteig 37
Springend gekochter Reis 36
Süße Quarkspeise 37
Süßer Auflauf 34
Strudelteig 32
Suppen: Gebundene Suppen 32
Suppen: Klare Suppen 32
Suppen: Süße Suppen 33
Teige 30
Thüringer Klöße 36
Tomatensuppe 33

Rezepte nach dem Abc

Ambrosia-Creme 89
Ananasquarkspeise 81
Ananasscheiben mit Johannisbeerbaiser 205
Apfeldessert mit Zwetschgen 91
Apfelgrütze mit Kiwis und Mandelsoße 197
Apfel-Himbeer-Joghurt 49
Apfelmus 42
Apfelmus mit Nußsahne 51
Apfelpfannkuchen mit Vanilleeis und Pflaumensoße 193
Apfelsahne 117
Apfelspeise »Crunchy« 87
Apfeltörtchen 183
Aprikosen-Mandel-Konfekt 38
Aprikosensoße mit Himbeeren 83

Bananen-Avocado-Creme 79
Bananencanapés 122
Bananenschiffchen 75
Béchamelkartoffeln 184
Beeren-Kefir-Shake 79
Beeren-Sahne-Creme 159
Beerenkaltschale mit Quarkkugeln 73
Beerenshake 185
Beerensorbet 53
Birne Helene 149
Birnentorte mit Preiselbeersahne 210
Biskuitplätzchen 62
Biskuits mit Vanilleeis und Beerensoße 171
Blätterteigkleingebäck 212
Blattsalat 67
Blattsalatvariation 159
Blaukraut mit Äpfeln 171
Blumenkohlauflauf 186
Blumenkohlsuppe mit Räucherlachs 156
Bœuf Stroganoff mit Rösti-Ecken 158
Böhmischer Apfelstrudel 213
Bohnensalat 205
Bouillon mit Einlage 70
Bratäpfel mit verschiedenen Füllungen 182
Brokkoli-Blumenkohl-Salat 47
Brokkolicremesuppe 82
Brombeerjoghurt 61
Bulgarische Moussaka 120
Buttermilch-Beeren-Shake 49

Ćevapčići mit Kartoffelbrei 112
Champignon-Möhren-Salat 147
Champignoncremesuppe mit Kresse 180
Champignons à la Crème 79
Champignons mit Oliven 40
Champignonsalat mit Lauchzwiebeln 48
Chicorée in Currysahne 136
Chicoréesalat mit Orangen und Äpfeln 91
Chili sin Carne 88
Chinakohlsalat mit Äpfeln 63
Chinapfanne 110
Chinasuppe mit Glasnudeln 110
Chop Suey mit Reis 133
Cocktailtomaten 162
Cole slaw 130
Coq au vin 126
Cordon bleu 126
Crema de albaricoques 141
Crêpes mit Orangenmarmelade 137
Cucumber Soup 114
Curryfisch mit Salzkartoffeln 54

Dampfnudeln mit gedünsteten Zimtäpfeln 103
Dattelkonfekt 38
Dinkel-Partygebäck mit Sonnenblumenkernen 188
Diplomatenspeise 195
Dreifruchtbowle 107
Drink »Muntermacher« 83

Eclairs au chocolat 135
Eierblumensuppe 124
Eierragout mit Porree und Reis 50
Eisberg-Melonen-Salat 93
Eisbergsalat mit Erdbeeren 157
Eisbergsalat mit Radieschen 83

Eiskaffee 211
Empanadas 124
Enchiladas mit Dips 128
Endiviensalat 191
Endiviensalat mit Knoblauch 59
Endiviensalat mit Walnüssen 187
Ensalada mista 141
Erbsen auf Herzoginkartoffeln 137
Erbsen und Spargel mit Soße à la Hollandaise 127
Erbsen-Möhren-Gemüse 85
Erdbeer-Ananas-Konfitüre 40
Erdbeerjoghurt 129
Erdbeerkompott »Knusperchen« 191
Erdbeerkonfekt 43
Erdbeersorbet 165
Estouffade de bœuf 134
Exotischer Fruchtsalat 133

Feine Apfelcreme in Mürbeteigpastetchen 101
Feldsalat mit Champignons 127
Feldsalat mit Radicchio und Ananas 61
Feldsalat mit Trauben 158
Feldsalat mit Walnußsoße 175
Fischgulasch mit grünen Bandnudeln 56
Fitneß-Salat 71
Folienkartoffeln 204
Frische Tomatensuppe 54
Frischer Spargel mit zwei Soßen 190
Frischkäsetorte 165
Fritiertes Gemüse mit Dattelsoße 138
Früchte mit Baiserhaube 207
Fruchtgelee 59
Fruchtige Buttermilchspeise 57
Fruchtpunsch 215
Frühlingsrollen 132
Fruit Temptation 115

Gärtnerinnenhäppchen 94
Gebackene Apfelringe 181
Gebackene Auberginen 120
Gebackene Kartoffelmedaillons 169
Geflügelcurry mit Bananen 122
Geflügelterrine 45
Gefüllte Auberginen 208
Gefüllte Papayas 156
Gefüllte Paprikahälften mit Reis 194
Gefüllte Teigrolle in Tomatensoße 100
Gefüllte Zucchini mit Tomatensoße 92
Gefülltes Gemüse 64
Gefülltes Meterbrot 163
Gefülltes Schweinefilet 168

Gelbe Grütze 189
Gemüsepizza 98
Gemüseragout mit Lachs und Sojanudeln 148
Gemüsesuppe mit Fleischklößchen 188
Gestürzte Kokosnußcreme 139
Glücksschwein 42
Gratinée lyonnais 134
Gratinierte Blumenkohlbratlinge 84
Gratinierte Früchte 111
Griechischer Bauernsalat 108
Grün-weißer Hackfleischkuchen 160
Grünkern-Rahmsuppe 102
Grünkernbratlinge 88
Gurken-Dill-Quark 52
Gurken-Tomaten-Kaltschale 202
Gurkenmedaillons 164
Gurkensalat 66
Gurkensalat in Joghurtsoße 51
Gyros 108

Hack-Kohl-Pfanne 180
Hackfleischbällchen 114
Hähnchenragout mit Hirse 66
Hähnchenragout in Tomaten-Sahne 154
Hähnchenschnitzel in Mandelkruste 150
Hamburger à la Vollwert 76
Hamburger »Schlanke Linie« 50
Hawaii-Drink 75
Heilbutt auf buntem Gemüse 72
Herrenrelish 180
Herzhafte Kartoffelsuppe 192
Hexenhaus 214
Himbeersorbet 147
Hirse-Apfel-Auflauf mit Vanillecreme 105
Hirselaibchen 94
Hühnerbrühe mit Kräuter-Eierstich 72
Hühnerfrikassee mit Reis 202

Indisches Reiscurry mit Aprikosen 122
Insalata di peperoni 119
Insalata mista 117
Insalata verde 117

Kabeljaufilet auf Blattspinat 152
Kabeljaufilet im Tomatenbett mit Petersilienkartoffeln 86
Kalbsschnitzel in Champignonsahne 62

Kalte Tomatensuppe 188
Karottenfrischkost 67
Kartoffel-Spinat-Gratin 48
Kartoffelbrei pikant 209
Kartoffelfächer 166
Kartoffelgratin mit Käse 174
Kartoffelpuffer mit Kräuterrührei 78
Kartoffelschnee 57
Kartoffelsalat pikant 163
Kartoffelsuppe 212
Käsebrioche 67
Käsekartoffeln 91
Käsespätzle 82
Käsestangen aus Blätterteig 87
Käsewähe 128
Kernige Kokosmakronen 199
Kirsch-Joghurt-Creme 93
Kirschen-Vollkorn-Plotz 206
Kiwi-Cocktail 111
Kiwi-Orangen-Grütze 127
Kiwi-Stachelbeer-Creme mit Schneeklößchen 203
Klare Möhrensuppe 148
Klare Tomatensuppe 160
Knackiger Sommersalat mit Joghurtdressing 178
Knoblauch- und Kräuterbaguette 47
Knoblauchbrot 109
Knusprige Teigtaschen 146
Kohlrabigemüse 147
Kohlrabipuffer 78
Kohlrabi-Taler in Sesamhülle 54
Kohlrouladen mit Kartoffelbrei 74
Kokosreis 123
Kompott aus verschiedenen Früchten 42
Kopfsalat 81
Kräuterquark 204
Kräuter-Schinken-Rührei 191
Kräuterreis 85
Kräuterspieße 166
Krautsalat 113
Krautsalat mit Kürbiskernen 167
Kümmelkartoffeln 71

Lachsfilet in Wirsing-Blätterteig-Mantel mit Meerrettichsahne 173
Lahmaçun 112
Lammfilets in Quarkteig 174
Lammfleisch mit Joghurt 138
Lammgeschnetzeltes mit Früchten 154
Lauchcremesuppe mit Salamiklößchen 194
Lauch-Rahmgemüse 95
Lauchtorte 196

Lauchzwiebelsuppe mit Schinkenjulienne 150
Limonadenkuchen 81
Lollo-Rosso-Salat mit Joghurtdressing 98

Mailänder Fischauflauf 70
Mandarinen mit Vanillecreme 85
Mandel-Knusperhäufchen 199
Mandelplätzchen 198
Marinierte Auberginenscheiben 168
Maultaschen 96
Melone mit Orangen-Mayonnaise 152
Melonen-Chutney 38
Melonen-Erdbeer-Salat mit Vanilleeis 177
Melonenmilch 187
Melonenspalten 152
Mexikanischer Reistopf 52
Milchreis mit Rhabarber-Himbeer-Kompott 185
Minestrone 86
Minipizzas 166
Möhren-Apfel-Rohkost 197
Möhren-Kohlrabi-Rohkost 93
Möhren-Lauch-Gemüse 88
Mokkacreme 99
Mühlespiel aus Marzipan 102
Müsliklöße 82

Naturreis-Wildreis-Beilage 65
Nudelparty mit verschiedenen Soßen 106
Nudelpfanne 60
Nuß-Joghurt-Soße 123
Nußbiskuitrolle mit Ananas 167
Nußschnecken 45
Nußtrüffel 39

Obstsalat 57
Orange mit Vanillecreme 155
Orangen-Quark-Körbchen 89
Orangencreme 123

Paella 140
Paprikasalat 121
Pasta tripolo 118
Pastetchen mit Geflügelragout 156
Pastetchen mit Puten-Champignon-Ragout 148
Pellkartoffeln mit Quarkvariationen 52
Petersilien-Mandel-Kartoffeln 115
Pfirsichdessert 69
Pfirsiche mit Himbeerpüree 153

Pfirsichhälften mit Frischkäse 60
Pikante Waffeln 63
Pilzragout mit Klößen 195
Pistazieneis in Schokoladenbaiser 159
Pita 108
Pizza Prosciutto e funghi 116
Pizza-Toast 215
Porree-Champignon-Gratin 60
Porree in Käsesoße 190
Provenzalischer Rinderschmorbraten mit Pilzen 136
Putenröllchen in Senfsoße 158
Putertopf mit Vollkornnudeln 48

Quarkcreme mit Früchten 65
Quarkschmarren mit Erdbeeren 187
Quarkschnitten Rákóczi 121
Quarktaschen 45
Quittengelee mit Vanille 41

Radicchio-Pfirsich-Salat 193
Radieschencremesüppchen 160
Randen-Rübli-Salat 142
Ratatouille mit Reis 106
Rettichsalat mit Kresse 200
Rhabarbertörtchen 201
Rinderfiletstreifen süß-scharf mit Reis 110
Rinderrouladen mit Herzoginkartoffeln 68
Risotto di estate 118
Rohkostplatte 154
Rosmarinöl mit Knoblauch 41
Rotbarsch in Senfsoße 152
Rot-gelbes Paprikarelish 39
Rot-weißer Traum 77
Rote-Bete-Frischkost 68
Rote-Bete-Suppe 64

Sahnegrieß mit Erdbeeren 95
Sahnesoße 97
Salami-Käse-Salat 47
Salat mit Austernpilzen 150
Salbei-Crêpe-Röllchen 162
Sandwich Reuben 114
Sangria 140
Sauce Hollandaise 200
Sauerbraten 170
Sauerkirsch-Mandel-Konfitüre 40
Schinkentaschen 44
Schmetterlingssteak mit Frühlingssoße 176
Schoko-Bananen-Torte 175
Schokoladenfrüchtespieße 85
Schokoladen-Knusperchen 38

Schwarzwurzelragout im Reisrand 196
Schweinefilets 58
Schweinemedaillons mit Sahnesoße und Rösti 146
Schweizer Rösti 143
Sellerie-Paprika-Rohkost 55
Selleriesuppe mit Käsehaube 76
Serviettkloß 170
Shepherd's Pie 130
Sommerkartoffelsalat 178
Sommerlicher Kräuterquark 53
Sommerliches Mixgetränk 119
Sommersalat 186
Sopa de maiz 128
Spaghetti Bolognese 116
Spaghettieis 117
Spaghettisalat 46
Spargelauflauf 160
Spargelcocktail 148
Spiced iced Tea 162
Spiegeleier 49
Spinatauflauf 200
Spinatpfannkuchen 90
Spinatsuppe mit Kasselerstreifen 177
Spinattopf mit Hackbällchen 176
Staudensellerie mit Käsedip 154
Süß-saures Schweinefleisch 124
Süße Buntstifte 43
Süßkirsch-Stachelbeer-Marmelade 207
Szegediner Gulasch 120

Tea 131
Teufelsoße 205
Thunfischbaguette 179
Thunfischsalat 46
Tofuschnitten auf Pilzragout 84
Tomaten-Gurken-Salat 115
Tomaten-Paprika-Salat 208
Tomatensalat 76
Tomatensuppe 60
Tomatensuppe mit Käseschneeklößchen 104
Topfenpalatschinken 77
Tournedos an Gorgonzolasoße 150
Trauben-Bananen-Chutney 38
Trauben-Bananen-Spieße 113
Traubendessert »Knusperle« 151
Traubenschnitten 209
Träublestorte 211
Trifle 131
Tzatziki 109